读史衡世·名将篇

忍者为王 韩信

丁振宇 ◎ 著

华中科技大学出版社
http://press.hust.edu.cn
中国·武汉

图书在版编目（CIP）数据

忍者为王：韩信 / 丁振宇著 . -- 武汉：华中科技大学出版社，2024.4
ISBN 978-7-5772-0350-8

Ⅰ.①忍… Ⅱ.①丁… Ⅲ.①韩信（？-前 196）- 传记 Ⅳ.① K825.2

中国国家版本馆 CIP 数据核字 (2024) 第 033799 号

忍者为王：韩信
Renzhe Wei Wang: Han Xin

丁振宇 著

策划编辑：亢博剑	
责任编辑：田金麟	
责任校对：王亚钦	
封面设计：VIOLET	
版式设计：王志利	

出版发行：华中科技大学出版社（中国·武汉）　　电话：（027）81321913
　　　　　武汉市东湖新技术开发区华工科技园　　　邮编：430223

印　　刷：天津中印联印务有限公司
开　　本：880mm×1230mm　1/32
印　　张：9
字　　数：200千字
版　　次：2024年4月第1版第1次印刷
定　　价：49.80元

本书若有印装质量问题，请向出版社营销中心调换
全国免费服务热线：400-6679-118　竭诚为您服务
版权所有　侵权必究

前言

将略兵机命世雄,苍黄钟室叹良弓

《史记》中有这样一句话:"诸军易得耳,至如信者,国士无双。"这是萧何向刘邦举荐韩信时说的。"国士无双"四字也是对韩信一生最完整、准确的总结。

韩信(约前231年-前196年),淮阴(今江苏淮安)人,西汉开国功臣,中国历史上杰出的军事家,与萧何、张良并称"汉初三杰"。他先从项梁,后属项羽,最后经萧何三荐一追,在刘邦处得到重用,历任大将军、左丞相、相国,封齐王、楚王等。他"涉西河,虏魏王,擒夏说,引兵下井陉,诛成安君,徇赵、胁燕、定齐,南摧楚人之兵二十万,东杀龙且,西乡以报",战必成名,功无二于天下。刘邦都不禁感慨:"战必胜,攻必取,吾不如韩信。"

而韩信也因其军事才能引来了刘邦的猜忌和杀身之祸。刘邦战胜主要对手项羽后,出于对韩信的忌惮,一再削弱他的势力和军权,后以莫须有的谋反罪名降韩信为淮阴侯。韩信最后被吕雉及萧何骗入官内处死,三族被诛,成为令人扼腕叹息的悲剧性人物。

在中国的文学和历史叙事中,韩信是一个带有传奇色彩的人物,最早见于《史记》,司马迁在《淮阴侯列传》中记载了韩信一生的事迹,并着重烘托了他杰出的统帅之才及赫赫战功,对其最终的遭遇表达了一定的同情和感慨。韩信的军事才能在太史公的笔下熠熠生辉。后人在此基础上加以发挥,以自己所处时代的背景和认识出发,重新塑造、丰富了韩信的形象。在漫长的文学、历史长河中,留下了"韩信点兵,多多益善""明修栈道,暗度陈仓"等脍炙人口的故事。

另一部史学著作《汉书》亦记载了韩信的生平故事,史实基本与《史记》相同,但在《汉书》中,韩信与梁王彭越、淮南王英布、燕王卢绾、代王陈豨、长沙王吴芮五人合传,而其他五人的共同特征均为叛汉之臣,这很明显是对韩信的全盘否定,为了巩固皇权、维护统一,韩信只能成为刘氏"家天下"的牺牲品。

对于韩信之死,历史上常归因为其犹豫的性格和恃才自傲,政治思想也不够成熟。韩信既能忍又不能忍到底;涌泉报恩却又睚眦必报;似有忠义又不忠不义;军事事业宏大而政治目光短浅,是将帅奇才又是政治庸才。历史人物随着时代发展被赋予了不同的形象,这其中跟社会需求、文化发展、民族发展有一定的关联,《史记》《汉书》虽然立场有所出入,但都抹杀不了韩信建功立业、为汉室开疆拓土,最终却落得悲惨结局的基本事实。

本书以《史记·淮阴侯列传》为切入点,沿着韩信早年落魄、楚汉之争中发迹、汉初坠落的人生轨迹,以现有有依据的历史事实为框架,同时为了增加可读性,增加了情景描写和人物对话,旨在更好地展示人物性格,解析韩信的思想、行为中表现出的典型的矛盾人格,让读者更好地体会韩信"生死一知己,存亡两妇人"的传奇人生,更好地品味那段金戈铁马、斗智斗勇的峥嵘岁月。

目录

楔子

第一章 坎坷成长路

第一节 没落的王室后裔

第二节 独自艰难生活

第三节 漂母赠饭之恩

第四节 甘受胯下之辱

第二章 仗剑投军旅

第一节 加入项家军

第二节 项梁军中的无名小卒

第三节 都是轻敌惹的祸

006　012　016　020　　026　031　035

第四章 弃楚而归汉

第一节 讲义气的项伯 066

第二节 有惊无险的鸿门宴 075

第三节 入蜀转投刘邦 085

第三章 项王显神威

第一节 楚怀王之约 039

第二节 项羽怒夺帅位 043

第三节 巨鹿大破秦军 046

第四节 劝阻杀降兵 052

第四节 定陶初显锋芒 059

目录

第六节　水淹废丘城	
第五节　荥阳阻击战	
第四节　张良的推崇	
第三节　章邯与项羽的失策	
第二节　出奇制胜的陈仓之战	
第一节　明修秦岭栈道	

第五章　奇谋统万军

第六节　破楚之策：『汉中对』	103
第五节　受封大将军	096
第四节　萧何月夜追韩信	090

第一节 109
第二节 116
第三节 122
第四节 126
第五节 138
第六节 143

第七章 英雄蓄壮图

第一节 请封『假齐王』	196
第二节 封王种下的祸根	204

第六章 剑锋破五国

第一节 临晋关设疑	150
第二节 佯败诱敌半渡	157
第三节 井陉口背水之战	162
第四节 李左车献计取燕	173
第五节 汉王晨闯卧榻	177
第六节 三寸之舌与铁甲雄兵	182
第七节 潍水之战斩龙且	189

第七节　是非功过任评说	274
第六节　吕后与萧何的暗算	269
第五节　迟来的反抗	261
第四节　伴君如伴虎	255
第三节　祸起钟离眛	247
第二节　风光归故里	243
第一节　被架空的楚王	238

第八章　鸟尽良弓藏

第五节　垓下终极之战	222
第四节　放弃「三分天下」	216
第三节　项羽的拉拢	211

楔子

汉高帝元年（前206年）四月的某天，阴雨连绵。在莽莽苍苍、连绵不绝的秦岭山脉，有一条凿石为孔、插木为梁，上面铺设木板的栈桥阁道，忽高忽低，曲折盘旋，仿佛一条不见首尾的巨蟒，横卧于一望无际的峭壁与深谷之间。

若在平时，即便天气晴好，这里也人迹稀少，而此时，尽管细雨如织，栈道湿滑，仍有一支数万人马的队伍，自东向西，沿着崎岖险峻的栈道奋力行进。

傍晚时分，细雨渐渐停歇下来，夕阳在悬崖缝隙间时而露一下脸，团团白雾从半山腰缠绕升腾，与低空中的浓云渐渐连成一片，使得苍茫的山间景象一下子变得壮丽绚烂起来。

但在栈道上行进的队伍无心欣赏这美丽的风景。往西去的路越来越难走，别说是那些靠肩扛人抬、马驮车载的辎重队伍，即便轻装而行的官兵，每迈一步都异常艰难。谷底溪涧稍微平坦的栈道还相对好走一些，那悬在半空中的栈道狭窄陡长，很多地方只能半爬着往前一步步挪动，稍有不慎就会坠入万丈深渊，摔得粉身碎骨。傍晚时分，在一处较为宽阔的峡谷平地上，已搭建起了临时营地。营地中央，高高竖起的一面红色纛旗在山风的吹拂下猎猎作响，旗上绣着一个斗大的"汉"字。这支行进在崇山峻岭间的队伍，正是汉王刘邦的部队。之所以冒着连天阴雨艰难行军，是因为刘邦急于逃脱比这险峻的栈道更为凶险的魔窟。他担心缓行一步，数倍于己的敌人就会从后面追杀过来，使自己苦心经营的数万兵马一败涂地。远处的来路上升起一团浓浓的黑烟，紧接着烈焰滚滚、火光冲天，这是殿后队伍在焚烧他们走过的栈道。

营地不远处的溪水边，是一小块散布着砾石的平地，肃立着几排披甲戴盔、全副武装的将士。这是行军途中设立的临时刑场。平地中央，一位相貌威严、身材魁梧的中年汉子，身后站着六个袒露右臂、手抡大刀的壮汉。这位中年汉子是汉王刘邦的铁杆兄弟——滕公夏侯婴，他自沛县随刘邦起兵反秦，在战场上冲锋陷阵、屡立战功。

此时的夏侯婴双目圆睁，本就凌厉的目光中透着腾腾杀气。他今天负责监斩一些触犯了汉王律令的低级将官和士卒。片刻后，十四个被五花大绑的死囚犯被押解过来，走在最后的一个年轻死囚尤其引人注目：他看上去二十几岁的样子，长得高大魁梧、英姿挺拔，虽然被绳索捆绑，但依然高仰着头颅，目光中透露出一股凛然不可侵犯的傲气。他一言不发，迈着沉稳的步伐，在士兵的押解下，一步步地随着前面的死囚队伍慢慢走进刑场。

三块平整宽大的巨石被当作了临时行刑台，每块巨石旁早有两名红衣壮汉分列左右。"行刑！"监斩官夏侯婴发出令人胆寒的断喝。

转眼间，同案的十三个死囚便做了断头鬼，溪边砂砾之上鲜血横流。

最后只剩下那个身材魁梧的年轻囚犯，他被刽子手架到中间的巨石旁，两个壮汉将他按趴在巨石上，刚想摁下他的头颅，不料他竟挺起脖子，将头高高抬起，两道如刀锋一般凌厉的目光直直地看向夏侯婴，随后竟然狂笑不止。

夏侯婴大怒，呵斥道："大胆狂徒！你死到临头，还敢放肆？！"

那年轻囚犯冷笑两声，朗声说道："我笑汉王有眼无珠！为何要杀壮士？难道他不想得天下了吗？"

夏侯婴听了不禁暗暗称奇：别人临刑前都吓得浑身发抖，甚至昏死过去，此人怎么还能如此底气十足、口出狂言？心念至此，他不由仔细观察起这个囚犯来，发现此人眉宇之间英气十足，棱角分明的脸上透露出自信、坚毅和傲气，两道目光如电如炬，与自己直直对视着，毫无躲闪之意，整个人散发出一股震慑人心的强大气场。

夏侯婴为官多年，阅人无数，颇有识人之明。他看着眼前这个年轻囚徒，暗自感叹道：真是个人才！

夏侯婴想知道此人来历，于是喝道："休得口出狂言！你是何人？速速报上名来！"

那人朗声应道："卑下乃淮阴韩信是也！"

夏侯婴闻言，若有所思，转而脸上流露出不屑和嘲弄的神情："你就是那个曾经从别人裤裆下钻过去的韩信？"

夏侯婴话音刚落，四周顿时响起一片哄笑声，刑场上原本肃杀恐怖的气氛，刹那间被冲淡了许多。

"是又如何？！"韩信不卑不亢地回答道，脸上没有丝毫羞愧、尴尬的神情。

"你也算是名扬天下了！"夏侯婴用嘲讽的语气说道，"堂堂七尺男儿，三尺长剑时时在身，竟甘于忍受一个市井无赖的羞辱，胆怯懦弱至此，真是丢尽了天下男儿的脸面！居然还敢妄称壮士！真是大言不惭，让人笑破肚皮！汉王得不得天下，岂是尔等鼠辈操心之事？我倒是觉得，你与其窝窝囊囊地活在世上，还不如早死来得痛快！"夏侯婴故意用难听的话羞辱韩信，以观察他的反应。

刑场上又是一阵哄笑。出乎夏侯婴意料的是，韩信居然也大笑起来，而且那笑声粗犷豪迈，盖过了四周的嘲笑之声。刑场上的人都收住了笑声，讶异地看着韩信。

韩信怒视着夏侯婴，慷慨激昂地说："我本以为滕公乃当世豪杰，没想到也只是如同市井无赖的浅薄之辈，君不闻越王勾践当年忍屈受辱，卧薪尝胆，吞并吴国之事吗？千金之躯，不死于小人，是因为不值得。匹夫见辱，拔剑而起，挺身而斗，能算得上勇敢吗？大丈夫生于世间，当志如鸿鹄，忍辱而负重，岂能因好勇斗狠而白白丢掉性命？只恨我韩信命运多舛，生不逢时，遇到的都是浅薄不堪、鼠目寸光之辈，胸中纵有千般才学，也难以施展。不过一死而已，滕公又何必拿话羞辱我呢？快行刑吧！"

此时，韩信胸中涌起无限悲怆。他虽身体仍被按趴在巨石上，却倔强地仰起头颅，目光如炬，咬牙切齿，内心发出一声长长的叹息："天下之大，难道真的就没有我韩信的用武之地？乱世豪杰多如牛毛，难道就无一人能当我韩信的伯乐，让我一展雄才？壮志未酬，大业未竟，难道我韩信今日就该命绝于此？我不甘心，我不甘心！"坎坷的经历、受过的屈辱……往事如身后溪谷之中的滔滔流水，瞬间涌入韩信的脑海之中。

第一章 坎坷成长路

第一节 没落的王室后裔

秦始皇十六年（前231年）（一说是前230年），韩信降生于淮阴的一个贫苦之家。淮阴位于江苏省北部平原的腹地，因居于淮水之南而得名，在春秋末年建城。

正是在韩信出生的这一年，雄心勃勃的秦王嬴政正式拉开了吞并六国、一统天下的序幕。到了秦始皇二十六年（前221年），六国全部被秦吞并。秦王嬴政终于实现了一统天下的宏伟梦想，他本人也由一个偏居西陲的诸侯国国君，变成了君临四海，掌握天下人生杀大权的帝王——秦始皇，而淮阴古城成了秦王朝的东海郡淮阴县。

但嬴政的追梦之旅施加给天下百姓的,是无边的苦难。

连年征战使得百姓们流离失所,田地荒芜,饿殍遍地,大部分人都苦不堪言。在凄风苦雨中,韩信慢慢长成了一个懵懂少年。

韩信把两样物品看得比自己的命更重要,那就是从父辈那里继承来的青铜古剑和古籍兵书。虽然家徒四壁,一贫如洗,韩信也舍不得用它们换取温饱,它们陪伴着韩信度过了贫穷饥困的童年。剑,因为携带方便、使用灵活,在春秋战国时期成了军队中的主要短兵器,而且作为尚武精神的象征物,越来越为贵族和平民所喜爱。随身佩剑,在当时也成了一个人身份和地位的象征,可以显示仪表和风度。

至于那些兵书,则承载着韩信深藏心底的梦想,他渴望有一天能够成为一个领兵征战的大将军,统领千军万马,横扫天下。因此,即便在潦倒不堪的日子里,他也每天早起晚睡,勤练武艺,苦读兵书,无论刮风下雨,无论酷暑寒冬,从不间断。

为了生计,韩信的母亲白天当佣工,夜晚则做些缝缝补补的针线活,或者编些草席、草鞋拿到街上去卖。她没日没夜地辛苦操劳,但挣下的钱仅能供母子二人勉强糊口。

尽管韩信母亲为人和善,与周围的街坊邻居关系处得很好,邻居们时不时地也会周济他们,但他们孤儿寡母,无依无靠,难免受人欺负。再加上韩信生来性格就孤僻冷傲、沉默寡言,显得很不合群,附近的孩子都不愿意跟他玩。

有时看到同龄孩子在大街上玩得热闹,韩信也想凑过去跟他们一起玩耍，但那些孩子要么无视他，要么合起伙来捉弄他。韩信偶尔跟母亲一同上街，那些孩子还故意朝他身上扔石子和垃圾。每当这个时候，母亲总是叮嘱韩信："孩子，你要记住，遇事能忍则忍，不与人争，自我保全最重要。"韩信把母亲的话牢牢地记在了心里，但有一次，韩信实在是忍无可忍了。那天，韩信在河边独自研读兵书，末了便拿起身边的石子，在地上玩起攻城略地的游戏来。

"你玩的是什么？"韩信正自得其乐地玩得入神，突然被问话声吓了一跳，抬头一看，身边已经围了一群孩子，问话的是一个衣着光鲜的胖小孩。

"带兵打仗。"韩信稍微犹豫了一下，淡淡地回了一句。

"哈哈，就你这样的傻子还带兵打仗呢，真是不知天高地厚！"胖小孩放肆地嘲笑起来，其他孩子也跟着哄堂大笑。

韩信像没听见一样，继续摆弄地上的石子。胖小孩见韩信没反应，又蹲下身来盯着韩信挑衅道："我说的你没听到吗？"韩信没搭理他，头也不抬地继续玩。胖小孩伸手揪着韩信的耳朵，蛮横地问道："你是聋了还是哑巴了？没听到我问你话吗？"

韩信将头一摆，甩开了胖小孩的手。胖小孩更加恼怒了，霍地直起腰来，抬起一只脚朝着韩信的"战场"乱踢一气："我让你'带兵打仗'！我让你'带兵打仗'！"乱飞的沙土扬了韩信一脸一身，他揉着眼睛站起身来，随即睁开眼睛，狠狠地瞪了一眼胖小孩，然后一声不响地转身离去。没想到胖小孩得势不饶人，以为韩信软弱可欺，便耍起横来："居然敢瞪我！不服气是吧？

不服气你就过来跟我比画比画啊！"围观的孩子在一旁帮腔起哄，胖小孩见韩信仍是不理，便骂了起来，还口出污言秽语辱骂韩信的母亲。"不准骂我娘！"韩信忽地转过身来，攥紧拳头，怒视胖小孩。"我骂你娘又怎么了？有种你就过来打我呀！"胖小孩话音未落，韩信已挥起拳头，照准他的下巴狠狠打去。胖小孩猝不及防，仰面直直地摔倒在沙地上。看热闹的孩子顿时都傻了眼。胖小孩恼羞成怒，气急败坏地嚷道："你们还愣着干什么？都给我上！狠狠地揍他！"

那些孩子一齐冲了上来，和韩信缠斗在一起。打斗声惊动了在不远处洗衣服的韩母，她边喊边往这边跑过来："住手！都别打了！信儿，你快给我住手！"

韩信停住了手，但那帮孩子不依不饶，拳头如雨点般落在韩信的头上和身上。韩母气喘吁吁地跑到他们跟前，一边道歉一边拼命拉开他们。

胖小孩从地上爬起来，冲韩信嚷道："我饶不了你！走！"随后气哼哼地带领一帮孩子扬长而去。

母亲看着鼻青脸肿的儿子，眼泪不住地流了下来，她咬咬牙，狠狠地打了韩信一巴掌。

"是他们先骂我的！"韩信垂着头低声分辩道。

"还敢犟嘴！平日里娘是怎么教你的，都给忘了！"母亲又捏了捏他的胳膊，但还是心疼地带韩信回家治伤了。

他们回到家没多久，那些孩子的家长便闹上门来。胖小孩的父亲是当地的财主，一向蛮横霸道，他用手指着韩信的鼻子骂道："你以为自己还是什么王子王孙吗？竟敢动手打人？！"

一阵咆哮过后，财主又冲着韩信的母亲吼道："你是怎么管教你儿子的？真是有人养、没人教的东西，要是你管教不了，我来替你管教！"

韩母眼含泪水、低声下气地道歉求情，但那个财主不肯罢休。正闹得不可开交之时，一个衣着体面的中年男子走了过来。

这位中年男子是淮阴县下乡南昌亭亭长，为人和善，偶尔会过来看望韩信母子。

亭长在淮阴城多少有些身份，他问明事由，好说歹说劝解一通，那个财主还算给他面子，气哼哼地带着儿子离开了。众人见状，也都四散而去。从此以后，韩信极少再到外面玩耍，每天把自己关在院子里，看兵书，练剑术，性格变得愈发沉静。

韩信在缺衣少食与受人欺凌中一天天长大，骨骼壮实粗大，脸上虽然还带着些许稚嫩，看上去却比同龄孩子成熟许多，气质坚毅、沉稳。而韩母因为操劳过度，忧思成疾，不久便离开了人世。相依为命的母亲撒手西去，令韩信肝肠寸断、痛不欲生。一个现实问题残酷地摆在韩信眼前，更令他茫然无措：该如何安葬母亲呢？

好在街坊邻居听闻韩母的死讯都赶了过来，亭长也来了，众人筹钱为韩母买了一口薄棺。当大家商议把韩母下葬在哪里时，在灵柩前号啕大哭的韩信突然站起身来，一声不吭地走出门去，弄得众人一头雾水，不知道他要干什么。

有人摇头叹息说："这孩子真可怜！行为举止这么怪异，以后该如何生活啊！"

有人为韩信担心不已："这孩子怕是太伤心了吧？可别失了心智，再出点什么事，以后的日子怎么过啊。"

有人点头附和："我看也是，等他回来，咱们好好劝劝他。"

就在众人议论纷纷之时，韩信回来了。他到家后只说了一句话："墓地我选好了，在城外的高岗上。"韩信将母亲的墓址选在高岗顶部的一片平坦开阔处，背山面水，四周草木葱茏。

母亲入土后，韩信跪在墓前，悲声哭泣道："娘，您操劳了一辈子，没有享过一天福，您就在这儿安睡吧！等儿子功成名就，一定给您重修坟墓，让万户人家为您看守。"

听到韩信这些话，有人在心里嘀咕："这孩子该不会真的是伤心过度，失了心智吧？怎么尽说疯话呢？让一万户人家来看坟守墓，可能吗？"有人则在心里偷笑："坟地选得倒是不错，但就凭你？穷得连饭都吃不上，又没有什么过人之处，以后不被饿死就是天大的幸运了，还想着将来能发达，真的想多了！"

但在众人中间，有一个人比较看好韩信，他就是下乡南昌亭亭长。

听了韩信的话，他暗自心惊："一万户人家来看守他母亲的坟地，那是万户侯才会有的待遇啊！这孩子分明是想当万户侯呀！穷困至此，内心尚有这般远大的志向，难得！"想到这里，他不由得对韩信另眼相看。

第二节　独自艰难生活

安葬完母亲后，韩信决意给母亲守墓，于是打算在墓地附近弄个遮风避雨的地方。可他折腾来折腾去，连个窝棚都搭不好，到了夜晚，干脆幕天席地，直接躺在了母亲墓前。

几个好心的街坊实在看不过去，一起在韩信母亲墓前三丈开外的地方清理出一块平地，帮他搭建窝棚，又给他支了一个灶台，送来一些柴米油盐，让他自己生火做饭吃。

韩信从此就搬到了窝棚里，家里没什么值钱的东西，即便没人住，也不怕盗贼过来。他最在乎的是兵书和青铜宝剑，于是日夜把宝剑佩挂在腰间，并把那些竹简搬进了窝棚里。

第一天住进来时，韩信先是看看兵书，然后在窝棚前练练剑。

等到肚子实在饿得不行时，他本想弄些粟米下锅，做点吃的，可他压根就不会生火做饭。他把柴草放进灶膛里，折腾了半天也没生着火。在城外劳作的人们远远望见高岗上的股股浓烟，以为韩信的窝棚失火了，等他们赶到那里，只见韩信正趴在灶膛前又是吹又是扇的，脸上黑一道白一道，弄成了大花脸。

人们见韩信并无大碍，就离开了，在回去的路上议论纷纷。有人说："连生火做饭这么简单的事都不会干，这小子还能活命吗？"有人反对说："要不了命！他可以讨饭吃，当个乞丐总可以活命吧。"有人叹息道："这人的命还真说不准，韩信好歹也算个王孙公子，现在却沦落到要当乞丐了，可怜啊！可怜啊！"

可心高气傲的韩信怎会去当乞丐,到了后来,他不再大费周折地生火做饭,饿了就直接嚼些生米吃。

但即便饿得两眼发昏,他也没忘读兵书,这也是他驱散内心痛苦的唯一方法。读书读到入迷的时候,他不仅忘了肚中饥饿,就连所有忧伤烦恼也全都抛到了九霄云外。

没过多久,窝棚里的粟米都吃完了,韩信又回到老宅,可老宅也没一粒米了,他想去街上买一些,但搜遍炕脚席底,竟找不出一文铜钱来。就在韩信陷入绝境、内心极度绝望之时,下乡南昌亭亭长又出现了,他看着饿得面黄肌瘦的韩信,慷慨地说道:"以后就到我家吃饭吧!"于是,腰悬宝剑、衣衫破烂的韩信来到了亭长家中,亭长的妻子笑着迎上来,客气地说:"你就把这儿当成自己的家,我们只要有一口吃的,定会给你分出半口来。"

韩信听了内心热乎乎的,暗暗发誓以后要加倍报答。吃完饭之后,亭长说:"我把柴房收拾出来,你将就将就,就住那儿吧。"韩信用手抹了抹嘴巴,不假思索地回答道:"不了,我还是回去住,给我娘守墓,那儿清净,我还能多看看书!"之后,他就头也不回地出了门。

亭长的妻子神情错愕地盯着韩信的背影愣了半天,直到韩信走远了,她才回过头来,杏眼圆睁地朝亭长嚷道:"真是一点礼节都不懂,吃饱喝足嘴巴一抹就走了,连句道谢的话都不说。"

亭长为韩信辩解道:"他的母亲刚去世,心里难过,不愿多说话,这都情有可原,你不要生气。"妻子回呛道:"你听听那穷小子刚才说的那些话,还真不拿自己当外人,真以为这里是他的家啊？我可没工夫伺候他！"第二天晌午，韩信像掐好了时间似的，饭刚做好，他就准时踏进了亭长的家门。但是亭长妻子脸上的笑容消失了，态度冷淡，连看都不看韩信一眼，更别说打招呼了。桌上的饭菜也比昨天的少了很多，并且只有素菜。尽管气氛异常沉闷，但韩信神情自若，低着头只顾吃饭，没人跟他说话，他反倒觉得自在些。等他伸出筷子又去夹菜时，才发现盘碟里的菜已空空如也。他怔了怔，有些尴尬地缩回筷子，把碗中的粟米饭一粒不剩地扒拉进嘴里，然后放下了碗筷。

亭长妻子一看韩信又要走，赶紧装作关心的样子说道："我看你干脆还是住下来算了，柴房我已经给你收拾好了，来回跑路折腾，也不大方便。"韩信还是昨天的说辞，并表示以后还是晌午过来吃饭，说完就头也不回地走了。

亭长妻子也很无奈，感觉就像一拳打在了棉花上——有劲使不上。一晃几个月过去了，虽然亭长妻子从来没有好脸色，但韩信仍然天天准时过来吃饭。

亭长妻子见韩信这么不开窍，便想了一个"好办法"——"晨炊蓐食"。蓐即褥，意思是早晨做好了饭，在被子里就吃掉，等韩信来了后，锅中早已空空如也了。

第一天这么做的时候，亭长心里有些过意不去，编了个理由搪塞韩信："今天有些不巧，下午有点急事，提前做了饭，一家人刚吃完，早早赶着要出门，以后家里可能要忙起来了，饭点可能就不会那么准时了……"说完塞给韩信半个馒头。

韩信也没在意，第二天提前了一会儿赶过来，依然没有赶上吃饭，再问的时候，亭长的妻子却说已经吃过了。

亭长低声央求妻子："要不你再弄点饭菜，让他自己在堂屋吃？"

"休想！"亭长的老婆低吼道，"你也不看看你这芝麻小官的俸禄，能不能养这么一个闲人！"

亭长不顾妻子的白眼站起身来，满面羞惭地走到堂屋。

韩信正愣愣地站在那里，眼睛里有悲哀，有愤怒，也有绝望。他感觉自己受到了极大的侮辱，不禁怒火攻心，但母亲的叮嘱这时浮现在他的脑海中，使他两只紧握的拳头放松下来。他脑袋嗡嗡作响，感到无所适从，不知道该如何面对这种尴尬和受辱的场面。

亭长努力地斟酌着措辞，想用谎言宽慰韩信："今天，今天我家……"

"大人无需多言，我离开便是。"看到亭长吞吞吐吐的样子，韩信反而冷静下来了，他在这里一刻也不愿再待下去，于是转过身，大步朝门外走去。

亭长追到院子外面，把手伸进怀里掏出几个碎钱来，抓起韩信的胳膊，说道："这几个铜钱，你拿着吧。"

韩信并没有接钱，而是施了个礼，客气地说道："亭长，此前的恩情，韩信来日必当报答！"然后头也不回地离开了……

韩信决定找点事做，挣钱养活自己，现实却又给了他当头棒喝，想找个挣钱的差使对他来说太难了。他一来不会经商，又缺少本钱，生意肯定是做不了的；二来没有什么手艺，连生火做饭都不会，想找个雇工的活也没人愿意用他。

而且亭长的妻子为了不落下刻薄的名声，四处散布韩信的坏话，说他好吃懒做、人品低劣、不识好歹，是个贫而无行的小人，这让韩信的境况更加窘迫。这次，韩信真的走投无路了。母亲去世后，他失去了生活来源，街坊邻居的周济毕竟是有限的，何况他的"坏名声"已传遍淮阴城，很少有人愿意再帮他了。

第三节　漂母赠饭之恩

如何填饱肚子活下去，成了眼下最困扰韩信的大问题。这天，韩信有气无力地从窝棚里走出来，一路思索着到哪里混口饭吃。他走到城外河边，见河中的鱼儿不时跃出水面，在河面上激起一圈一圈的涟漪。

他暗淡的眼神渐渐明亮起来，内心一阵狂喜：有救了！钓鱼不就能养活自己吗？

想到这里，韩信肚子里的饥饿感一下子消失了，浑身顿时充满了力量。

河边很清静，只有岸边树丛间的鸟叫声、潺潺的流水声相伴耳边，显得河边更为静谧祥和。韩信手持鱼竿坐在河边的一块石头上，静等着鱼儿上钩，自母亲去世后，他的心情从来没有这样舒畅过。他想起了姜尚垂钓于渭水之滨，得遇文王姬昌的故事，自己什么时候才能像姜尚那样，遇到赏识自己的人呢？

韩信的好心情并没有持续多久，他坐了半天，始终不见鱼儿上钩,而他早已饿得前胸贴后背,肚子咕咕直叫。此时已是初夏时分,中午的太阳火辣辣的,晒得他头晕眼花,浑身冒汗。韩信不禁有些烦躁,他站起身来,走到河里洗了把脸,又捧起河水喝了一口,然后坐回原处,强忍饥饿继续等待。功夫不负有心人,又过了一个时辰左右,他还真钓上来两三条小鱼。一天的食物问题解决了,他便继续研读兵书。

第二天一大早,韩信又来到河边,找了一个有树荫的地方坐下来,一边看书一边等鱼上钩。可他一捧起竹简就入了迷,全然忘了钓鱼的事情。

他正读得津津有味,忽然被身后一个苍老的声音吓了一跳:"鱼咬钩了!"

韩信急忙抬头并抓起脚下的鱼竿,使劲往上一提,只见一条白亮亮的鱼儿随着鱼线腾出水面,拼命挣扎着,看上去足有一尺多长。韩信心中大喜,可下一刻那条鱼就挣脱鱼钩逃走了。

韩信盯着空荡荡的鱼钩,沮丧地摇了摇头,又把鱼钩甩回水里。

"唉——!这么大的鱼,可惜了!"苍老的声音又响了起来,那语气似乎比韩信还要沮丧惋惜。韩信回过头来,只见一个弯腰驼背的老婆婆站在自己身后,双手捧着一个箩筐,里面装着满满的丝绵,佝偻的背上还背着一个更大的箩筐,同样装满了丝绵之类的物件。

"婆婆!"韩信朝老婆婆俯身点头,打了声招呼。他认识这位婆婆,她住得离自己家不远,平时跟几个老婆婆一起,靠给一个商户和周围的富人洗涤丝绵、衣物、被褥等维持生计。尽管自家日子过得也清苦,但她为人热心和善,谁家有了难处,她都会帮上一把。韩信就没少受她周济。

就在这时,又有几个老婆婆带着装满丝绵衣物的箩筐走了过来,一个婆婆嚷道:"这小子怎么把咱们的地方给占了!"

还有一个婆婆看着韩信揶揄道:"小子,今天怎么没去亭长家里吃饭?"

不等其他人继续取笑,邻家阿婆对韩信说:"走,咱们再找个凉快的地方去!"

他们重新找了个树荫处坐下来,转眼已是正午时分,他的肚子又不争气地叫了起来。

正当韩信焦躁不安之时,邻家阿婆将一个瓦钵递到韩信手里,慈祥地说道:"孩子,时候不早了,歇会儿吧,我这儿有点饭食,你拿去吃。"

韩信站起身来,有些不知所措:"婆婆,我……我不饿,您自己吃吧。"

邻家阿婆用略带责怪的口吻说道:"拿着吧,你一个小伙子,都这个时候了,还说不饿?跟我客气什么,快吃吧。"

韩信迟疑地说道:"我……婆婆,那您吃什么?"

"我已经吃过了。"阿婆说道,"我每天都会带饭过来,省得再往家里来回跑了,不知道你在这儿钓鱼,今天带得有点少,你饭量大,先将就着吃点吧,明天我多带点儿。"

"够了够了,多谢婆婆!"韩信手捧饭钵,朝邻家阿婆躬身施了一礼。

那天之后,邻家阿婆每天都给韩信带饭过来,虽然都是些素食淡饭,但韩信从此不再饥肠辘辘了。

几个月的时间很快过去了,一天,邻家阿婆又端着饭钵,蹒跚着脚步向韩信钓鱼的地方走来。每天来到河边洗涤丝绵之前,她都会把午饭提前拿给韩信。

距离还有好几丈远,她就高兴地冲韩信喊道:"孩子呀,婆婆给你送好吃的来啦!"

听到邻家阿婆的声音,韩信连忙卷起竹简站起身来,微笑着打了声招呼。

邻家阿婆走到韩信跟前,将饭钵递给他,笑眯眯地说:"要是不够,我那里还有,只管过来拿,我一个老婆子也吃不了多少。"

韩信接过饭钵,感觉分量比往日多,打开一看,里面装的饭菜格外丰盛。

韩信一向孤僻冷傲,历经多年苦难,尝遍世间冷暖之后,他的性格更是坚硬如铁,极少动感情,此时他却感动得热泪盈眶。他把饭盒放在石头上,朝邻居阿婆深深施了一礼:"谢谢婆婆,我……"

没等他把话说完,邻居阿婆朝他摆了摆手:"你先别谢我,我还有话跟你说。"

阿婆收起笑容,正了正脸色说道:"孩子呀!商户的丝绵我们已经洗完了,给街坊们洗衣洗被的活也不多,从明天起,我就不会天天过来了,所以也不能每天给你带饭了。孩子呀,以后你要自己照顾好自己。"

韩信"扑通"一声跪在邻居阿婆面前，眼含泪水，动情地说道："婆婆，您的恩情，我没齿难忘，等我有了出头之日，一定好好地报答您。"

邻居阿婆听了却沉下脸来，有些生气地训斥道："孩子呀，你这话让老婆子我消受不起。你也不小了，眼看就要长成一个顶天立地的男子汉了，可你连自己都养活不了，一个王孙公子，竟然沦落到快要饿死的地步，我是看你可怜，才给你一口饭吃。我做这些，难道是为了你有一天来报答我吗？你也太看轻我这个老婆子了！我一个孤老婆子，已是半身入土之人，还能指望你报答我什么呢？你快起来吧，这话不要再说了。"

韩信脸上火辣辣的，一时无言以对。看着韩信无地自容的样子，邻居阿婆心里有些过意不去，又放缓语气，语重心长地说道："孩子呀，刚才婆婆的话说得有些重，你别介意。你小小年纪，心里有大志向，虽然现在落魄潦倒，但只要你不放弃自己，以后一定会有一番作为的。"

这些话点醒了韩信，向来自信骄傲的他终于开始自我反思了。他暗下决心，要牢牢把握自己的命运，去实现理想，成就一番事业。

第四节　甘受胯下之辱

一个人的命运，与所处国家的命运及政治环境息息相关，韩信年少时所经历的种种苦难与屈辱，在很大程度上是七雄纷争、秦灭六国的大环境造成的。秦统一六国后，秦始皇实施的一系列暴政激起了平民百姓的仇恨，也使韩信所承受的屈辱进一步加剧。

秦始皇三十六年（前211年），东郡（今河南濮阳一带）落下一块陨石，石头上刻有一行字"始皇帝死而地分"。秦始皇心里明白这并不是什么天意，而是世人所为，于是下令追查。由于查不出刻字之人，他居然下令将陨石周边的居民全部处死。

秦始皇不断在全国推行严刑峻法，征收繁重的赋税，强迫百姓服徭役、兵役，平民百姓动辄触犯律法，成千上万的无辜百姓被罗织罪名投入苦役，秦国变成了一座人间地狱。

为巩固自己的统治，秦始皇还想出了一个"绝招"——收缴和销毁流散在民间的各种兵器，防止流窜于各地的六国潜在反叛势力用武力夺权。

但压迫愈强烈，百姓心中的仇恨就愈强烈，反抗也就愈强烈。秦始皇的暴政，不但没能制服百姓，反而在全国上下激起了暴虐之风，好勇斗狠之徒在当时大行其道，街头混混、市井无赖横行乡里，最典型的莫过于沛县的刘邦也就是后来的汉高祖，他早年的无赖行径，那可是载入史册的。他游手好闲、不事劳作、好酒贪色，与一帮狐朋狗友在酒馆吃饭全是赊账，就连县令的好友吕公举办宴会，他都敢打一张白条混吃混喝。发小卢绾、屠狗的樊哙、靠编织养蚕器具维持生计的周勃，以及在官府做官当差的萧何、曹参、夏侯婴、任敖等人，都是他的铁杆弟兄。因为人脉广，他在当地积聚起一股不小的势力。

淮阴城也不缺市井无赖，其中以屠户出身的牛二最为出名。牛二从小就和一帮舞枪弄棒之徒混在一起，在大街上惹是生非，长到二十来岁时，已成了淮阴城人见人怕的混世魔王。按说牛二和韩信之间也没什么交集，牛二整天带着一帮人在淮阴城招摇过市，韩信则独自过着孤独而贫穷的生活。天长日久，韩信钓鱼的本领倒是长进不少，但他舍不得把钓上来的鱼全部吃完，总是留一些晾晒起来，以备雨雪天气无法出门时食用；家里实在缺米缺盐时，他也会拿几条鱼到街上换些回来。虽然只能解决温饱，不过韩信并不在意。服孝期满后，韩信搬回了老宅，但仍经常到窝棚去住，因为那里远离闹市喧嚣，比较适合他安安静静地读书。他很少与人交往，所以几乎没有朋友，除了换购柴米油盐之类的必需品，他很少上街。这样与世无争的他却惹来了无缘无故的恶意。无赖牛二盯上了离群索居的韩信，找起韩信的麻烦。

生活在同一个地方，大家低头不见抬头见，偶尔总会碰面。这天，韩信提着刚钓来的鱼，打算到集市上换些米面，结果在热闹的大街上迎面遇到了牛二和一帮无赖。韩信平时虽然不问世事，但对于牛二这帮人的恶名，也多少有所耳闻。韩信不想招惹他们，于是就低头从他们身边走过去，但就在他将要与他们擦肩而过的时候，牛二却把眼睛一瞪，身子一横，拦住了他的去路："给我站住！"韩信看了一眼牛二，没有说话，想闪身走开，牛二却伸出手又拦住他："叫你站住你没听见吗？"韩信不动声色地问道："有事吗？"

牛二蛮横地说："当然有事了！"他顿了顿，凑到韩信跟前，两眼紧盯着韩信的眼睛，问道："你就是那个总爱蹭饭吃的韩信吧？"韩信的喉结上下动了动，低着头没吭声。牛二用手指了指韩信腰间的宝剑："官府三令五申，要收缴民间兵器，你还整天挎着这个破玩意儿，怎么不上交啊？"韩信一听，不由自主地伸手握紧了腰间的剑柄，一字一顿地说："这是我家祖传的，不能交。"牛二绕着韩信缓缓走动着："哟，就你这破玩意儿，还祖传呢！祖传的又如何？现在民间所有兵器都必须上缴销毁，难道你想对抗官府法令不成？你以为你还是什么王孙公子，能够法外开恩吗？"说到这里，他突然停下脚步，指着韩信紧握剑柄的手，冲身边的一帮无赖嬉笑道，"你们瞧！他那架势，是不是想拔出剑来砍我啊？你们说说，韩信这小子敢砍我吗？"众无赖齐声哄笑，纷纷说道："谅他也不敢，他哪有那个胆！"

大街上的行人见牛二又在惹是生非，都远远地站在一旁围观。

韩信此时涨红了脸，额上青筋暴起，他咬紧牙关，紧紧地握住剑柄，缓缓抬起头来，狠狠瞪了牛二一眼。

牛二见状怒道："居然敢瞪我！胆子不小啊！"他边说边把脸凑近韩信，一边和韩信对视，一边抬起手来，轻轻地拍打韩信的脸颊，"再瞪我一眼试试？还真想砍我是不是？来啊，来啊，拔出剑来砍我啊！"

母亲的叮嘱突然在韩信耳边响起，他的头脑立马清醒了，深吸一口气，强压着心中的万丈怒火，他不停地提醒自己："要忍，一定要忍，不能跟这等无赖一般见识。"于是他松开握剑的手，把脸扭向别处。看热闹的行人越聚越多，朝着他们指指点点，小声议论着。韩信看了一眼围观的人群，又回过头看了一眼牛二，平静地说："我与你无冤无仇，为何要砍你？请你不要挡路。"

韩信的退让，不仅没能让牛二收敛，反而使他更嚣张了。在他看来，这么多人围观，韩信又这么怯懦，正好是展示自己威风的绝佳机会，他要让韩信当众出丑，也让众人见识一下自己的威风。于是，他用更为蔑视的目光盯着韩信道："想走？没那么容易，先跟我一块到县府，将你这把破剑交上去再说。"

韩信本想说点什么，但最后还是忍住了。然而，更大的侮辱紧跟而来，牛二刺激他道："看你长得人高马大、五大三粗的，又喜欢整天带着把破剑，其实不过是一个胆小怕事的懦夫罢了。要想不被扭送到官府、让你的破剑别被收缴也很简单，我给你两条路选。"说到这里，牛二看了看身边的一众无赖，又看了看周围越来越多的看客，故意提高嗓门，"你要是不怕死，就拔出你的破剑来刺我；要是怕死不敢刺我，"牛二边说边后退两步，对着韩信叉开双腿，"你就乖乖地从我胯下钻过去！"

牛二话音刚落，围观的人群"哄"的一声炸开了锅，那帮无赖更是在一旁高声起哄："有胆子你就把剑拔出来啊！""你看他那怂样！胆小鬼！懦夫！快从裤裆下爬过去吧！"韩信顿时感到一股气血直冲脑门，那帮无赖的起哄声还在嗡嗡作响，但他根本听不清他们在喊些什么，只听到发自心底的一个声音："杀了他，杀了他！杀了这个无赖，他如此羞辱你，一剑刺死他！"他用冰冷如刀的眼神直视着牛二，右手再次握紧了剑柄。

就在韩信将要拔剑出鞘的时候，他身子一激灵，头脑瞬间又清醒过来，他在心底告诫自己："杀一个市井无赖，也会把自己的命搭进去了，不值得啊！自己一腔抱负还没实现，如果因为忍不了一时之辱去杀人，早早地因为一个无赖以命换命，那不就白白辜负了自己平生所学吗？不能就这么去死，一定要忍辱负重地活下去。所谓忍者为王，能忍常人所不能忍，那才是真正的大丈夫！"想到这里，韩信又一次垂下了握剑的手，在众目睽睽之下趴下身子，向牛二的两腿间爬去。

大街上顿时变得鸦雀无声，大家呆呆地看着韩信从牛二的胯下钻了过去。静默了许久，众人才又齐声哄笑起来。韩信从地上站起来，面无表情地离开了。

自那天之后，淮阴城再也见不到韩信的身影，而他甘受胯下之辱的怯懦之举，则像风一样传遍了淮阴城。

第二章 仗剑投军旅

第一节 加入项家军

韩信在淮阴城受辱,从此背负怯懦之名,然而他心中的大志并未就此沉沦,反而更加坚定。暂时的隐忍和妥协只是为了待机而起。他生逢乱世,而乱世也将成就他。

秦始皇三十七年(前210年),秦始皇在第五次出巡途中暴病而亡,中车府令赵高秘不发丧,与公子胡亥合谋,又蛊惑丞相李斯共同篡改遗诏,矫诏杀公子扶苏、蒙恬,立胡亥继位,是为秦二世。

秦二世荒淫昏庸,每日醉生梦死,不问政事,将所有国事都交给赵高处理。赵高独揽大权之后，专权祸国，残害忠良，对百姓采取了更加残酷的统治，秦帝国的徭役更加繁重，天下百姓苦不堪言，怨声载道。

秦二世元年（前209年），中国历史上第一次大规模的农民起义终于爆发了。这年七月，陈胜、吴广在大泽乡（今安徽宿州东南）揭竿而起，并在陈县（今河南淮阳）建立"张楚"政权，陈胜自立为楚王。天下云集响应，纷纷起兵反抗暴秦。各地百姓不再沉默，愤怒地诛杀本地的贪官污吏，原来的东方四国燕、赵、魏、齐也先后复国，不再受秦的统治。

下相（今江苏宿迁）人项梁是楚国名将项燕的儿子，年轻时杀了人，为逃避仇家，不得不逃亡到吴中。随同他一起逃亡的，还有他的侄儿——后来名震天下、自封为西楚霸王的项羽。

据说，项羽身高八尺有余，目生双瞳，力能扛鼎，才气过人，他随叔父项梁逃到吴中后，当地的豪强子弟都十分惧怕他。

项梁善于察言观色，又懂得经营人际关系，到了吴中没多久便有了威望，吴中每逢有大规模的祭祀和丧葬事宜，经常由项梁出面主办，项梁也由此结交了不少当地豪杰和官吏。同时，项梁也极具野心，他开始暗中招兵买马，不断壮大自己的势力。

陈胜、吴广起义之后，刘邦在沛县起兵响应，项梁、项羽也于当年九月杀死会稽郡（治今江苏苏州）郡守殷通，召集人马正式起兵反秦。项梁自己当了会稽郡郡守，项羽做了裨将（副将），出于对项燕的崇敬，原来楚国的百姓纷纷投奔过来，很快就征集到了八千精兵。

此时，陈胜的部下周文率领起义军已经攻入函谷关，几十万起义军队很快到达咸阳附近的戏水（今陕西西安），直接威胁到了秦都城咸阳的安全。昏庸无能的秦二世得知后惊恐万状，而朝廷又实在无兵可派，这时少府章邯建议赦免在骊山服劳役的刑徒，发给他们兵器，把他们组织起来抵抗起义军。

秦二世闻言大喜，于是下诏大赦天下，任命章邯为将，率领骊山刑徒，号称七十万军队，出动镇压周文率领的起义军。

由于起义军力量太过分散，周文又缺乏实际作战经验，此时已成孤师，很快被章邯的军队打得大败，不得不退出函谷关，逃到曹阳。章邯率领人马紧追不舍，周文在几经挫败、无粮无援的情况下，在渑池（今河南三门峡渑池）与章邯军队又激战了十多天，终因寡不敌众，被章邯彻底击溃。周文在战败后拔剑自刎。

几乎与此同时，起义军首领吴广率军进攻荥阳（今河南郑州荥阳）也接连受挫，将领田臧与之意见不合，假借陈胜的命令杀死了吴广，结果导致起义军全军覆没。再加上陈胜派往各地的将领与其离心离德，争相称王，起义军内部分裂倾向越来越严重，各地群起响应的豪杰势力也不愿再受陈胜节制，作为反秦主力的陈胜"张楚"政权完全处于孤立状态。

秦二世二年（前208年）腊月，在起义仅仅六个月之后，义军领袖陈胜在下城父（今安徽涡阳东南）被贴身车夫庄贾设计杀害，但当时的传言是陈胜下落不明。他的部将召平正在攻打广陵（今江苏扬州西北），得知陈胜兵败、秦军即将南下的消息后，为了拉拢、调动在当地享有威望，又有一支雄师的项梁，他假借陈胜之令，封项梁为张楚政权的上柱国（楚国最高武官，职权仅低于丞相），命令他火速率兵向西抵御秦军。项梁抓住机会，率八千精兵横渡长江，向西进军，沿途不断招兵买马，扩充力量，先后收编了东阳县陈婴率领的两万起义军，以及黥布（即英布）、蒲将军率领的队伍，兵力迅速壮大到六七万人，驻扎在下邳（今江苏睢宁北）。

当项梁和项羽率领军队渡过淮河之后，在淮阴城消失了许久的韩信再次出现了。天下大乱，正是英雄用武之时，韩信觉得属于自己的时代到来了，于是带着剑投奔项梁。

这天用过早饭，项梁在军营中巡视一圈之后，又带着众人信步往营寨之外走去。

营寨大门旁设有新兵造册登记处，前来报名的青壮年男子已排出上百米长的队伍，还有人陆续从远方赶来。

看到有那么多人踊跃前来投奔自己，项梁心花怒放，加快脚步朝新兵造册登记处走去。他要从报名的人中挑选一些精英，为己所用。

项梁刚走到大门的登记点，就听得人群中爆发出哄然大笑声。项梁稍稍停下脚步愣了愣，随即朝负责登记的军吏疾步走去。

看到项梁来了，几个军吏大惊失色，笑容一下子僵在了脸上。在场的人也都止住了嬉笑，场面变得寂静凝重起来。

项梁板着脸问道："怎么回事？军营之中何故嬉笑喧哗？"

一个军吏战战兢兢地回答："是因为，这个人……"军吏边说边用手指了指面前的高大男子，"他说他叫韩信，属下再一问，就是淮阴那个从别人裤裆下钻过去的韩信。大家觉得这样的懦夫居然想跑到这里混饭吃，十分可笑，于是就……"

项梁挥了挥手，打断军吏的话，转向那个高大男子，问道："你就是淮阴的那个韩信？"

韩信拱手，朝项梁深深施了一礼道："禀将军，在下正是韩信。"

"小子，军中不是混饭之地，你还是快快离开吧。"站在项梁身边的项佗抢先发话道。

韩信转向项佗，不卑不亢地说："在下是来投军的，不是来混饭吃的。"

"军中不收怯懦之人、贪生怕死之辈！"项佗不由提高了声音。

另一项氏宗亲项悍听了，也上前一步接道："上阵杀敌，是要流血死人的，要的是敢于冲锋陷阵、奋勇当先的勇士，最恨畏敌怯战、临阵脱逃之辈。你一个堂堂七尺男儿，为苟活性命，竟不顾颜面，受他人胯下之辱，项家军不收这等懦夫！"

项悍话音刚落，周围又有不少人捂着嘴偷笑起来。

面对如此羞辱，韩信依然不急不恼，语气平静地回应道："在下并非怯懦之人、贪生怕死之辈，今慕名前来投奔项将军，就是想要追随将军上阵杀敌，诛灭暴秦，建功立业。"

韩信的话自然又引来一阵嘲笑。

众人说话之时，项梁一直没有出声，只是默默地打量韩信，见他长得高大魁梧，眉宇清朗，双目有神，气质沉稳、坚毅，又透露出一种孤傲和忧郁。

"此人性情内敛，面对如此多的非议竟然不动声色，绝非怯懦平庸之辈。"项梁不动声色地在心中作出了判断。项梁制止了众人对韩信的挖苦，下令将韩信留在军中听用。

第二节 项梁军中的无名小卒

韩信成功留在了项梁军中，但并未得到重用。

此时，还有另外一股起义军势力，那就是东海郡陵县（今江苏泗阳县凌城村）人秦嘉。秦末乱世，楚国的呼声是最高的，当初陈胜起义的时候也借用了楚将项燕的名号。陈胜兵败后，秦嘉找到楚国贵族景氏的后人景驹立为楚王，抢占了楚国的名号，想以这种方式接替陈胜在起义军中的地位和影响力。当项梁、项羽率领军队继续北上时，秦嘉领兵堵在了路上，想要阻止项梁向西进发。

项梁早就对秦嘉的所作所为不满，于是号令全军歼灭背叛陈胜的秦嘉。经过项梁的训练，他军中的将士个个勇猛无比，秦嘉的军队显得不堪一击。项梁统率人马乘胜追击，秦嘉死于战场，其残部全都投降。景驹趁乱逃走，但没多久就死在了梁地。

彻底击溃秦嘉的军队之后，项梁驻扎在胡陵，打算休整一番再继续挥师西进。

这时，章邯率领队伍抵达栗县（今河南商丘夏邑），项梁命另统一军的将领朱鸡石、余樊君一起攻打章邯的军队，双方展开了为时多日的拉锯战。最后，朱鸡石、余樊君中了章邯的诱敌之计，余樊君战死，朱鸡石率残部逃回胡陵。

这是项梁自起兵以来第一次与秦朝最后一位名将章邯的较量，以惨败告终。项梁于是率军向东退却了六十里，驻扎在薛城（今山东枣庄），以躲避章邯军队的锋芒。随后又杀死了朱鸡石以振军威。

刘邦自沛县起兵后也一直遇到麻烦。

刘邦在起兵之初，带领三千人马攻打胡陵、方与（今山东鱼台）两个县城，但遭到了守城秦军的迎头痛击，两个县城都没有攻下来，刘邦只好带领军队退回老巢丰邑（今江苏徐州丰县）休整。

胡陵、方与两县所属的泗川郡监御史见刘邦手下只是一帮乌合之众，便在刘邦撤到丰邑不久后带兵打上门来。刘邦在坚守城池两天之后，趁城外泗川郡军队懈怠之机，发起突然袭击，秦兵措手不及，被杀得人仰马翻。

刘邦军队打了一个大胜仗，士气顿时高涨起来。刘邦于是一鼓作气，命令同为沛县人的雍齿镇守丰邑，自己亲率大军追击逃亡的秦兵。

刘邦率兵先进攻薛城，泗川郡郡守急忙组织人马抵抗，但刘邦军队势如破竹，薛城很快被攻下。泗川郡郡守带兵逃到了戚县（今山东临沂），刘邦紧追其后，没等泗川郡郡守喘口气，刘邦已兵临城下，双方又是一场恶战。结果戚县被刘邦攻克，泗川郡郡守也被刘邦擒获斩杀。

刘邦率军接连攻下两座城后，又进军亢父（今山东济宁），准备绕到背后攻打此前未攻下的方与，但他刚把方与围起来，自家后院却起了火。

原来，被委以守家重任的老乡雍齿在跟随刘邦起兵前曾是沛县的豪门世族，原本就瞧不起刘邦，趁刘邦领兵在外，居然把刘邦的老巢丰邑拱手献给了陈胜的部下、魏国人周市！

得知雍齿叛变、献出丰邑的消息之后，刘邦恨得咬牙切齿，马上班师后撤，火速赶往丰邑，但围攻多日，仍未夺回丰邑。刘邦急恨交加，很快就病倒了，不得不撤兵回沛县。

身体稍稍恢复，刘邦听说秦嘉拥立景驹当了楚王，就带领自己的人马前去投奔，在这个过程中，刘邦遇见了一心想要光复韩国的张良。此时张良率领几百部众，也要去投奔景驹。在遇到刘邦后，两人便攀谈起来。两人一见如故，甚是投缘。而张良发现，面前这个中年男人，虽眼下落魄，却能够领悟自己讲解的兵法，又对自己尊敬有加。善于识人的张良认为刘邦极具潜力，日后必能有一番作为。于是张良改投刘邦帐下，随刘邦一起来到景驹处。

刘邦向景驹提出借兵回救丰邑，没想到景驹反让刘邦带兵帮他抵挡秦将司马夷的军队，刘邦在萧县（今安徽宿州萧县）与司马夷的军队迎头相遇，结果又被打得大败。他只好带兵后撤，逃到了留县。

稍事休整之后，刘邦听从张良的建议，带兵攻打秦军力量较为薄弱的砀县（今河南永城），三日便将城攻破。之后，刘邦在砀县大肆扩充队伍，很快就招了五六千新兵，再加上原来的三千多人，军队人数已达到八九千人。

刘邦又忍不住踌躇满志起来，他不顾张良的劝阻，再次指挥军队回攻丰邑。但围攻丰邑多日，仍是久攻不下。这时他听闻秦嘉和景驹都已经被项梁消灭，项梁正屯兵薛城整编部队，于是在张良的建议下，他率百余名随从到薛城拜见项梁。

项梁倒也十分慷慨，刘邦一开口，他就很爽快地答应拨给刘邦五千人马，并派出军官协助刘邦。

刘邦得到了五千精兵和良将，再加上自己原有的人马，兵力已达一万多人。他带领军队杀气腾腾地再次开赴丰邑，一举拿下了这座令他备感羞愤的城池。雍齿一开始想投降，但考虑到刘邦对自己恨之入骨，不会轻易饶过，只好偷偷溜出城去，投奔了魏国。

几乎与此同时，项羽也打了一场大胜仗，拿下了襄城。围攻襄城时，由于城内将士坚守不出，导致项羽耗费了很多兵力，项羽心中十分愤恨，在攻下襄城之后进行了血腥的屠城行为——将全城军民不论男女老幼全部屠杀。屠城之后，项羽这才率兵返回，向叔父项梁送上捷报。

而这一切似乎跟身在军中的韩信没有任何关系，因而历史上没有留下关于他这一时期的任何记载。这对于一心想上战场杀敌立功的韩信来说，无疑是一种煎熬。

每次听到战场上传回的消息，韩信都心痒难耐、蠢蠢欲动，但又无可奈何，有时还会遭到低级将官和士卒的羞辱谩骂和冷嘲热讽。因此，初入项梁军中的韩信，内心十分郁闷和憋屈。

正所谓"蛟龙未遇，潜身于鱼虾之间；君子失时，拱手于小人之下"，韩信选择了继续隐忍，默默等待着大展宏图的机会。

第三节　都是轻敌惹的祸

项羽从襄城凯旋，还给叔父项梁带回了一个消息：之前一直生死不明的陈胜，现已确定被人杀害了！

项梁经过一番思量，决定召集各部将领商讨今后的方略对策。刘邦在夺回丰邑之后也赶了过来。

在这次会议上，项梁通报了陈胜死亡的消息，然后提出要重新推选新的楚王来号令各方豪杰，大家争论来争论去，最后达成了一致意见，推举项梁为新楚王。

项梁嘴上一再推辞，其实内心是非常乐意的。

这时一位老者却突然冒了出来，给项梁当头浇了一盆冷水。

这位老者就是大名鼎鼎的谋士范增，他熟读兵书，尤其是对奇谋奇计颇有研究，此前一直闲居在家静观时变，听闻项梁起兵声势越来越大之后，决定出山辅佐项梁叔侄。

范增提出异议后，直奔主题，向项梁分析道："将军您从江东举起反秦义旗以来，楚国人蜂拥而至，纷纷投奔到您的帐下，就因为将军是楚国将门之后。项家世世代代都是楚国栋梁，在人们心目中威望甚高，楚国人对您寄予的最大愿望，就是希望您能光复楚国，让楚王的后代重新复位！陈胜起兵反秦之初打的就是楚国旗号，可他攻占陈县之后，却没能顺应民意，拥立楚王的后代,而是自立为王,自此失去了民心,百姓不再支持他,他的灭亡是注定之事。若将军不立楚王后代而自己称王,岂不是让人抓住把柄,重蹈陈胜的老路吗?项家世世代代的英名也会毁于一旦啊!"

项梁听了之后彻底醒悟过来,朝范增拱了拱手道:"先生真是高见!我项梁绝不做玷污祖先名誉的事情,可目前陈胜遇害身亡,天下豪杰各自为战,且各怀异心,互相掣制,必给暴秦以可乘之机。若不及时推选一位王者号令天下,恐各方豪杰将被秦军各个击破,反秦大业又从何谈起?眼下该如何应对,还望先生指点。"

范增点了点头,说道:"将军所虑极是!老朽也正是因此前来面见将军的,愚以为,必须尽快找到一个楚国王室的后裔,立之为王,号令天下。"

项梁采纳了范增的建议,派人四处寻找楚国王室后裔。不久便从一偏僻之所找来了一个落魄王孙,此人名叫熊心,是楚怀王熊槐的孙子,之前沦落乡野,成为牧羊人。众人大喜。

秦二世二年(前208年)六月,熊心正式登上王座,承继祖父熊槐的谥号,也称楚怀王;陈婴被封为上柱国,跟随怀王建都盱眙(今江苏淮安盱眙);项梁则自封为武信侯,全掌军事。

项梁在拥立熊心后,势力越来越强大,很快就聚集了十余万人马。由项家军队扶植起来的楚政权,此时已完全取代陈胜的张楚政权,成为天下反秦力量的中心,项梁本人也真正迎来了他一生中的高光时刻。

在对军队进行短时间的休整操练后,项梁开始大展雄威,指挥军队以雷霆万钧之势对秦军展开了攻击。在东阿大败秦将章邯所部,又在濮阳(今河南安阳滑县附近)大破秦军,接着攻克定陶(今山东菏泽定陶)。

项梁见自己的军队在短短两个月之内接连大败秦军,渐渐滋生了骄傲轻敌的情绪。

当项羽、刘邦攻下雍丘,斩杀三川郡郡守、秦朝丞相李斯之子李由的捷报传来之后,项梁在军帐中大摆筵席,将全部将领都召集过来以示庆贺。众将开怀畅饮,对项梁的颂扬和溢美之词不绝于耳。

在众人的吹捧下,项梁更加得意忘形。受项梁的影响,将士们的日常操练也随之懈怠松弛下来。

原为楚国令尹的宋义看到军中从上至下皆轻敌自傲,便劝谏项梁:"我们连打了多次胜仗,实乃可喜可贺。但卑职看到将领们已因此滋生了骄傲情绪,士兵们也都懈怠偷懒,这是非常不妙的征兆啊,若任其发展下去,必定会招致失败。再则,眼下秦国正增派人马前来,我们的处境仍然十分危险,卑职实在是担心啊!"

宋义的言论让项梁感到非常扫兴,但又不好发作,于是回应道:"宋将军过虑了,我楚国各路大军正值所向披靡、连战告捷之时,应当鼓舞士气才是,不可助长敌人志气,灭了自己的威风。"

恰巧项梁打算派一名使者到齐国商谈联合出兵的事宜，他觉得宋义在自己面前有些碍眼，于是就以宋义能言善辩、才能出众为由，派他出使齐国。

宋义走到半路，碰到了齐国派出的使者高陵君。宋义问高陵君："您是不是着急赶路要去见武信侯？"

高陵君回答说："正是。"

宋义笑了笑，郑重其事地说："我劝你还是别那么着急赶路，据我判断，武信侯这次一定会失败的。秦此时正加派军队围攻定陶，而武信侯全军上下骄傲懈怠，若你走得慢一点，则可免遭杀身之祸；若你着急赶到那里，必定会遭遇祸殃啊！"

高陵君闻言大吃一惊，感谢宋义后，两人便分别，各自继续上路。

事情果如宋义预料的那样，不久后，项梁的军队果然遭到了秦军的袭击，而项梁本人也因自己的骄傲付出了生命的代价。

战斗发生在一天深夜。在濮阳城休整了两个月后，章邯重新调整部署，恢复了战斗力，此时秦二世派来的增援部队也已经赶到，章邯便命令部队趁着夜色长途奔袭，出其不意地赶到定陶。项军毫无防备，被杀得落花流水，项梁战败被杀。

此时距项梁扶植熊心为楚王，号令天下群雄，风光无限，还不到四个月的时间。

第四节　定陶初显锋芒

项梁因骄傲轻敌而亡，但对韩信来说，定陶之战具有特殊的意义：这是他平生第一次正式投入血与火的战场，与敌人近身搏杀；也是他小试锋芒，在危急关头初次展示军事智慧的凶险一战。

此前，韩信有时被派往项军大后方驻守粮仓重地，有时又被派往军中，随军转运粮草，但始终没有被派往前锋部队，还是比较安全的。这次韩信随军出征定陶也是一样。进攻定陶时，项梁一开始考虑让韩信所在的粮草营驻扎在城外偏僻隐蔽之地，但后来考虑来回转运粮草不太方便，就让粮草营随军搬入城内，外面城高池深，周围又派重兵层层把守，是城中最安全的所在。

其实，韩信对项梁的失败也是有预感的。他看到身边的人在休整期间整日酗酒作乐，不思防备也不思操练，骄傲懈怠之风蔓延整个军营，肯定会出大事情。但他心中明白，自己只是一个无名小卒，即便有疑虑，想提出建议，也无人听信，所以他只能静观其变。

同营的士卒多次招呼韩信和他们一起饮酒，但他都以各种理由推脱了，那些士卒就嘲笑他不懂得享受。而韩信看到他们每天喝得醉醺醺的样子，便断定这些醉鬼将变成敌人的刀下之鬼，内心更生出了无限悲凉。

这天夜里，韩信辗转反侧了许久，迷迷糊糊地正要进入梦乡，忽然听到远处传来人喊马嘶的嘈杂之声，他心中暗叫一声"不好"，随即坐起身来，一边跳下大铺披戴盔甲，一边冲仍在酣睡的同袍们大喊："都快起来！秦军杀进城了！"

但躺在铺上的那些人没有丝毫反应，韩信披挂整齐之后，手拿一杆长枪对着他们就是一阵敲打，口中再次大喊道："起来！都快起来！敌人杀进城了！"

急促的马蹄声、喊杀声此时已越来越近，越来越清晰，大铺上的士卒们这才慌了神，一边失声惊叫，一边手忙脚乱地从铺上爬起来。

韩信全副武装冲出门外，发现远方城内及中军大营火光冲天，厮杀声、惨叫声、马鸣声惊天动地，不远处，敌军的骑兵、步兵正杀气腾腾地朝粮草营这边冲来，在粮草营外围防守的将士们已与他们短兵相接杀在了一处，刀枪剑戟相互碰撞发出的声音显得格外刺耳。

运粮主官神色慌张地从军帐中走出来，两手哆嗦地系着衣衫纽扣，头发散乱着，连盔甲都没来得及披戴。

韩信急忙走上前去，建议道："将军！韩信斗胆进言，此时应速速备马装车，将粮草撤运出城。不便携带的辎重杂物皆可抛下。"

运粮官早已吓得六神无主，听了韩信的话，也来不及细想，朝周围的士卒吼道："快将粮草装车！备马！快！快！"

韩信借着通明的火光再转头看去，只见外围防守将士渐渐不敌,第一道防线已被突破,主将项冠正指挥人马组织第二道防线奋力拼杀,但也渐呈不敌之势。

一个骑兵被敌人挑下马背,战马嘶鸣着掉头朝粮草营后方狂奔过来。韩信快步上前,跃身跳上马背,朝着前面的战阵飞驰而去。

眨眼之间,韩信已冲到项冠跟前,一枪就结果了项冠身侧敌兵的性命。而项冠这边也一刀砍杀了迎面之敌。

敌人见韩信来势威猛,又蜂拥着朝这边包围过来,韩信和项冠合到一处,互相配合,接连砍杀了无数敌人。

韩信在战斗的间隙对项冠说:"将军,此地恐难久守。眼下粮草最为要紧,应分出一部分兵力护卫粮草撤出城去,其余将士在此拖着敌人。"

项冠觉得韩信言之有理,马上叫来副将,命令道:"你赶紧率领一部人马掩护粮草从后路杀出城去,我在这里拖着敌人。"

没等副将接令,韩信就急忙阻拦道:"将军不可!"

项冠一脸疑惑地问道:"为何不可?"

韩信分析道:"秦军应该是从濮阳方向杀来的,西北边防守必弱。而城南是官道,我军人马不足,必遭祸殃。"

项冠点头应道:"好,副将听令,速速点齐人马护卫粮草从西北方向撤离。"

"韩信愿打头阵,随将军杀出重围。"韩信慷慨激昂请战道。

得到项冠的允许后,韩信调转马头和副将一起朝粮草营驰去。

部队出城后,正如韩信所料,西北方向的秦军果然兵力不多。韩信一马当先冲在前面,手中长枪左刺右杀,直杀得敌军人仰马翻。将士们受到韩信的感染，士气大涨，一路呼啸着杀入敌阵，很快就杀出了一条血路，粮草车辆迅速从缺口处冲出城外。

城内秦军听到动静后，从后面追了过来。韩信一边厮杀，一边掉转马头冲回城门处，和副将汇合拦截敌人。

稍微击退敌军后，韩信扭头对副将说："将军，您带粮草先撤，韩信在此拦截敌人。"

副将点点头，策马朝粮草车辆行进的方向追去。

韩信立马横枪站在城门之下，秦军见对面只剩下少许人马，又呼喊着蜂拥而来，有几个骑兵纵马挺枪冲在最前面，但韩信毫不退缩，策马迎了上去，一番血战之后，秦军的几个骑兵全被打落马下。

之后，韩信且战且退，估计运粮队伍已经走远后，他也寻机撤出了战斗。

有的时候，危机也是机遇，对韩信来说正是如此，这次战斗使他得到了一次很好的历练，检验了自己的实际战斗能力。

第三章 项王显神威

第一节 楚怀王之约

秦军偷袭定陶时,项羽、刘邦正在攻打陈留(今河南开封东南)。听到项梁战死的噩耗,项羽内心非常悲痛,他和项梁有着比父子更亲近、更深厚的感情。因为父亲早逝,项羽是叔父项梁一手带大的,项羽所学武功、兵书、战阵之法,也都是叔父项梁传授给他的。从避难吴中到举兵起义,再到项家军队威震天下,叔侄二人一直配合默契,项羽也心甘情愿地充当叔父的左膀右臂。眼下叔父这个主心骨战死,项羽一时不知道以后何去何从。

就在项羽悲痛欲绝、六神无主之际,刘邦前来求见,与他商量道:"武信侯战死后,士卒们都惶恐不安,军中士气不振,倘若秦军乘势南下,那国都盱眙和怀王就危险了!而我们孤军在外,力量分散,也有诸多不利,不如先撤兵东还,与其余各部合兵一处,共同保卫怀王。"

项羽思索一会儿之后,点头同意。于是,他们移师东归,并请求怀王北上,迁都彭城。

当时驻守"张楚"旧都陈县的另一支起义军将领、陈胜旧部吕臣也感觉形势严峻,于是弃守陈县,移师向东投奔怀王。

之后,刘邦驻扎在砀郡,项羽驻扎在彭城西,吕臣驻扎在彭城东,以防止秦兵南下。

但章邯在攻破定陶、杀了项梁之后,并没有趁势南下攻打盱眙,而是率领军队一路向北,攻打赵国去了。这给了摇摇欲坠、危如累卵的楚国一个喘息的机会。

章邯北上击赵的消息传来后,楚怀王感到面临的危机和正面军事压力已暂时解除,不由得长出了一口气。此时此刻,牧羊人出身的楚怀王不愿再当傀儡,显示了他的政治才干和高超的手段。

楚怀王下令召回在外的各路兵马,第一次按照自己的意图召开紧急会议。他采用明里褒升、暗中剥夺实权的手段,下令收回项羽、吕臣的兵权,两人所率军队合并一处,由他直接指挥。同时任命项羽为长安侯,别号鲁公;吕臣为司徒,吕臣的父亲吕青为令尹;刘邦为砀郡长,封武安侯,领砀郡兵。又将宋义破格提拔为上将军、卿子冠军(楚国军队最高级别的军事长官),以牢牢掌握兵权。如此一来,楚怀王全权掌控了南方各路反秦义军。

封官赐爵之后，楚怀王又召集众将，对下一步伐秦进行战略部署。

当时秦军正在围攻赵国，赵国形势非常危急。先是秦将王离率领二十万人马围攻信都（今河北邢台），赵王歇不敌，只好东撤，后来以陈余为将、张耳为相，退守巨鹿。王离随后率兵追赶，包围了巨鹿城。章邯在打败项梁之后，也率领二十万军队渡过黄河，攻破邯郸，随后领兵驻扎在漳水南岸的棘原（今河北平乡），一是作为后援，修筑甬道为王离的部队输送粮草；二是厉兵秣马，防范楚国军队赶来救援赵军。两军相倚，共计四十万大军围攻赵国军队。赵王歇万分着急，多次派人向楚怀王请求救援。

经过一番商讨，楚怀王决定兵分两路：一路救援赵军，由宋义、项羽带领，宋义为主将，项羽为次将，范增为末将，向北挺进，目的是消灭章邯主力，解赵国之围；另一路向关中进军，直捣秦都咸阳，由刘邦带领，向西进发，收集陈胜、项梁余部，直指秦朝心脏。

但项羽不愿意北上救赵，一心想要为叔父项梁复仇，于是向楚怀王提出和刘邦一道入关攻秦。

很多老将私下向楚怀王进言："项羽为人强悍，作战勇武，但性格暴虐，他攻打襄城时，因为襄城将士没有投降就坑杀了全城兵民。他率军队每到一个地方，无不将百姓屠杀殆尽，像他这种凶悍暴虐之人，绝对不能让他西进入关。如今我们不能再滥杀无辜，应该派遣德高望重的忠厚长者向西入关攻打咸阳，一路上告谕秦地的父老乡亲，我等是苦于秦朝的长期暴政才起兵造反的。

如果能顺应民心，攻城略地自然也就不在话下。刘邦为人向来宽厚仁慈，派遣他率军入关是最合适的。"

楚怀王觉得很有道理，于是驳回了项羽的请求，仍令他辅助宋义，率领五万人马北上救赵。他还与诸将约定：谁先入关中，谁就是关中王。根据这个约定，谁先进入并且平定关中，谁就能统治秦国故地。

项羽内心很恼火，但又很无奈，只好接受楚怀王的指令，点齐最早跟随他和叔父项梁的江东八千子弟兵，再加上其余义军残部，在宋义的统率下浩浩荡荡地向北进发。

韩信此时也归项羽统领。项羽听说韩信在定陶被攻破之时，仍能镇定自如，向运粮官和项冠提出过好的建议，并凭借威猛的武力、果敢的精神奋勇杀敌，保住了楚军粮草和一部分战力，于是任命他为执戟郎中，做自己的随身近侍。

第二节　项羽怒夺帅位

韩信被提拔为执戟郎中，内心非常欣喜，这个职位虽然不高，但可以每日跟随在项羽身边，总能找到机会向他献计献策，施展自己的才华和本领。

凭着入伍以来对各方义军的观察了解和分析判断，韩信觉得项家军是最有实力和发展潜力的，虽然项梁已经战死，部队受损很大，但项家军的基本班底还在，那些以一当十的江东子弟兵的战斗力在各路义军中还是非常强的。

最重要的是,作为项家军首领的项羽,不仅是项梁的左膀右臂,更是项家军的一面旗帜、一块响亮的招牌,甚至可以说是项家军的灵魂人物,他的威猛无比、勇武善战几乎带动和感染了项家军的每一个人。正是在他和项梁的共同努力下,才锻造出了江东八千子弟兵这支无坚不摧的精兵队伍。其他义军队伍之所以愿意归附项梁,项梁之所以能扶植熊心为楚怀王号令各路义军,在很大程度上是因为项羽起到的震慑作用。

如今项梁已经战死,但项羽勇冠三军,依然令其他义军甚至楚怀王心存忌惮,所以当项羽提出要跟刘邦一起西进入关时,那些老将才会要楚怀王阻止项羽。楚怀王之所以封宋义为卿子冠军,并指派他为主将,和项羽一起北上救赵,其实就是为了制衡项羽,牢牢控制兵权。项羽身为副将,根本没有调动兵马的权力。

所有这些,韩信看得一清二楚。

他跟随项羽一路北上,相处日久,通过自己的观察,逐渐了解了项羽的性格。

在韩信看来,项羽跟他有很多相似之处,比如运筹帷幄、冷静果敢;但项羽也有很多跟他不同的地方,比如更豪爽、更直率,与人相处更具备一个贵族的涵养。

在跟随项羽之前,韩信听说的关于项羽的事情,大都是说他凶暴嗜杀,屡次大肆屠城,滥杀无辜。但项羽在部将跟前极少发脾气,待人接物总是恭敬有礼,和别人交谈,哪怕是像韩信这样的低级随侍人员,也总是面色和蔼、语气温和。项羽还非常体恤将士,经常把自己的伙食拿给身边的幕僚或部将们分享。若是哪位下属生了病,他更是时常探望抚慰,嘘寒问暖。

随着军队一天天向北推进,项羽内心的忧郁、苦闷也在逐日增多,这种坏情绪源于他和军队主帅宋义之间日益加深的矛盾。

宋义能言善辩,长于外交和国事筹划,但他在军事上只会纸上谈兵,毫无带兵打仗的经验,按说是不适合做军中主帅的,但就因为准确"预言"了项梁必败的经历,再加上他在楚怀王面前能够察言观色、投其所好,因而成了楚怀王的亲信。

但项羽认为,宋义完全辜负了楚怀王对他的信任。救兵如救火,楚军应该急行军赶赴赵国才对,可宋义统率人马慢慢悠悠地走到安阳之后,竟然下令安营扎寨,不往前进发了。项羽内心十分着急,但宋义是主帅,军令如山,他只能遵守。

此后,宋义每天在中军帐饮酒作乐,面对赵国一波又一波前来求援的使者,他无动于衷,在安阳停留了四十六天,丝毫没有下令开拔的意思。

这天,项羽来到中军帐,向宋义建议道:"秦军围困赵军于巨鹿,形势非常紧急,我们应火速率军渡河北上,和赵军内外夹击,必定能一举击败秦军!"

没想到宋义听了却冷笑道:"此言差矣!本帅的看法可不是这样,秦军想要攻破赵国其实并没有那么容易,即使秦军胜了,军队消耗也会很大,疲惫不堪,到时我们趁机对秦军的疲惫之师发起进攻,一定能消灭秦军;若秦军打不赢,我们就率军攻其残部，如此一来，则更有把握一举击败秦军。所以，我们现在不如先观望秦、赵两军作战的情况，再确定进军策略。"

宋义说到这里，语带嘲讽地笑道："若论身披铠甲、手拿锐利的武器在前线冲锋陷阵，我宋义肯定不如你，但要说坐在军帐中运筹作战方略，你可就比我要逊色一些了。快回去吧，本帅方略已定，项将军就不要再多言了。"

项羽听了宋义之言，只好悻悻地走出中军帐。他刚回到自己的军帐，突然接到宋义昭告全军将士的通令：

"军中若发现有凶猛如虎、阴狠如羊、贪婪如狼、强横不听号令者，一律斩首。"

项羽的亲信部将怒不可遏，纷纷对他说："将军，这道通令不就是针对您的吗？他宋义算什么东西，居然敢如此欺辱我们项家军？"

项羽神色黯然地朝部将们摆了摆手，制止了他们的牢骚话。范增则百般劝慰项羽，劝他暂时隐忍。

当时，齐国也许是为了巴结宋义这个掌管楚国军权的卿子冠军，请求宋义派他的儿子宋襄到齐国为相。宋义十分高兴，但又对儿子路上的安全有些不放心，于是就命令部队开拔，一路浩浩荡荡地护送儿子前往齐国赴任，一直向东行进了数百里，将儿子护送到了无盐县（今山东东平）才作罢。随后，宋义下令安营扎寨，广置酒筵，大宴宾客。

天气已经非常寒冷，又赶上大雨连绵不断，军中粮草渐渐供应不上，将士们饥寒交迫，都对宋义的行为满腹怨言。项羽更是满腔愤怒。

为了变被动为主动,项羽和部将们商议后,决定杀了宋义,并和范增一起确定了行动方案。

宋义自驻扎安阳起,就极少召集众将议事,此次率领大军送儿子到无盐之后更是如此,整日宴请宾客,前一天喝得酩酊大醉,到第二天辰时还不起床。

这天一大早,刚到卯初时分,韩信和其他近侍就已经全身披挂完毕,静静地肃立在军帐门外等候。

十一月的卯初时分,天色还未放亮,加上连天阴雨,天色更为昏暗。

项羽和范增一起无声地走出军帐,朝部将们扫了一眼,然后一言不发地朝中军帐的方向走去。韩信一手持长戟,一手紧握腰中剑柄,紧紧跟在项羽身后。那些部将也都默默地跟在后面。范增则在近侍的护卫下走在最后面。

中军帐外有数十人分列通道两旁守卫,一名将官远远地看见一群人过来,刚想张口喝问口令,定睛一看,原来是项羽等人。他先是愣了一下,随后拱手施礼道:"项将军!"

项羽也不答话,径直朝军帐走去,刚要掀开军帐门帘,那个将官战战兢兢地伸手拦截道:"将军请止步,上将军还未起床,等我先进去通报一声。"

项羽瞪了那位将官一眼,呵斥道:"让开,本将有紧急军务要与上将军商议。"

据说项羽目生双瞳。他不发怒时尚且目光凌厉如刀,让人不敢直视，一发起怒来，目光更具有令人心惊胆战的威力，简直比刀剑还要冰冷。那位将官吓得退后几步，不敢再多说什么。

项羽掀开门帘，径直闯了进去。宋义睡眼蒙眬，看到项羽进来，醒了一半，强装镇定地问道："项将军前来所为何事？"

项羽脸色阴沉，冷冷地说道："凶猛如虎之人前来取你性命。"未等宋义回话，项羽便一剑刺下。听到宋义的惨叫声，帐外守卫的将士这才醒过神来，拿起手中武器刚要冲进去，韩信和近侍们同时大喝一声："妄动者格杀勿论！"

几个士兵吓得急忙放下武器，跪在地上磕头求饶。可那名将官瞅准了空隙，挺起手中长戟就要冲进军帐，他刚掀开门帘，韩信眼疾手快，一剑结果了他的性命。

突然，远处传来杂沓的脚步声和马蹄声，原来是将军吴芮等人听到中军帐这边有动静后急忙率兵赶了过来。还没等吴芮等人的队伍冲到中军帐前，季布、项庄、项声便分别带领手下从不同方向包抄了过来。一时间双方剑拔弩张，一场大战一触即发。

就在这时，中军帐帘一掀，项羽手提一颗血淋淋的人头走了出来。他朝前迈了几步，将手中的人头平举到胸前，厉声喝道："反贼宋义人头在此！此贼与齐国勾结，企图反叛，我王密令本将处死了他！若有违王命者，一律以与宋义老贼同谋罪处之，格杀勿论！"

吴芮等前来救援宋义的将领们一听，纷纷跪下，颤声说道："将军今日诛杀宋义，是为国铲除叛臣贼子，我等愿听将军号令！"

范增脸上露出一丝不易觉察的笑容，他用苍劲的声音高喊道：

"士卒各自列队回营,各营主官在此待命!不听号令者,立斩!"

项羽又转身进入中军帐,径直走到主帅位置坐下。韩信和近侍们也手持武器鱼贯而入,分列左右两侧。

龙且、项伯等部将率先进入帐内,紧接着是吴芮等将领们胆战心惊地走进帐来,最后面是季布、项庄等人,将吴芮等将领夹在了中间。吴芮等将领再次向项羽表达了忠心,随后大家共同推举项羽代上将军,统兵救赵。

范增早已为项羽准备好了写给楚怀王的书信,项羽让桓楚火速赶往彭城通报情况,同时派人追杀宋义的儿子宋襄。宋襄优哉游哉地刚进入齐国境内,没想到大祸临头,被追兵赶上,成了刀下亡魂。

楚怀王收到项羽的书信后,自知大势已去,只好下令正式册封项羽为上将军,并按照项羽书信中的请求,将当阳君英布、蒲将军率领的队伍也划归项羽指挥。

第三节　巨鹿大破秦军

项羽杀了宋义的消息很快就传遍四方,楚国上下都震惊不已,各方诸侯也更加忌惮项羽的威名。这一年,项羽刚刚二十五岁。

秦二世三年(前207年),项羽挥师北进,正式向秦军发起进攻。他派当阳君英布、蒲将军作先锋,率领两万人马渡河,破坏秦军粮道;他本人则率领主力部队应对章邯。

第三章 项王显神威

英布、蒲将军采用游击战术连续袭扰了秦军一个多月,将守护粮道的秦军弄得疲惫不堪,王离的粮草运输受到明显干扰,渐渐供应不上,再加上秦军已连续围攻巨鹿三个多月,人疲马乏,士气渐弱。

陈余等驻扎在城外抵抗秦军的诸侯军见项羽的军队打了几次小胜仗,情绪随之高涨起来,赶紧派使者请求项羽对秦军发起总攻。

项羽此时已从白马津渡过黄河,在打败章邯的一小股部队之后,驻扎在漳水南岸进行短暂的休整。

项羽原本打算先攻打驻扎在漳水南岸棘原、离自己较近的章邯,为叔父项梁报仇雪恨,但接到陈余的书信之后,他又有了新的打算,只是他思虑尚不成熟,内心有些举棋不定,于是找来被他尊为"亚父"的范增问计。

项羽说:"我打算绕过章邯的军队,渡过漳水,先攻打王离,解巨鹿之围,亚父以为如何?"

范增沉吟片刻,说:"渡漳水,攻王离,救巨鹿,险是险了些,但也并非不可行,王离之军虽勇猛,但围攻巨鹿已三月有余,人困马乏,将士渐渐懈怠,又加上当阳君、蒲将军破坏其运粮通道,军中粮草渐渐不支,士气必定更为低落。我军只需做到两点,就有获胜机会。"

"哪两点?"项羽迫不及待地问道。

"一是渡过漳水之后,彻底切断章邯、王离之间的粮道,让王离军中彻底断粮,这样必定会引起将士恐慌,使其战斗力大大削减。"

项羽听了十分兴奋，点头道："亚父所言极是！"随后又追问道："那第二点呢？"

"第二点有点难啊！就是速战速决，在章邯赶来救援前就全歼王离军队。只是王离军队虽已疲惫，但与我军相比仍有兵力优势，如若速战不成，章邯大军赶到，则会陷入危机啊！"

项羽神色坚定地说："狭路相逢勇者胜，置之死地而后生，我江东八千子弟兵，个个以一当十，勇猛善战，就让他们打前锋。只要能鼓舞起士气，将士们舍身忘命，不惧生死，精诚一致，我将带头冲锋，不怕他王离兵多将广！"

随后，项羽向范增说明了自己的计划，两人仔细商讨了一些细节问题。

第二天，项羽派人悄悄征集舟船，隐藏在漳水岸边，然后又让伙房为全军将士准备干粮，命将士们检视盔甲武器。一切都在隐秘中紧张有序地进行着。

一切准备妥当之后，项羽号令集结全军将士，他做了慷慨激昂的战前总动员，表达了誓与秦军死战的决心。随后命所有将士每人只携带三天的口粮，立即开拔，趁夜色掩护偷偷渡过漳水。

次日上午，五六万人马全部集结到了漳水对岸，项羽又命人将所有舟船凿毁，沉入河底，将军中所有灶具全部砸碎、军帐全部烧毁，意在警示全军将士：此战人人皆为死士，绝无退路，不要心存临阵脱逃、贪生求还的念头。只有抱定赴死的决心和勇气，奋勇当先，拼死杀敌，战胜秦军，才有生还的希望。

项羽随即号令军队，以雷霆万钧之势，向王离的军队发起了猛烈进攻。他本人亲率八千子弟兵冲锋在前，如旋风般直冲到秦军阵前；其余部将也率领军队紧紧跟随，从背后包抄正在攻打巨鹿城的王离军队。

秦军被打了个措手不及，士卒们四处奔逃，阵脚大乱。王离急忙号令各部重新调整阵势，回转头来与项羽的军队拼杀。可还没等他布阵完毕，项羽已率领八千精兵冲了过来，将秦军冲击得七零八落。

韩信第一次跟随项羽上阵作战，也是第一次目睹项羽的骁勇善战，他和几个侍卫紧紧跟随在项羽左右，本来是行使护卫职责，但他发现项羽根本无须他们的保护。

杀到兴起之时，项羽一边冲杀，一边口中连连大吼，当面之敌都被项羽的气势吓得心惊胆战、畏缩不前，几乎丧失了抵抗能力。

紧随项羽一起冲杀的韩信见此情景，既震惊又振奋，胸中的万丈豪情和勇气都被激发出来，他抖擞起精神，挺起手中长戟，紧紧护卫在项羽两侧，同样嘶吼着冲入敌群，东突西杀。

项羽的八千子弟兵也个个逞威显勇，以排山倒海之势杀入敌阵。

楚军其余将士见主帅项羽及其子弟兵如此奋勇杀敌，士气大振，一边高声喊杀，一边拼死作战。楚军所到之处，秦军一触即溃，侥幸活下来的则丢盔弃甲，望风而逃。

巨鹿城外的各路援赵将领，站在各自的壁垒上远远观望两军厮杀，见楚军如此骁勇善战，以一当十，十能当百，将数倍于己的敌人杀得片甲不留，大惊不已，庆幸与之为敌的不是自己。

眼看秦军如潮水般退去，项羽号令楚军暂时收兵，让将士们补充体力，稍事休整，并重新调整部署作战计划。

此时，项羽派出的另一支人马也大获全胜，彻底切断了王离的粮道。

王离遭遇兵败，军中又断了炊，急忙派人向章邯求援，同时调整部署，鼓励将士们与项羽决一死战。

短短不到两天时间，楚军与王离的军队进行了八次激烈的交战，王离每次都被打得大败，二十万将士伤亡过半，将士们忍饥挨饿，疲惫到了极点，已完全丧失士气和战斗力。

王离不敢再主动出击，设置了三道防线，抵御楚军的进攻。

老将苏角主动请缨，负责指挥第一道防线；第二道防线由王离亲自指挥；第三道防线是军营，由涉间指挥。

王离将精兵强将和精良装备集中在第一道防线上。苏角对阵势进行了周密部署，摆了好几个方阵，阵前百步开外撒下铁蒺藜，战阵的最前方是弓箭兵、连弩兵，后面用盾牌和长矛兵组成一道防护墙，再后面才是大队骑兵和步兵；队伍的最后方是发射飞石和连弩火箭的绞车和抛石机（又称霹雳车），提前摆了几十口大油锅，烧出滚油，将石块裹上易燃物在油锅中浸泡，箭矢也提前绑上麻布在油中浸泡，只需一个火星，即能熊熊燃烧，杀伤力很大。

楚军这边，将士们越战越勇，但项羽丝毫不敢懈怠，他担心战事拖延下去，章邯的救援部队会赶过来，于是在短暂的休整之后，发起了最后一战的动员令。

龙且主动请缨打前锋，率领人马如潮水般杀向敌阵。秦军阵前的弓箭手、连弩手慌忙放箭阻拦，冲在前面的楚军骑兵纷纷落马。

项羽急忙命令弓箭手向敌阵放箭，双方的箭矢如飞蝗般在半空中交织在一起，遮天蔽日。

楚军骑兵的战马踩在铁蒺藜上，又有一部分将士落下马来。

还没等龙且反应过来，秦军后面的绞车和抛石机一齐发动，连弩火箭和滚石带着强劲的呼啸声射入龙且的前锋队伍，浸泡过滚油的圆石熊熊燃烧着，像一个个巨大的火轮砸向楚军，阵地前顿时成了一片火海，惨叫声不绝于耳。楚军第一次冲锋受阻。

项羽看着在远处高台上指挥的苏角，咬牙说道："待我取老儿首级来！"说完他便策马冲向敌阵，韩信等人也急忙跟着冲了出去。

乌骓马如黑色流星般迅疾冲到火海跟前，四蹄腾空，飞跃着从火海中直穿过去。韩信等人不敢怠慢，也都打马穿越火海。一名侍卫跑得慢了一点，瞬间变成了火人。

对面的秦军看见有一人身着火云般的红色战袍朝这边迅疾飘飞过来，不等看清脸面就知道是项羽，都吓得魂飞魄散。一个将官变声喊道："放箭！快放箭！"

但箭雨没有拦住项羽、韩信等人，转眼间，他们已冲到敌阵跟前。项羽大吼一声，乌骓马从弓弩兵前面的拒马上飞跃过去，踩踏着弓弩兵的身体，一下子越过盾牌和长矛兵组成的人墙，最前面的几排秦兵大惊失色，扔下武器四散奔逃，根本无力再做任何抵抗。

韩信和侍卫们打马飞跃进敌群之内，一路砍杀，紧紧护卫着项羽。

楚军全部出动，又一次怒吼着席卷而来。大队秦兵顿时乱了阵脚，如潮水般向后退去，相互践踏，死伤无数。

项羽、韩信等人所到之处，没来得及逃奔的秦兵四处躲闪，居然自动让出了一条道，项羽、韩信等人很快就冲杀到了秦军后方。

苏角毕竟是久经沙场的老将，不等项羽、韩信等人冲到跟前，便率领人马从高台冲下来迎战。一个副将策马冲在前面，韩信挺起长戟迎了过去，不到两个回合就将对方挑落马下。

苏角率领其余将领和全部护卫人员朝项羽等人包抄过来。韩信则和其他项羽近侍一起与敌人酣战。项羽一边砍杀身边的敌人，一边奔向苏角，只几个回合，就将苏角斩落马下。

楚军中一阵欢呼，士气更为高涨。项羽一鼓作气，又率领人马朝王离的第二道防线冲杀过去。秦军不敌，王离被生擒。

守卫最后一道防线的涉间见大势已去，又不愿投降楚军，于是在军营中自焚而亡。至此，王离的二十万大军全军覆没。

解了巨鹿之围后，诸侯将领们拥戴项羽为统帅，成为各路诸侯的上将军，所有人马都归他指挥。

第四节　劝阻杀降兵

巨鹿之战后，项羽麾下人马一下子增加了许多，实力更为雄厚，稍事休整之后，他便率领各路诸侯人马向南进发，回到漳水南岸，与章邯军队形成对峙之势。

不知是何原因，章邯起初并没有接到王离的求援书信，等他得知消息，打算发兵前去救援之时，又传来了王离全军覆没的消息，更听说了楚军如何骁勇善战，各路诸侯军如何敬畏、宾服并自愿听从项羽调遣的事情，他心存畏惧，于是龟缩在棘原坚守不出。

秦二世胡亥得知王离惨败的消息后，大为恼怒，派人责备章邯出兵不力，畏缩怯战。章邯惶恐，忙派长史司马欣到咸阳向秦二世说明情况，并请求援兵。

司马欣抵达咸阳之后，在宫门外连续等了三天，不仅没有见到秦二世，就连赵高也不愿见他。

司马欣向同僚偷偷打听朝廷中发生的事情，对赵高攫取朝中权力、专横跋扈的行径非常害怕，于是偷偷离开了咸阳，他不敢走来时的大道，而是抄小路急忙返往棘原。赵高闻知消息后，果然派人追杀他，侥幸的是，司马欣最终得以逃脱，顺利回到军营。

司马欣曾经有恩于项梁，看到眼下的形势，想到自己与项家的这层关系，他就动了投降项羽的念头。回到军营后，他对章邯说:"现在赵高已经把控了朝廷,祸国乱政。我们征战在外,若是打了胜仗,赵高肯定会嫉妒我们的功劳,找个理由杀掉我们;若是战败了,更难逃一死。何去何从,还请将军仔细思量。"

恰巧陈余也给章邯写了一封措辞严谨、话语真切的劝降信,劝他投降过来一起反秦,不仅有活路,还能封地为王。

章邯渐渐也动心了,但他考虑到自己在定陶击败项梁,直接导致项梁被杀,担心项羽设下圈套诱杀自己,于是就秘密派人前往楚军营地与项羽谈判。

项羽对叔父项梁之死耿耿于怀,恨不得立即杀了章邯,在范增、陈余等人的劝说下,他勉强接受与章邯谈判,但心中愤恨难消,对章邯投降的条件要求得非常苛刻,章邯当然不愿接受,于是谈判失败。

项羽心中更加愤怒,当即命令蒲将军昼夜兼程,率军渡过三户津,在漳水南岸向章邯发起攻击,章邯大败。项羽又亲自率领全部人马在纡水对秦军发起猛攻,章邯军队败得更惨。

章邯见军中士气衰颓,斗志全无,再也没法与楚军抗衡,只得又派人与项羽谈判投降之事。

因为与章邯的军队对峙了好几个月,项羽军中的粮草渐渐不支,于是也同意接受章邯投降。经过又一轮谈判,双方终于达成协议,在洹水(今安阳河)南岸的殷墟(河南安阳殷墟)签署了盟约。

项羽封章邯为雍王、司马欣为上将军,随即命令部队开拔,向咸阳进发。他命令司马欣带领秦军作先锋,在前面开路;章邯则留在楚军之中，跟随他一起行动。

项羽此时的兵力更为强大，楚军、各路诸侯军、收编的王离残军、章邯投降时所率的二十万大军，共有六十多万人马。项羽统率这支队伍，浩浩荡荡地朝函谷关的方向行进。

韩信一路随行，心中却有些郁闷。在巨鹿之战中，他充分见识了项羽的威猛，项羽也对他在战场上的英勇表现极为赞赏，跟他的关系似乎亲近了许多。但让韩信感到意外的是，项羽并未拔擢提携他，不仅是对他，还有不少在战场上表现优异的将士都未获提升。虽然项羽在战后犒赏了全军将士，但这种只给予物质奖赏，却没有职位提升的做法，对于一心想获得更高的职位，以施展自己抱负的韩信来说，是一个不小的打击。

韩信发现，项羽提拔的人极少，而且大多是其亲信。这使他对项羽有了另一重认识：此人表面豪气冲天，但对官职爵位极为吝啬，而且任人唯亲，不是他特别亲信之人，即使能力再强，也很难得到重用。

自项羽收编王离的残军起，军中就开始出现互相敌对的苗头，等几个月后章邯率领人马投降过来时，这种苗头愈来愈炽，渐渐演变成诸侯军与投降秦兵之间的矛盾，冲突和危机在军中暗流涌动。

诸侯军中的将士们在参军之前，大多在秦服过苦役，对秦兵切齿痛恨。秦兵陆续投降过来之后，诸侯兵就变本加厉地折磨他们，拿秦兵当奴役使唤，秦兵内心越来越不满，但又敢怒不敢言。

韩信经常被项羽派到军中传达指令，观察力敏锐的他很快就发现了这种现象，于是在向项羽回复完使命之余，他顺带着提及这些事情，但第一次说起时，项羽完全不以为意，这让韩信很失望。

行军途中，韩信看到秦兵的不满情绪越来越明显，于是又跟项羽说起此事，并建议他召集各诸侯军将领，让他们约束手下士卒，善待投降秦兵，同仇敌忾，精诚团结。

项羽听了却满不在乎地笑道："诸侯将士心有宿恨，让他们适当发泄发泄，没什么大不了的。秦兵以前那么嚣张，也该让他们尝尝苦头。"

韩信对项羽的想法有些讶异，但他还是继续劝谏道："若不加约束，只怕矛盾愈演愈烈，激起兵变。"

"兵变？"项羽沉思片刻，说道，"你说的情况我知道了，绝对不能让兵变在军中发生。"只不过项羽要用另一种方式来杜绝兵变的发生。

大队人马走到新安驻扎下来，短暂休息。此时投降过来的秦兵的不满情绪越来越高涨，由当初的忍气吞声发展到了抱怨连连，不少人有了从军队逃脱的打算。他们偷偷串通起来，私下聚集在一起议论道："章邯将军实在可恨，不该哄骗我们投降，让我们受如此凌辱。以目前的形势来看，诸侯军若真能攻破函谷关，占领咸阳，灭亡秦朝，或许我们还有出头之日。但若拿不下咸阳，诸侯军必然会在战败之后胁迫我们退向东部，且不说我们仍要继续遭受欺辱，若秦朝官府查明我们对抗朝廷，一定会杀掉我们的妻儿。为今之计，还不如偷偷从这里逃脱出去。如果被发现，受到阻拦，我们就直接起兵反击。"

他们的抱怨及私下策划哗变脱逃的事情很快传到了项羽耳中。那天傍晚，项羽将英布、蒲将军二人召进中军帐，与他们密谋道："投降过来的秦兵人多势众，又充满怨恨，怀不轨之心，若到了入关之后军情紧迫之时，他们拒不服从命令，举兵哗变，情况可就十分危险了。不如早除隐患，现在就将他们全部杀掉，只留章邯、司马欣、董翳三人随我们入关，他们手下无兵无将，谅他们也掀不起什么风浪来。"

项羽和英布、蒲将军商量了具体的行动方案，英布和蒲将军便分头执行去了。

在项羽等人密谋对策时，作为近身侍从的韩信，当时侍立在军帐中等待召唤。听到项羽之言，他内心无比震惊，王离残部加上章邯率领投降过来的秦兵，总计有二十多万人，一下子把他们全部杀掉，这种行为简直太残暴、太疯狂了。若是如此行事，那和秦王朝的暴政又有什么区别？只怕有过之而无不及！

韩信想劝阻项羽这个疯狂之举，但他又深深地知道，像他这样身份和地位卑微的小小郎中，在主官议事尤其是密商大计的时候，根本没有插话的资格。

韩信心急如焚、焦躁不安，等英布和蒲将军走出中军帐，他实在控制不住自己，鼓起勇气走到坐在案几前沉思的项羽跟前，拱手施礼道："卑职韩信斗胆进言，如有僭越冒犯之处，还请将军恕罪。"

项羽抬头看了韩信一眼，说："有话快讲。"

韩信也不拐弯抹角，直接说道："将军，卑职以为，二十余万秦兵不可全部处死。卑职斗胆请主公速速召回两位将军,收回成命。"

项羽沉下脸来,但他并没有训斥韩信,沉默了一会儿才说:"秦兵心存不服,时有怨愤之声,且又煽动脱逃,严重扰乱军心。你之前也多次说过,任其发展下去,迟早会引起军中哗变,实乃心腹大患啊!不杀掉他们,不足以稳住局面。"

韩信争辩道:"将军所言极是,军心确实不容扰乱,必须杀一儆百,威服众人。但将秦兵诛杀殆尽并非明智之举。这二十余万秦军士卒,并非个个都有逃脱叛逆的想法,多数还是忠于将军,愿意跟随将军的,即便心有怨言,稍有动摇,也是受人蛊惑,情有可原。卑职认为,应当查明造谣者和主谋,将蛊惑军心者,诛杀一批;其余皆不论罪,稍加训诫,之后更要善待他们。另外,对诸侯军士卒也应严加约束,消解其心中宿怨,不许他们再凌辱秦兵,毕竟秦兵的不满是因为他们的欺凌引起的,如此一来……"

没等韩信把话说完,项羽就有些不耐烦地摆了摆手:"我已经决定了,你不必再多言,退下吧。"

韩信还想努力一下,于是单膝下跪,继续为秦兵求情道:"将军,只有恩威并施才能真正服众啊!卑职冒死再请主公收回成命,若将二十余万士卒全部诛杀,将会失去天下民心,暴秦的教训犹在眼前,将军万不可……"

"放肆!"项羽瞪大双眼,猛地一拍身前案几,朝韩信大吼一声。韩信赶紧把还没说完的话咽了回去。

项羽气得站起身来,在帐内来回踱步,片刻之后,他才平复心情，朝韩信摆摆手说："快起来吧！念你一片赤诚，忠心事楚，作战勇猛，这次就饶了你。其余之事莫要再提，速速退下吧。"

韩信心中悲凉万分，为这二十多万条性命，也为自己竟追随了如此有勇无谋之人。他知道此时多说已无益，再纠缠只怕性命难保，于是怅然起身，默默退下。

当天晚上，英布、蒲将军率领人马突然包围了秦兵营寨，正在酣睡中的秦兵全部束手就擒，被押解到城南坑杀。

韩信听到二十余万秦军投降士卒全部被坑杀的消息，内心顿感无限凄凉，也意识到项羽有失仁德，难成大事，自己唯有静观其变再作打算。

第四章 弃楚而归汉

第一节　讲义气的项伯

项羽率领四十万人马，号称百万大军，浩浩荡荡地奔赴咸阳，其实这个时候，把守函谷关关隘的已经不再是秦军，而是刘邦的部队。

刘邦自奉楚怀王西进入关的命令之后，一路上广揽人才，招兵买马，力量不断壮大。他率部取道南阳，在张良等人的辅助下攻取了武关（今陕西丹凤东南）、蓝田（今陕西西安）南，于秦二世三年（前207年）十月占领了咸阳。

在此之前，赵高杀了秦二世，扶植子婴继承帝位，并将其由皇帝降格为秦王。子婴在举行祭祀宗庙、登基仪式的隆重大典之前，设计诱杀了赵高。之后，子婴又以霹雳手段整肃朝纲，剿灭了赵高的党羽，希望稳定朝局，并派遣军队死守峣关（今陕西商洛西北）。然而大秦王朝民心尽失、气数已尽，想挽回局面已经不可能了！刘邦屯兵霸上，兵临咸阳城。拿下咸阳，是迟早的事情。

子婴见大势已去，只得向刘邦投降。这一刻，距子婴被推上秦王宝座才刚刚过了短短四十六日，他本想勉力拯救的大秦王朝就正式宣告灭亡。

有的将领劝刘邦杀掉子婴，刘邦却说："当初怀王之所以派我西进入关，就是因为我仁慈宽厚，不随意滥杀。子婴已经主动投降，我如果再杀掉他，那就尽失仁义之名了。"刘邦不仅没杀子婴，还任命他为当地官员。

安置好子婴后，刘邦意气风发地率领人马开进咸阳。他来到金碧辉煌、神往已久的阿房宫，面对令人眼花缭乱、目不暇接的美女佳人、奇珍异宝，不由得心花怒放，有了留住宫中的想法。

但张良及时劝阻刘邦此举，让刘邦膨胀发热的大脑很快冷静清醒过来。他意识到目前还不是享乐的时候，于是离开宫殿，下令封存秦宫中的奇珍异宝、贵重财物及库府重地，指派重兵严把死守，然后率领军队又重新返回霸上驻扎下来。

接下来，刘邦将关中地区各郡县的父老豪杰召集过来，向他们宣布了楚怀王与诸侯"先入定关中者王之"的约定，然后以关中王自居，宣布了三条律令："杀人者死；伤人及盗抵罪。"这就是史上有名的"约法三章"。为了安抚民心，刘邦还宣布废除秦朝所有严苛的法律，减轻穷苦百姓的负担。

此后，刘邦又派人和原秦廷官员一道分赴各县、镇、乡村，向民众广泛宣传自己"绝不扰民"的仁慈政策，颁布相关律令。这些举措进一步安定了民心，赢得了当地百姓的拥护。

民众们争相来到刘邦军寨，带着牛羊酒食慰劳将士。但刘邦坚辞不受，说自己仓库里的粮食已经多得吃不完，不想再让百姓们破费。民众一听更是打心眼里高兴，都觉得刘邦爱民如子，唯恐他不在关中称王。

刘邦认为既然楚怀王有约在先，那关中王就非自己莫属了，但他也非常清楚关中王、关中之地在天下人心目中的分量。关中这个地方，物资富足，人口众多，地理位置险要。更重要的是，这里是秦朝腹地，统治枢纽，政治经济中心，天子曾经居住和发号施令的地方，无论从哪方面来说，都具有极强的象征意义。谁能在关中称王，谁就相当于拥有了天下。所以，诸侯们肯定不会善罢甘休，都想争抢这块肥肉。这一点，刘邦看得非常清楚。对于众多诸侯，刘邦并不太放在眼里，唯独对项羽心存忌惮。

那是一个天不怕地不怕的盖世英雄，之前远远地看到威风凛凛、万邦跪服的天子秦始皇，就能说出"彼可取而代也"的豪言，可见其胆量和气魄！除了故去的叔父项梁，恐怕他不会再听命、服从于任何人。

他们共同效命的楚怀王，本身就是项家立起来的，对项羽而言只是一个摆设而已，他能杀掉楚怀王任命的卿子冠军宋义，就说明了这一点。如今项羽的实力更为强大，更在巨鹿之战后成了号令群雄的霸主，他还会把楚怀王放在眼里吗？那么，楚怀王事先与诸侯的约定，在项羽眼里肯定不作数了。

想到这些，刘邦心里很纠结，自己称关中王名正言顺，到手的香饽饽又怎舍得拱手让给别人？可是若项羽想跟自己争关中之地，率领诸侯军强行攻打，自己根本不是他的对手。这又该如何是好呢？

刘邦正为难犯愁之际，有人为他出了一个主意："关中腹地的富饶程度远超其他地方十多倍，地理位置又易守难攻。听闻秦将章邯已经投降了项羽，项羽封他为雍王，许诺给他的封地就在关中。等项羽真的攻打到这里，恐怕沛公您就做不成关中王了。现在您应该立即派军队坚守函谷关，不放诸侯军进关中之地来。同时还要抓紧在关中广招兵马，增强军队实力，如此一来，就能抵御项羽他们入关了。"

这番话正好暗合了刘邦阻止诸侯入关与自己争夺关中王的心思，于是刘邦采纳了这个建议，派兵驻守函谷关。

十二月，项羽率领人马抵达函谷关外，但见关门紧闭，关隘之上重兵如林，仔细一看守军装束和猎猎飘扬的旗帜，他发现把守关隘的竟然是刘邦的军队。项羽大喜，让手下呼唤守军打开关门，一个守军将领站在高高的城楼上喊道："我们奉沛公之命防守此地，任何军队不得入关。"

项羽闻言大怒，对刘邦陡然生起满腔的怨愤，但再看函谷关险峻的地理形势，他只好下令部队在关外驻扎下来，然后召集各部主将商议对策。

由于函谷关地势险峻、易守难攻,范增提议找条隐秘小道,派一支精锐部队绕到守军背后,以奇兵突袭。恰巧司马欣曾经走小道绕过函谷关逃出咸阳,愿意带路。于是,项羽和众将商定了正面佯攻,以吸引守军注意力,然后内外夹击的作战方案。

随后,在正面佯攻的掩护下,英布率领三千精兵经隐秘小道翻过关隘,从背后出其不意地偷袭函谷关守军,经过一番激战,刘邦军队大败,项羽率领大军攻破了函谷关。

刘邦得到项羽攻破函谷关的急报后,非常惊慌,多次派使者请求与项羽相见,但都被项羽回绝。

这天黄昏时分,项羽正与范增在中军帐议事,韩信守在帐前,远远看见将士们押解着一个外来者朝中军帐走来。不一会儿,听得报告说捉到一人,自称是刘邦军中左司马曹无伤的密使,有要事相告。

韩信进禀后,项羽命将来人带进帐中。那人进帐后,将刘邦攻占咸阳后的所有作为,一五一十地告诉项羽,并呈上了曹无伤所写的一封密函。

曹无伤在密信中说道:"刘邦一心要做关中王,并且已经打出了关中王的旗号。他还封子婴为官,想利用子婴来收买人心,并将秦宫中所有的奇珍异宝都封存起来,无非是想据为己有。"

看了曹无伤的密函,项羽震怒:"竖子刘邦,我等在外苦战秦军,他却妄想独占咸阳,其心可诛,我誓杀此小人!"

范增在一旁沉默良久,突然问来人:"沛公是否将秦宫中的美人收归己有?"

来人愣了一下，回答道："这个……小人未曾听说……只听说沛公在进占咸阳后，曾在阿房宫盘桓半日，然后就回到营中，下令封闭宫门，派重兵把守……"

等曹无伤的密使退出中军帐之后，范增对项羽说："依老朽看来，沛公封闭秦宫、库府，恐怕是另有深意，绝不是曹无伤所说的那样，是要据为己有。"

项羽愕然问道："亚父此话怎讲？"

范增缓缓说道："沛公原是贪财好色之辈，可入关之后，他却封闭秦宫及储存财物珠宝的府库，里面的奇珍异宝未取一分一毫，对宫中美人也不为所动，由此可见，他已不计较这些得失，而是有更大的野心。老朽已请来占星方士夜观天象，发现刘邦所到之处，天上的云气五彩斑斓，都呈龙虎形状，这是天子才会有的祥瑞之气。希望主公早作决断，趁他还未成气候，现在又有很好的借口，向他发起攻击，一举灭掉他。若错过如此良机，后悔就来不及了！"

项羽点点头，转向侍立一旁的韩信说："速速传令下去，明日一早发兵。让伙房抓紧准备酒食，我要好好犒赏三军将士，明日定要一鼓作气，一举歼灭刘邦。"

眼看一场大战不可避免，这时，事态的发展却因项羽的叔父——项伯出现了转机。

原来，项伯与张良私交甚好，而且张良对项伯有过救命之恩。项伯得知项羽第二天要与刘邦开战，心里隐隐有些不安，他知道仗一旦打起来，双方力量悬殊，刘邦的军队绝逃不过全军覆没的结局。而张良此时就在刘邦军中。

项伯思来想去,觉得在张良大难临头而不自知的情况下,自己不能见死不救。于是,项伯骑了一匹快马,连夜赶到刘邦军中,偷偷会见张良,将项羽要攻打刘邦的消息告诉张良,劝他赶快跟自己一起离开,不要陪着刘邦送死。张良却说:"沛公待我不薄,在他大难临头的时候,我若选择悄无声息地逃离这里,太不仁义了。容我先去跟沛公辞行,然后咱们再一起离开。"

张良去后不久,带回了刘邦的口信,说他根本没有背叛项羽的企图,因此想跟项伯当面一叙。项伯便跟着张良来到刘邦军帐。刘邦早已准备丰盛的酒宴,两人推杯换盏,相谈甚欢。刘邦主动提出要跟项伯结成儿女亲家,将自己的女儿嫁给项伯的儿子。项伯大喜,当即答应了这门婚事。

这时,刘邦渐渐步入正题,他咬着牙激愤地说道:"我刘季平生最恨的就是背叛兄弟,当初我把雍齿当成至亲兄弟看待,把防守丰邑大本营那样重大的责任委托给他,可他居然背叛了我,趁我外出作战之机将丰邑拱手献给别人,害得我无处可归。若不是武信侯及时拨给我五千人马,哪有我刘季的今天?所以,对武信侯、对项家的恩德,我刘季没齿难忘,又怎么会做出见利忘义的小人之举呢?"

刘邦这番情真意切的慷慨之言,深深打动了项伯,使他完全卸下了对刘邦的戒备和顾忌。他朝刘邦拱了拱手道:"沛公之言令我甚为感佩,当今天下,谁人不知沛公宅心仁厚、侠肝义胆?我虽与沛公相处日短,但早就对沛公的人品才干倾慕不已,今日与沛公一番交谈，您的义薄云天更令我由衷佩服！我相信沛公绝不是那种忘恩负义之人，也绝做不出那种贪图私利、背叛盟友之事。"

刘邦趁热打铁道："请兄长回去后详细转告项大将军，我刘季随时听命于他，唯项大将军马首是瞻。我如今所做的一切，就是为了替项大将军分担忧虑，廓清障碍，等项大将军入关后，此地能有个安定的局面，百姓能安居乐业，人人颂扬项大将军的恩德，对项大将军夹道欢迎。我刘季每日每夜都在期盼项大将军赶快到来，哪敢有半点背叛之心呢？"

项伯诚恳地说："沛公，您最好明日一早就亲自去鸿门一趟，当面跟大将军把话说清楚。"

刘邦长叹了一口气，一脸为难地说："我早就要去见他，可我派使者捎去了好几封书信，大将军都不愿见我，我实在是无可奈何啊。"

项伯拍着胸脯承诺道："沛公您尽管放心，此事我来安排，我立马就回去跟大将军说清楚。"

刘邦赶紧朝项伯深施一礼："那就有劳兄长了，刘季的身家性命全都拜托在兄长身上了，感激不尽。"

项伯匆匆与刘邦告辞，连夜赶回军寨面见项羽。他把刘邦的话告诉项羽，并劝项羽："若不是沛公先攻破函谷关，我等哪能这么容易进入关内？破关占领咸阳，沛公立下的可是大功一件啊，如今我们却要去攻打有功之人，这是不仁不义！以老朽之见，现在应该收回开战的命令，等刘邦明日一早过来，你备好酒宴，与他坐下来好好谈谈，先听听他怎么说，然后再决断也不迟。若他对你没有丝毫背叛之心，那你们就握手言和，重归于好。若他真的有叛逆之心，想要除去他，还不是易如反掌的事情吗？"

项羽觉得项伯言之有理，于是转头吩咐韩信："速传我令，明日一早暂且息战。"

韩信一听感觉不对，忙跨前一步对项羽说："主公不可！自古有云：'令出必行。'主公颁发作战号令尚不足四个时辰，如今却要收回成命，如此反复，乃兵家大忌，必会扰乱将士之心。以卑职看来，刘邦从派兵据守函谷关起，就有了背叛主公、称王关中的野心，主公切不可听信刘邦的诡辩巧言，对他动了恻隐之心。战机一旦错失，后患无穷。卑职以为，作战号令决不可收回，再有两个时辰就天光大亮了，应趁我军士气正炽，天亮后就对刘邦发起进攻，一鼓作气歼灭之。"

"放肆！"项伯霍地站起身来，用手指着韩信，怒斥道，"一个小小的郎中，居然敢违逆顶撞主公，口出狂言，妄议军政！"

韩信没有理会项伯，又朝前迈了一步，着急地说："主公，韩信冒死敢请主公三思，万万不可收回成命，至少……至少要请范将军过来，与他商议后再决断。"

"大胆！汝等宵小之辈，竟如此狂妄，敢以死要挟，冒犯主公，僭越干政，快将其拖出去，打八十军棍！"项伯有些气急败坏地喊道。

卫士们站在那里，你看看我，我看看你，然后又将目光转向项羽。主公不发话，他们不敢有丝毫行动。

项羽摆了摆手，平静地说："罢了罢了！念他出于一片赤诚，忠心事主，勇气可嘉，就饶恕他吧，免去责罚。今日项伯言之有理，刘邦乃草莽之人，谅他难成什么气候，明日设宴相谈，再作打算！"

韩信见项羽妇人之仁，主意已定，再说下去也起不到丝毫作用，只好怅然离去，只听得项羽在身后发话道："来人，速速传令全军将士，与沛公暂且息战。"

军帐之外，夜色沉沉，寒风呼啸，冰冷刺骨，但项羽的这道命令让韩信感到自己的心比这严寒的天气还要冰凉。他想去范增的军帐，将突发的军情及时告诉范增，让范增去劝阻项羽。此时传达号令的军士正步出军帐，急急地赶往各个军营，罢战的命令很快就会传达给全军将士。韩信想，不用他赶过去报信，范增肯定也会很快接到指令，至于范增得知消息后有何反应，自己亦不能左右。一切都只能听天由命了，只是韩信自此发现刘邦此人绝不像项羽想的那么简单。

第二节　有惊无险的鸿门宴

范增接到项羽罢战的指令后，又气又急，连夜赶到中军帐面见项羽。但号令已传遍全军，不能再反复更改，无奈之下，范增又规劝项羽第二天在宴会上除掉刘邦。项羽又被说动了心思，点头答应下来。

范增挑选了八十名勇士，让他们预先埋伏在中军帐帷幕之后，又安排三百名勇士埋伏在军帐之外，同时在外围设置了两道埋伏圈，对军帐形成层层包围之势，以防刘邦逃脱。不到一个时辰，范增就布置好了天罗地网，单等天亮后刘邦来投。

到了这个时候，项羽又犹豫起来，问道："既然宴请沛公，又伏兵杀之，有违大丈夫之光明磊落，岂不为天下讥笑？"

范增说："要想做大事，就不能拘泥于小节，不可存妇人之仁。此时不杀刘邦，则会养虎为患，危害无穷，将来他必定是您的劲敌，真到了那一天，恐怕您想杀他也没有机会了。"

项羽依然下不了决心："还是先与他谈谈，听听他如何辩解，到时听我的号令，我不发令，就先别动手。"

范增只好答应下来。

辰时刚过，刘邦就乘坐一辆兵车，在张良的陪同下来到了鸿门。他只带了一百多名侍从人员，由夏侯婴、樊哙、靳强、纪信等人护卫。

为表示自己的诚意及对项羽的尊崇，刚进军寨辕门，刘邦就命令所有人都跳下车马，在凛冽的寒风中步行前往军寨。

项伯和都尉陈平等人已在中军营寨门口等候，双方简单寒暄过后，一起向中军帐走去。但樊哙、夏侯婴等人被拦在了帐外，不让进去。刘邦无奈，只得让他们在外面等候，他和张良则随项伯走进中军帐中。

韩信全身盔甲，手持长戟，站立在项羽身后左侧。从刘邦进入军帐的那一刻起，韩信的目光就紧盯在他身上，观察着他的一举一动。

第四章 弃楚而归汉

未到卯时,韩信等近侍就接到了在酒宴之上保护主公,刺杀刘邦的指令。韩信虽然对范增在宴席间行刺的做法不大认同,但他也觉得,这是趁刘邦羽翼未丰将这个潜在对手彻底消灭的绝佳机会,自己只管服从命令就是了。

中军帐内的肃杀之气,但凡明眼人都能感觉出来,刘邦也不例外,但他脸上毫无惧色,依然举止有度,谈笑自如。韩信觉得范增的话果然没错,尽管刘邦在项羽面前极力表现出谦卑、忠诚和顺从,但他一举一动所显露出来的气质、风度,看似礼数周到,其实透出傲岸,透出雄视一切、视他人如无物的气魄。如果说世间真有所谓的王霸之气、天子之气,那么项羽所具备的那种不怒而威、令人胆战心惊的气魄,应该算作王霸之气,而刘邦所具备的则是令人心悦诚服的天子之气。这样的人一旦形成气候,项羽是无法与之匹敌的。尽早除掉此人,为称霸天下扫除最大的障碍,才是项羽最明智的选择。

但再看项羽本人,韩信发现,他此刻没有丝毫要除掉刘邦的意思。

刘邦与项羽寒暄完毕,诚恳地说:"想当初,在下与将军并肩作战,勠力同心,无往不胜。那段时光,我每每想起都感念不已。后来我等奉怀王之命,将军北上救赵,在下率军西征。正是因为将军您在巨鹿牵制了秦军主力,在下才得以异常侥幸地率兵进入关中,对此,在下心里是一清二楚。在下封了秦宫和库府,满怀期待地等待将军的到来,本想与您在咸阳会面,一起庆贺反抗暴秦的胜利。可有些小人却借机制造谣言,让将军您对在下产生了误会。在下真是百口难辩啊！在下向来对将军忠心耿耿，唯将军之命是从，对您从没有过半点背离之心啊。"

项羽不假思索地回答道："沛公不必介怀，你的心意我全然明白了，都是你的左司马曹无伤给我说了一些有伤和气的事情，不然本将军哪至于那么气愤要和沛公兵戈相向呢？"

刘邦听了，不动声色地说道："将军如此一说，刘季心中稍稍释然了些，将军能如此明辨是非，宽宏大度，令刘季着实感佩。小人挑拨之言万不可信，不然会坏了在下与将军的情分，若真如此，刘季可真吃罪不起了。"

项羽随口就将曹无伤通风报信的事情说了出来，令站立在一旁的韩信吃惊不已。兵法有云，事莫密于间。用好间谍，深入了解敌情，是率军作战、克敌制胜的法宝。项羽怎么如此草率鲁莽，轻易就把为自己通风报信、传递消息的人告知对方呢？这不是一下子就将曹无伤置于死地了吗？此事若传出去，以后还有谁愿意为项羽通风报信？

韩信再拿眼一瞥，见范增也为之变了脸色，不停地清着嗓子，示意项羽不要再说下去。

很快到了午时，美酒佳肴呈了上来。项羽与项伯面向东而坐，范增朝南而坐。刘邦则坐南向北，张良坐东向西在一旁陪侍。陈平等一帮幕僚、部将则在一旁侍宴。

项羽与刘邦推杯换盏，边饮酒边叙旧，聊得不亦乐乎，似乎全然忘记了要刺杀刘邦的事情。范增在一旁着急万分，多次递眼色提醒项羽赶紧下令动手，项羽却不为所动。范增又将身上佩戴的玉块朝项羽举了几次，对他做最明显的暗示，但项羽仍视而不见。

韩信冷眼旁观，见范增既失望又生气，脸色铁青着站起身来朝外走去。不一会儿，项庄与他一前一后走进来。

项庄朝项羽和刘邦先后拱手施礼，然后说道："军中也没有什么可助兴的，末将就在诸位面前献献丑，以剑为舞，为诸位一助酒兴吧。"

项庄说罢，拔出宝剑，迈步走到几张长案中间，随即亮开招式舞起剑来。这正是"项庄舞剑，意在沛公"的由来。就在众人为项庄精湛的剑术不断喝彩之时，项庄已舞至刘邦所坐的长案前，长剑一挺，欲寻找机会隔着长案朝刘邦刺去。

项伯见状忙站了起来，说道："既然沛公喜欢看舞剑，不如我与项庄侄儿对舞一场，再为沛公添些乐趣。"

项羽同意了。

项伯拔出宝剑，与项庄对舞起来，每次项庄将要欺身刺向刘邦之时，项伯总是及时挡在刘邦的案几前。他身为叔父，项庄对他顾忌甚多，根本无法施展身手贴近刘邦。

看到这种情形，韩信内心不由得对项伯生出几分憎恶来，觉得他不辨敌友、不明是非、不看情势，项羽有这样的叔父随意掺和军政大事，真是不幸。

张良此时站起身来，走到刘邦跟前耳语了几句，又朝项羽和范增拱了拱手，随后走出军帐之外。不一会儿，张良又转回帐内，他刚坐定不久，军帐外突然传来嘈杂之声，以及叮叮当当的兵器撞击声。

项羽沉下脸来:"何人在外面喧哗?!"

项羽话语未落,一个面容黝黑,胡须满面,身材魁梧健硕,壮如黑塔般的彪形大汉手持一个硕大的盾牌闯进了军帐中。

坐在案几后面的项羽忙挺直身子,手握腰中的剑柄喝问道:"来者何人?擅闯军帐,意欲何为?"

那彪形大汉并不搭话,他手持盾牌,正对着项羽的方向,怒目圆睁,头发也根根竖起,看上去似虎狼般威猛凶悍。

张良见气氛有些紧张,忙站起身来对项羽说:"禀上将军,这位是沛公的扈从樊哙。"

项羽脸色和缓了些,口中夸赞道:"樊将军威风凛凛,真是一员虎将啊。"于是赐酒一杯和生猪肘一只。

樊哙没有片刻迟疑,端起酒卮一饮而尽,然后拔下腰中短剑,在盾牌上切肉而食。

项羽两道浓眉耸了耸,随口夸道:"樊将军可真是猛士啊,还能再饮一卮酒否?"

樊哙冷冷一笑,拱手回应道:"末将连死都不怕,一杯酒又怎么会推辞呢?但末将有些话,想说与上将军,有冒犯之处,还请上将军恕罪。"

项羽回道:"有话尽管讲来。"

樊哙慷慨陈词:"暴秦朝廷如虎狼般凶狠歹毒,滥用刑罚,杀人如麻,天下百姓苦不堪言,这才揭竿而起,反抗暴秦。怀王当初跟各路将领约定,谁先攻入函谷关,占领咸阳,推翻暴秦,就让谁做关中王。如今最先攻破函谷关的是沛公，最先占领咸阳推翻暴秦的依然是沛公，但沛公进入咸阳之后，对财物丝毫不敢妄动，而是封闭了秦宫和所有府库，将军队撤回霸上，每天都在期盼上将军您的到来。为防范其他盗贼窜入关内，抢夺秦宫财物，生出意外变故，沛公又特地派遣将士驻守函谷关。似沛公这般劳苦功高，不仅未得封侯之赏，而上将军您听信奸邪小人的谗陷之言，还要诛杀沛公这样的有功之人，岂不为天下人耻笑？"

樊哙刚说完，刘邦便对着他拍案大骂道："放肆！怎敢如此对上将军讲话！还不赶快向上将军请罪！"刘邦又站起身来，向项羽赔罪："上将军，樊哙乃村野莽夫，愚鲁无知，冒犯了上将军，请上将军责罚。"

项羽本来脸色已黑沉下来，听刘邦如此一说，也不便发怒，于是笑道："樊将军请坐。"

樊哙也不客气，紧挨着张良坐了下来。

刘邦刚坐下不久又站起来，朝项羽、项伯和范增分别拱手笑道："刘季有些内急，向上将军及各位告个罪，暂且失陪。"

项羽微笑道："沛公只管自行方便。"

刘邦转身朝外走去，脚步踉踉跄跄，刚走两步，身子一歪，差点摔倒。樊哙、张良赶紧站起来，上前搀扶着刘邦向帐外走去。

项羽等了好半天，依然不见刘邦回来，就让陈平去催促刘邦。不一会儿，陈平回来向项羽禀报："沛公有些不胜酒力，怕在上将军面前失礼，要在外醒醒酒再进来，又担心上将军等得着急，就让臣先回来告诉上将军一声。"

项羽默默地点了点头,坐在那里自斟自饮起来。他左等右等,仍然不见刘邦回来,心里焦躁起来,又要派人去催促,却见张良独自走进军帐。项羽诧异地问道:"沛公呢?"

张良一脸歉意,回答道:"沛公委托臣向上将军转达谢意和歉意,并委托臣向上将军敬献白璧一双,向范将军敬献玉斗一对。"

项羽问道:"沛公现在何处?"

张良回答道:"沛公听闻上将军要怪罪于他,又恐酒后失言,就先行离开了,估计此时已经回到军营了。"

项羽沉着脸,默不作声地接过张良双手呈上来的一双白璧,放在面前的长案上;范增则满脸怒容地抓起张良献上的玉斗,往地上一摔,紧接着又拔出腰间宝剑,对着还在地上摇摆作响的玉斗一顿乱砍,口中不住地怒骂道:"如此周密的一番谋划,竟毁在尔等蠢材手里,驽钝之极!昏聩之极!"

范增发泄了一番,终于停下手来,将宝剑扔在地上,仰天长叹道:"与主公争夺天下之人,必定是沛公刘邦了!我辈就等着做他的阶下囚吧!"说完,他颓然瘫坐在地上。

军帐中除了项羽和张良,其他人都面面相觑,不知道范增为何突然发怒。

韩信偷偷瞄了一眼仍坐在座席上的项羽、项伯及站在一旁的项庄,见项羽沉着脸坐在那里一言不发,项伯则一副若无其事的样子,酒宴眼看就要散了,他依然低着头在胡吃海喝。项庄不时拿眼睛瞟瞟项羽,又瞟瞟项伯和范增,欲言又止,眼中既有愧疚,又有明显的怨气和不服。

韩信又将目光转向范增，自从跟随项羽以来，他几乎每天都能见到范增，可从来没见范增像今天这样情绪失控过。他很理解范增现在的心情，觉得范增刚才所说的话是很有道理的。刘邦这个人的确不容小觑，从他跟项羽的交谈及在酒席中的举止看，此人反应机敏，行事老辣，能屈能伸，在形势如此危急的情况下仍能镇定自若，进退自如，将来必成大事。再看项羽，他本来跟范增事先商量好了对策，事到临头却又听信刘邦的巧言分辩，顾忌自己的名声，瞻前顾后，举棋不定，一军之帅如此犹豫不决、优柔寡断，纵然兵力强大，争夺天下也很难胜于人。

韩信内心虽然不大认可范增在酒席间刺杀刘邦的阴谋伎俩，但在天时、地利、人和全都占尽的情况下，轻易放走潜在的强大对手，留下的后患是无穷的。也许真如范增所言，在不久的将来，刘邦真的会战胜项羽，夺取天下，到时跟随项羽的一众将领、幕僚，都会成为刘邦的阶下之囚。

想到这里，韩信心底不由冒出了丝丝凉气。

这时，张良感觉留在这里有些尴尬，于是对项羽拜谢辞别一番，走出了军帐，项伯赶紧起身相送。项羽有些沮丧地朝众人挥了挥手："都散了吧！亚父喝多了，找个人将他扶回军帐休息。再传令下去，各营将士先休整三日，三日后开拔，进咸阳。"

韩信奉命到各营寨传令时，才听说刘邦脱逃时只带了樊哙、夏侯婴、靳强、纪信仓皇离开，刘邦独自一人骑马，樊哙等四人手持剑盾，徒步奔跑在其身后护卫。他们没敢走来时的官道，而是抄小路而行：从骊山而下，有一条羊肠小道，顺着芷阳大约只需行走二十里路程，就能抵达霸上。

韩信在心里大致估算了一下，从刘邦走出军帐如厕，到张良回到军帐辞行这段时间，刘邦估计早已回到军营之中，即便当时项羽想要反悔，派人去追杀刘邦，也为时晚矣。

韩信由此更坚信自己的判断：刘邦实在是太老谋深算了，很快将会成为项羽的劲敌。

韩信传令完毕，刚回到军帐，只见曹无伤之前所派的密使正跪在地上向项羽求救，他静静地听了一会儿，很快就明白了事情的原委，刘邦刚回到军营，就杀了曹无伤。这个密使因为之前身份并未暴露，才没有被一起捉拿，但若不是他逃得快，估计此时也成了刀下之鬼。

曹无伤的密使并不知道，正是因为项羽的一句话，才导致曹无伤被杀，此时他还在为自己和曹无伤邀功，向项羽表忠心，并极力诋毁刘邦，哭求项羽一定要保全他。

项羽一脸不耐烦地打断他，说："本将军平生最恨的就是不忠不义、背主忘恩、吃里爬外的小人，曹无伤死不足惜，你也不要再多说了，本将军保你活命就是了。"

曹无伤的密使抬头看了项羽一眼，本想再说些什么，但看到项羽凌厉的眼神，吓得赶紧又低下头去，朝项羽叩首谢恩，然后灰溜溜地跟着军吏走出了军帐。

第三节　入蜀转投刘邦

三日后,项羽命令部队开拔,很快就到了咸阳城。但项羽入咸阳之后的所作所为,再次让韩信感到失望至极。

当时,因为除掉刘邦的计策接连失败,年迈的范增气出了一场病,不便随军出行,项羽就安排他留在新丰鸿门休养身体。

整个幕府,能让项羽听取意见的人,除了范增,就只剩下项伯了。在韩信心目中,范增是有谋略有远见之人,若他跟随在项羽身边,一定程度上还能够约束项羽的行为。而项伯则是个昏聩、势利、目光短浅之人,自己行事不得当,更别说劝诫项羽了。

所以,缺少范增在身边提醒和制约的项羽,在进入咸阳之后就开始由着自己的性子行事了。

入城当天,项羽就命令项庄、项冠等亲信部将,从刘邦手中接管了秦宫和府库的防守要务,将里面的奇珍异宝抢劫一空。第二天,又下令将早已投降的秦王子婴及其家眷、秦朝官吏全部押来,尽数格杀。

项羽手下将士也大肆抢掠,整座咸阳城被惊扰得鸡飞狗跳,到处是百姓惊恐的哭喊声和愤怒的咒骂声。

庶民的怨言很快传到了项羽耳中,项羽大怒,下令对口出怨言的咸阳城居民进行血腥的屠杀。

项羽的这些举动，让韩信非常忧心，觉得自己身为项羽的随行郎中、贴身侍卫，职责所在，必须劝止项羽的血腥残暴行为，安抚百姓，收服民心。但韩信每次劝谏，项羽不仅不听，而且眼神中也越来越流露出对韩信的厌恶和疏远，这让韩信十分心寒。

在项羽屠刀的威慑下，咸阳城内的不满和怨言很快就销声匿迹了。但韩信能感觉到，百姓们虽然变得低眉顺眼，但只是敢怒不敢言而已，他们内心的怨恨和愤怒在与日俱增。

对项羽的灰心失望，让韩信渐生离意，也让他的内心非常矛盾和纠结，因为他在仔细权衡之后，发现他如果离开项羽，在一众诸侯中，唯有投奔刘邦才会有希望，但希望又非常渺茫。刘邦目前还在项羽的掌控之下，如果自己现在离开项羽投奔刘邦，将成为项羽最憎恨的背主叛逃之人，一步不慎，就会招来杀身之祸。除非刘邦能脱离项羽的势力范围，自己才有顺利脱身、投奔过去的可能。

看来只有静静地等待时机了。主意已定，韩信心里稍稍坦然了一些，也不再在项羽跟前逆言相劝。

项羽此时正为是否封刘邦为关中王而苦恼，于是让范增为自己拿主意。

范增授计道："巴郡、蜀郡之地，地处偏远，道路险峻，土地贫瘠，之前秦朝流放犯人，大多会流放到那里，因此当地居民生活困苦，民风刁顽。主公不妨就遵照怀王的约定，封刘邦为王，只是把他的封地改到巴蜀这不毛之地。如此一来，既能堵住诸侯之口，主公也不至于背上违背怀王盟约的骂名。若刘邦不愿意接受封地，就以违抗命令为由杀掉他。"

"可当初怀王与诸侯约定的是谁先入关，谁就当关中王。即便把沛公封到巴蜀之地为王，不还是违背了怀王当初的约定吗？"对于范增出的这个主意，项羽有些不解。

"主公难道忘了，巴蜀之地也属于秦国故地吗？可以将关中分成几块进行分封，如此一来，还能牵制刘邦。"重病中的范增说到这里，昏花的老眼里闪现出一丝狡黠的光芒。

项羽深以为然，赞道："亚父此计实在太妙了。"

但范增的眼神瞬间又暗淡下来，再次叮嘱项羽："老朽还是那句话，刘邦此人应尽早铲除，巴蜀之地虽然偏远贫瘠，但封王之后，最好不要让他到封地去，找个借口把他留在身边，让他时时处于主公的监督掌控之下。若发现他有异心，就及时除掉他。老夫一直担心，放走刘邦，无异于放虎归山。"

"那找什么样的借口才能留住他，并且让众诸侯没有异议呢？"项羽为难地说。

"主公可以身边急需可信之人帮扶为由，假意让他留下辅助您，不让他到封地去。如果他嫌封地不好不接受封号，或接受封号却不愿留在您身边，主公仍然可以以违抗命令为由杀掉他。"

"如此甚妙！"项羽兴奋地点头道。

汉元年（前206年）正月，项羽采纳范增的建议，召集众诸侯说道："天下共举义旗之时，立以往诸侯国的后代为王，目的是为了讨伐秦朝。怀王本是我家叔父项梁拥立的,并没有任何功劳,又哪有资格来主持定约呢?披坚执锐,灭掉秦朝,平定天下,都是靠各位将相和我项籍的力量啊!但话又说回来,怀王虽说没有什么战功,但毕竟以他为旗号,将各位将相聚拢到了一起,分给他土地让他做王,也是应该的。"

于是,项羽表面上推尊怀王熊心为义帝,实际上已将他完全架空。

随后,项羽按自己的意图,分封起了诸侯。他自封西楚霸王,统治梁地、楚地的九个郡,建都彭城(今江苏徐州)。同时把关中分为三块,封给秦朝的三个降将,其中,章邯为雍王,统治咸阳以西的地区;司马欣为塞王,统治咸阳以东到黄河的地区;董翳为翟王,统治上郡。

至于刘邦,虽然范增献计只给刘邦分封巴、蜀不毛之地,但在项伯的干涉下,项羽临时又改了主意,封刘邦为汉王,统治巴、蜀、汉中之地,赐地南郑(今陕西汉中)。

分封完毕之后,刘邦对项羽不兑现怀王当初立下的约定颇为不满。周勃、灌婴、樊哙等人都劝刘邦,此时不可与项羽反目。刘邦依然感到意难平,这时萧何劝他:"大王,虽然汉中之地偏远,但总比留在项羽身边随时可能有生死安危要强。现在与项羽作战,百战不能一胜,不如到汉中称王,养民纳贤,收用巴、蜀之地,日后天下可图。"刘邦采纳了萧何的建议,并以萧何为相,想要前往汉中称王。

身在项羽幕府之中的陈平有意归汉，时常暗中与刘邦、张良、萧何等人接触。他知道项羽不会轻易让刘邦回封地。项羽征求陈平的意见时，陈平假装思索了大半天，然后说道："巴蜀蛮荒之地，偏僻荒凉，地势险恶，盗贼四起，即便汉王想起事也很难形成气候，不如让他就国，如果他有东进之意，项王再将他攻灭，此谓名正言顺。"

项羽认为刘邦只是个奸诈小人，难成气候，点头表示同意。

得到项羽的允许之后，刘邦一刻也未逗留，立刻带领人马开拨，从杜县往南进入蚀地的山谷中。

当时项羽只拨给刘邦三万人马，但沿途有许多人听说刘邦要离开咸阳前往封地，都自愿跟随，再加上楚国和诸侯国中因为敬慕刘邦抑或是反感项羽而跟随的，刘邦的队伍一下子增加了几万人。这些人中，也包括从项羽身边偷偷逃脱出来的韩信。

韩信听闻项羽放刘邦到封地的消息之后，心中大喜，于是悄悄做好了逃跑的准备。刘邦的军队出发不久，他趁外出执行任务之机，偷偷溜出咸阳，头也不回地投奔刘邦去了。韩信到刘邦军中后，并未直接获得重用，只是将项羽的一些情报传达给了刘邦。韩信已经预想到了，此时不可一世的项羽，终将因他的自负而走上一条不归路。

而项羽也在刘邦开拨不久，带着掠夺而来的珠宝和秦宫美女，出了函谷关，一路向东，前往新都彭城。

第四节 萧何月夜追韩信

在前往南郑的途中,刘邦因为担心项羽反悔,派兵追赶自己,就命令队伍在崎岖的山道上一路疾行。沿途多为崇山峻岭,峭壁林立、沟壑纵横,只能靠凌空架起的栈道通行,再没有其他道路可走。

往西去的道路越走越艰难。张良辞别刘邦返回韩国之际,向刘邦献计:"沛公可派人将走过的栈道全都烧毁,如此一来,既可以麻痹项王,表示您再无东还之念,打消他对您的怀疑;二来也能防止他派兵追击。"

刘邦恍然大悟,送走张良后,他就派一部分士兵殿后,告诉大家,项羽仍紧追不舍,若被追上,大家的下场可能和咸阳宫中的诸官一样,于是下令边走边把途经的栈道全部烧毁。

项羽一直派人暗中关注刘邦的一举一动。听到刘邦烧毁栈道的消息后,项羽果然上当了,认为他只是想快速逃走,已无和自己较量的雄心,一下子放松了对刘邦的警惕。

刘邦到达南郑后,发现有许多将士已经逃走,自己的军队士气低沉,大多数士兵只思东归。就在刘邦一筹莫展时,韩信主动找到刘邦说:"项羽给有功的诸将封王,汉王如今独居南郑,这是流放。如今军吏士卒日夜望归,如果把他们急切归乡的心思转为战斗力,则可以立下大功;如果天下已定,人人都只求安宁,那这股力量便不复存在了。汉王不如向东进军，争权天下。"韩信虽然雄心勃勃，但此时贸然与项羽交恶，显然不是一个明智的选择。但他的这番论断引起了萧何的注意，他意识到此人懂得运筹人心，绝非寻常，他想要继续观察这个刚从项羽部"弃明投暗"的年轻人到底有些什么本事。于是，在萧何的建议下，韩信被任命为连敖，一个低级小官。

不久，韩信因身边士兵触犯了刘邦制定的法令而受到株连，按律都要被斩首，于是就出现了本书开篇的一幕。

韩信回忆往事，心中百般感慨又失望至极，他将头伏在巨石上，等待着刽子手行刑。

这时，夏侯婴快步走到巨石跟前，亲自为韩信解开绳索，并连声致歉："刚才本将是故意拿话试探壮士，得罪了！冒犯之处，还请壮士海涵。"说完，他又转身命令手下："快为壮士更换干净衣衫，带到本将军帐中说话。"

夏侯婴与韩信浅谈过后，方才知道韩信在项羽营中的种种经历，又深为韩信胸中才学所折服，于是将韩信推荐给丞相萧何，并表示将在汉王面前尽力举荐他。韩信由此结识了刘邦身边的智囊人物萧何。

刘邦受封汉王后，拜萧何为相，他为刘邦贡献了不少计谋。萧何之前也知道韩信其人，并且关注过他，于是让夏侯婴将他引来，要与他当面对话。萧何随意地坐下，漫不经心地问韩信："我听说韩大人是从项羽处转投汉王，如今项羽如日中天，实力数倍于汉王，韩大人为何要弃之而去呢？"

韩信十分淡定从容地回答："因为项羽乃当今天下第一大英雄也。"

萧何感到费解，又问："那汉王呢？"

韩信依然从容："汉王乃一介俗人。"

萧何更加纳闷了："那韩大人何故随行呢？"

韩信带着坚定的语气回答萧何："大英雄不需要人帮助，而汉王这样的俗人，却需要我来辅佐。"

萧何端正了坐姿，又问道："既然如此，你能帮汉王做些什么呢？"

韩信略带骄傲地说："治国安民，带兵打仗，信无不精通。汉王欲得天下，非信不可。"

萧何重新审视了眼前的这个人，又和他谈及天下大事，发现韩信确实为当世奇才，十分难得。不仅对治国理政有一套独特的见解，更为可贵的是他熟读兵法，脑子十分灵活，对于每场战役都有自己的独到见解，对天下大事有着宏伟的规划，这让萧何自愧不如。之后，萧何又数次与韩信交谈，更加坚定了韩信是将帅之才的想法。

作为刘邦最信任的人，萧何其实对于每一个将士都会细心观察，刘邦手下的周勃、曹参、樊哙、灌婴、卢绾这些人，虽然能征善战，但是在他看来，都难以胜任统帅之职。而韩信的出现，给了他一份惊喜，此人文武双全，天下难寻出其左右之人。

一日晚间，在部队稍事休息时，萧何来到刘邦的临时军帐，准备向刘邦举荐韩信，谁料刘邦听了却漫不经心地说："丞相怎么也举荐韩信，夏侯婴已跟寡人说过了，寡人没觉得韩信有什么真本事，不过既然你们都举荐他，就让他做治粟都尉吧。"

刘邦话已至此，萧何也不好再说什么。

治粟都尉是管理全军军粮的官职，职位比韩信原来高出不少，而且利用职权能捞到不少实惠。但韩信需要的不是捞什么实惠，而是领兵打仗，可以发挥自己的才能，建奇功、立大业的机会。因此在被提升之后，他并没有表现出欢喜之情，反而感到非常失落。

夏侯婴和萧何都看出韩信心中有委屈和不满，又多次向刘邦建言，希望他能召见韩信，真正见识一下韩信的能耐，让韩信担当大任。但刘邦总是推诿敷衍。

刘邦来到南郑之后，在萧何等人的辅助之下，采取了一系列安民措施，很快将民风刁顽、盗贼盛行的辖区治理得安定和谐、井井有条，百姓安居乐业，生产经济不断发展。刘邦很快得到了辖区百姓的拥护，当地青壮男子踊跃参军入伍，军事实力逐渐发展壮大起来。

不过，刘邦烧毁栈道的举动，也使一些从关中过来的将士寒了心。

项羽拨给刘邦的三万人马，大多对远离家乡、来到偏僻荒凉的巴蜀之地心怀不满，所以不少人在途中逃跑。就连后来跟随刘邦的那些人也开始后悔，纷纷加入逃兵行列。

后来刘邦烧了栈道，把他们回家的路彻底断绝了，他们就一个个变得垂头丧气起来，心中的怨气也在一点点升腾，灰心、绝望、愤怒的气氛弥漫在整个军中。一路上，逃跑的人数剧增，杀头都吓不退他们想家的念头和开溜的脚步，等到了南郑清点人数，光将领就逃跑了几十个，有些将领还带着部众集体逃跑。

某天夜晚，皓月银雾般的月光洒在大地上，四下一片宁静。心中无比郁闷的刘邦让手下军吏召唤萧何过来商谈对策，谁知军吏没多久就惊慌失措地跑回来向他汇报说，萧丞相逃跑了。

刘邦大声呵斥道："休得胡言！丞相怎么会逃跑呢？"

军吏认真地说："可丞相真的逃跑了，守城官兵亲眼所见，萧丞相带着一队人马已经出城了！"

刘邦简直不敢相信自己的耳朵，他愣了半天才气急败坏地下令："多派些人去打探消息！打听清楚后速速报与寡人！"

不一会儿，军吏又匆匆返回，向刘邦汇报："丞相他千真万确神色慌张地出城去了，差不多已经一个时辰了！"

刘邦浑身散了架似的瘫坐下来，怒吼道："快多派些人马四处去找，有任何消息都快马飞报给寡人！一定要把丞相给我找回来。若丞相追不回来，寡人拿你们是问！"

刘邦一夜无眠，一直静等着有关萧何的消息，但报回来的消息让他越来越绝望：萧何确实逃跑了！

刘邦感觉自己就像失去臂膀一样难受。

其实，萧何并不是逃跑，他是带领一小队人马追赶韩信去了。

原来，韩信见萧何和夏侯婴多次举荐自己，刘邦都不愿对自己委以重任，甚至未能得机会与之相见，他感到很绝望，心灰意冷之下借夜色掩护，骑着一匹快马独自逃离南郑都城。

第四章 弃楚而归汉

萧何用完晚餐之后去找韩信，想再与他交谈一番，但到了韩信的营寨之后，却被告知韩信已独自离开。萧何大惊失色，顾不上向刘邦汇报情况，就急忙召集一小队人马，飞速出城去追赶韩信。

往东去的道路有一条官道和一条羊肠小路，萧何料定韩信会抄小路逃走，但他也担心自己判断有误，就拨出一小部分人马从官道追赶，并反复交代领队军吏，若追到韩信，一定不要难为他，要好生劝说，拖延时间，再派人来报告，在他赶过去之前，一定不能放走韩信。

而萧何自己则带领另一拨人马，沿着羊肠小路向东追去。

山路遍布荆棘，崎岖难行，但萧何不管不顾，策马飞奔，一路追赶，一路让军士高声大喊："韩将军慢走，萧丞相来也。""韩将军慢走，萧丞相来也。"

他们一直追到天明，仍不见韩信的身影，尽管人困马乏，肚子饥饿，但萧何仍不愿歇息，依然策马继续追赶。

直到第二天黎明，终于在一条河边看到了韩信的身影。萧何和手下军士齐声高呼道："韩将军慢走，萧丞相来也。"

萧何赶到韩信身边时，因疲惫至极，一下子从马背上滚落下来。韩信急忙上前扶起萧何，拿来盛水的皮囊喂萧何喝水。

看着萧何狼狈的样子，一向喜怒不形于色的韩信不觉哽咽起来，对萧何说："丞相，您这又是何苦呢？信感念丞相赏识，只是汉王另有打算，人各有命，既然不能与丞相共事汉王，那丞相就让我走吧。"

萧何一脸真诚地说："你不能走，快跟我回去，我若今日放你离去，必会后悔终生！"

韩信叹口气道："汉王既然不愿用我，我回去又有何用？迟早我还是会离开的，到时还会连累丞相。"

萧何信誓旦旦地保证："你尽管放心，这次我一定会让主公重用你。"

韩信却摇了摇头："可您已经举荐多次了……"

"这次不一样，你要相信我。"萧何顿了顿，下决心说道，"就算搭上性命，触怒汉王，我也会让你得到重用。"

韩信听了，"扑通"一声跪在萧何面前，感激涕零地应道："丞相此言，真是愧煞我也，您不用再说了，我跟您回去就是了。"

他们休息片刻后，萧何想到自己出来追赶韩信，没有告知刘邦，现在刘邦一定非常着急，所以他不敢继续耽搁，带着韩信一起往回赶。

第五节　受封大将军

在萧何追赶韩信的时间里，刘邦茶饭不思，寝食难安，整个人明显消瘦了一圈。

三日后，萧何带着韩信终于回来了。他将韩信安顿好之后，急忙去拜见刘邦。

刘邦听闻萧何求见，内心又怒又喜，五味杂陈。刚见面，不等萧何说话，刘邦就责备道："我待丞相不薄，丞相因何弃我而去呢？"

萧何回答道："臣无论如何不敢逃跑，臣是追一个逃跑的人去了。"

刘邦有些惊奇地问道："何人竟劳丞相大驾？"

萧何答道："韩信。"

刘邦怀疑地看着萧何："怎么又是这匹夫？各路将军逃走的有几十个，你一个都没去追赶，为何偏偏去追一个甘受他人之辱的韩信？"

萧何神情严肃地说："主公，您说的那些脱逃的将军，很容易就能再找到，但韩信跟他们完全不同，韩信此人才能卓越，像他这样杰出的人才，当今天下再找不出第二个人来。主公究竟是要长久待在汉中做汉王呢？还是打算杀回东方，与霸王项羽及众诸侯一争天下呢？"

刘邦不假思索地答道："寡人当然是要杀回东方了，在这里多待一天，寡人都感到内心憋闷，怎么可能想长久地待在这个不毛之地呢？"

萧何忽然长跪在地，请求道："主公若想长久待在汉中称王，自然可以不重用韩信；若打定主意向东发展，那就一定要重用韩信，除了他之外，恐怕此时主公再找不出第二个能与您共商大计之人。如果您能重用韩信，他就会留下来；如果您不重用他，还不如现在就杀掉他，否则他终究还会逃走，将来极有可能成为主公的心腹大患。"

刘邦见萧何竟然为韩信跪请自己，急忙说："丞相快请起，你三番五次举荐韩信，此人真有那么大的能耐吗？既然你如此看重他，那寡人便依你所言，封他个将军，日后立功再论功行赏。"

萧何依然跪地不起："如果主公只封韩信做将军，恐怕还是留不住他，还是尽早将他诛杀为好！"

刘邦为难地说："那寡人该如何留住他？难道要让这身无寸功之人做大将军不成？"

萧何要的就是刘邦这句话，他马上接口道："主公英明！如果拜韩信为大将军，就一定能留住他，主公天下大业指日可得！"

刘邦有些心动了。萧何绝非平庸之人，给自己出谋划策一向稳健无误。如今不惜放下身段，连夜追赶韩信，又跪地相求自己，刘邦终于意识到韩信绝非平庸之辈。只是大将军之职事关重要，不能潦草任免，他决定先见一见韩信，于是对身边的侍从下令："将韩信传来，寡人有话与他讲。"

萧何急忙阻止道："主公不可！恕臣直言，主公一贯对人轻慢，丝毫不讲究礼节。大将军是统领三军将士的主帅，如此重要的任命，主公却像对待普通士兵一般对韩信呼来唤去，这让韩信如何树立威望，在军中发号施令？即使您让他做了大将军，照样留不住他，他还是会逃走的。"

刘邦有些不耐烦了，说道："那依你之见，寡人该如何行事呢？"

萧何心中早有了主意，他郑重地说："这个问题臣已经想过了，想要留下韩信，想要夺得天下，主公必须拿出诚意来，举办一个盛大的拜将仪式,先修筑一个九尺高台,主公在拜将前亲自斋戒三日,选择黄道吉日,用完备的礼仪,正式封韩信为大将军,这样韩信才可以号令众将,为主公立下不世之功!"

听了萧何的话,刘邦心里很不高兴:韩信当年从一个无赖胯下钻过去的事情已经传遍天下,素来为人所不齿,在项羽的军营里也只是一个小小的执戟郎中。如今投奔过来,身无寸功,居然还要动用如此隆重的大礼来册封他,是不是太过分了?所以,刘邦没有马上表态,脸色更为阴沉。

萧何见刘邦一脸不情愿,又继续劝说道:"主公,我知道您心里的想法,认为韩信是一个小人物,不值得动用那么隆重的礼仪。恕臣直言,您太小看韩信了。韩信在楚王那里虽是个小小的郎中,却明察形势洞若观火。他正是因为在楚王那里得不到重用,才投奔主公而来。现在军中正是用人之际,您如果能留住韩信,便可以战胜楚王,进而统一天下。您若拜韩信为大将军,不但能留住此人,而且许多与楚王不和的将领谋士就会知道汉王惜才,也会投奔过来。主公您以为如何?"

经过萧何苦口婆心的劝说,刘邦终于下定决心,冲萧何大手一挥说:"既然如此,此事由丞相全权负责,速速解决!"

萧何喜出望外,领命出了汉王宫,便马不停蹄地开始选址、征招夫役、筹备材料、开工建设,只用了三两天的工夫,一个高达九尺的拜将坛便拔地而起。之后,他又专门找了一个精通天象的术士,选好黄道吉日,隆重的拜将仪式便开始了。

时值夏秋之交,天气异常闷热,太阳火辣辣地炙烤着大地,只有远处的山风吹过来时才送来一些凉爽。

拜将当天的隅中时分,刘邦乘坐车辇,在萧何、曹参、夏侯婴、周勃、樊哙等文臣武将的簇拥下,出了汉王宫,浩浩荡荡地朝拜将坛进发。除了萧何、曹参、夏侯婴等少数人之外,其余随行的文臣武将一边走一边低声议论着。

其中一个说道:"韩信乃淮阴匹夫,在楚为执戟郎中,未有寸功,现在居然要封他为大将军,项王必然耻笑,以为我们汉中无人。"

另一人深有同感地说:"是啊,丞相不知怎么想的,竟然劝说主公封一个乡野村夫为大将军,实在荒唐可笑!"

又一人说:"想你我出生入死,立功无数,以后要被一个无名之辈呼来喝去,当为天下奇耻大辱!"

……

在这些人中,樊哙、周勃、任敖、卢绾等最早跟随刘邦征战的老将最为不服。他们是刘邦的同乡、发小、铁杆兄弟,跟刘邦交情匪浅。自听说刘邦要拜大将军,萧何又亲自督工,热火朝天地建造拜将坛,他们就私下猜测,大将军肯定会从他们这帮一起出生入死的弟兄中选一个。且不说几人在家乡时与刘邦共过多少患难,仅从陈胜、吴广在大泽乡揭竿而起以后说起,他们与同为刘邦至交好友的萧何、曹参、夏侯婴一起,与刘邦共谋,在沛县合力起兵举事,共同推举刘邦为沛公,追随刘邦南征北伐,东拼西杀,为刘邦眼下的基业立下了汗马功劳。几人中,若论功劳、才干和威望,肯定非曹参莫属。因为曹参不仅在沛县起兵及推举刘邦为沛公的过程中，与萧何一起起着最为重要的作用，而且在以后的战争中也最是劳苦功高，可以说是这些老将的领头人。曹参的性格也非常沉稳，若拜他为大将军，三军将士无不心服口服。若论与刘邦的私交关系，也许会从樊哙和卢绾二人中挑选一个出来。樊哙是刘邦的连襟，卢绾则是跟刘邦同年同月同日出生的世交好友，与刘邦的关系最为亲密。然而结果完全出乎他们的意料。当他们知道大将军是让曾被天下人耻笑的胯下懦夫韩信来担任后，都憋着一肚子气。

拜将坛前是一个可容纳数万人的大广场，此时已整整齐齐地站满了披坚持锐的汉军将士。

曹参等数十名将领来到最前排依次站好，每个人的左右两旁各站着一名小校，左侧的小校怀抱一杆大旗，旗面为红色，中间绣着一个大大的"汉"字；右侧的小校为马弁，手里牵着一匹高大威武的战马。再看这些将军脸上的表情，愤懑的、钦佩的、鄙视的、嫉妒的、羡慕的，各不相同，一道道目光全都盯着高高的拜将坛。

午时初刻，鼓声震天，号角长鸣，在庄严肃穆的氛围中，刘邦在萧何、礼仪官等一众官员的簇拥下登上高高的拜将坛，但见他一身盛装，腰佩三尺长剑，表情严肃，不怒自威。

在礼仪官的吟唱引导下，刘邦焚香祭拜了天地。

随后，礼仪官快步行至台下，高声喊道："淮阴韩信登坛受封——！"

韩信从石台后面闪身出来，迈着矫健的步伐走上台阶。只见他身穿崭新的银色锦缎长袍，脚下一双纹锦翘头履，长发在头顶束起成一个发髻，整个人看上去英姿飒爽、威武雄壮。

韩信来到拜将坛的正中央，朝刘邦俯身下拜，朗声说道："臣韩信，叩见汉王！"

"免礼。"刘邦微微躬身，伸出双手将韩信搀扶起来，然后转身示意了一下，鼓乐声立即停止。

"册封开始，请印绶——！"萧何大声唱道。

礼仪官在前，三名手捧托盘的士兵在后，来到刘邦、韩信等人面前，由萧何将托盘上的大红锦缎一一揭开，上面摆放着彤弓弧矢、将军钺、将军剑、将军印绶等象征军权的利器。

礼仪官双手捧起将军印绶，恭恭敬敬地递给刘邦，再由刘邦亲手递给韩信，如此将彤弓弧矢、将军钺、将军剑一一授受完毕。韩信一手托印绶，一手执钺，腰挂三尺剑，身背彤弓弧矢，面向刘邦肃穆站立。

礼仪官开始宣读拜封诏书："……今有韩信，文韬武略，灵武冠世，有白起、王翦之勇，兼管仲、孙武之谋，乃旷世奇才，封为大将军，统领三军……"

韩信听着，禁不住思潮起伏，感慨万千。他想起了年少时母亲的含辛茹苦及对自己的疼爱、呵护，想起了自己才学日增而从内心萌发的志向和抱负，想起了母亲去世后自己的悲伤和困苦，想起了自己在淮阴街头咬紧牙关从牛二裆下钻过去的屈辱一幕，想起了他离开淮阴城后四处流浪的迷茫和无助，想起了世人对自己的讥笑和嘲讽，想起了自己投奔项梁之后所经历的一切……往事,一幕幕在韩信脑海中飞速闪现,以至于礼仪官在读些什么,他都没有听见。

礼仪官宣读完诏书,刘邦问韩信:"韩信,今日起,你就是汉军的大将军了!寡人希望你能够统领三军,拯救黎民于水火之中,匡扶社稷于倒悬之危,你能做到吗?"

韩信愣了一下,从飘飞的思绪中回到现实中来,急忙下拜,回应道:"臣韩信不才,愿效犬马之力,以报汉王!"

拜将仪式大约进行了半个时辰才宣告结束,刘邦携韩信之手缓缓走下高台,然后和一众文臣武将返回汉王宫。

第六节　破楚之策:"汉中对"

回到汉王宫后,刘邦将韩信引至上座,一场改变汉王朝命运的长谈开始了。

刘邦放下酒樽,问韩信:"昭平侯和丞相多次向寡人推荐将军,说将军乃旷世奇才,经天纬地,天下无双。今日既拜大将军,不知大将军对眼下局势,有何良策教我?"

对于这个问题,韩信早已思考良久。听到刘邦发问,他没有直接回答,而是反问道:"主公,恕臣斗胆,就目下而言,您最大的对手便是项王,可是如此?"

刘邦点头说道:"正是。"

韩信再问:"那么敢问主公,您认为您和项王,就勇、悍、仁、强这四点来说,谁更胜一筹?"

刘邦脸上突然现出愠怒之色,沉默了半天才开口道:"将军说的这四点,寡人都不如项王。"

韩信也不看刘邦的脸色,接着说道:"恕臣直言,臣也是这样认为的。臣以前跟随项王有些时日,对他十分了解。项王勇猛非常,这一点无人能及,即便是面前有千军万马,只要他大吼一声,敌人都被吓得争先恐后地逃跑,但他不会任用贤士,这个勇便是匹夫之勇了。"

韩信稍微停顿了一下,又说:"项王待部下真诚、仁慈、大方。遇到将士生病了,他会毫不吝啬地将自己的食物分给对方,甚至会流下眼泪。但每次打了胜仗,论功行赏的时候,项王总是舍不得给有功的人分封官爵,他把印绶全部揣进自己的怀里,棱角都磨圆了也不愿意送给别人。所以,项王的这种仁慈不过是妇人之仁罢了。"

刘邦听了点头微笑,心中暗自赞叹道:果然是个了不起的人才,说话鞭辟入里,把项羽的性格给看透了。多亏了萧何的推荐,若韩信被他人所用,我刘季必定又多出一个劲敌!

项羽的匹夫之勇,当时许多人都看出来了,但韩信侍奉项羽日久,更能精准地捕捉到项羽的妇人之仁,可谓十分难得。韩信眼光之独到,还远不止于此。他见刘邦脸色和缓了许多,又问道:"主公,臣还听说怀王和诸侯曾经约定,先入关中者为王,但绝对不能屠杀百姓,可有此事?"

"没错。"刘邦点头说。

韩信再问道："主公，是您先入的关中，按照约定应该由您来当关中王，可项王违背诺言，把您封到了巴蜀这不毛之地，您觉得这对您公平吗？"

提起此事，刘邦不由得满肚子的怒火呼呼地往外窜。他咬牙切齿地骂道："项王出尔反尔，没有一点信用可言，亦不遵怀王之命，寡人正是因此，才一定要跟他争天下。"

等刘邦骂完，韩信又接着说道："如今项王虽然称霸天下，并分封十八路诸侯，他却没有驻守在关中，而是一把火烧毁咸阳，然后据守彭城。他所过之处，无不生灵涂炭，百姓怨恨且不亲附他。另外，项王在分封诸侯时也怀有私心，将自己的心腹亲信全都封到富饶之地，而将原来的诸侯都赶到偏僻的地方。这些都引起了很多诸侯的不满。不仅如此，项王还将义帝楚怀王分配到遥远的不毛之地——郴县，又派人将其杀害。他的亲信也都跟着效仿，纷纷赶走自己封地上的君主，然后取而代之。所有这些，都招致天下人的反对。所以众诸侯并不真心臣服，只不过惧怕项王，敢怒不敢言罢了。由此可见，项王早已失去了民心，此时已外强中干，主公的机会来了。"

韩信的一番高谈阔论，彻底把在场的所有人都震住了，虽然以当今眼光来看，这不难分析，但在当时项羽占有绝对优势的情况下，他的独到见解以前从来没有人说过，大家都用钦佩的目光看着他，等待着他继续说下去。

韩信环视众人一眼，又转向刘邦，说道："主公如果想要得到天下，倒也不难，只要做到一句话……"

刘邦顿时两眼放光,迫不及待地问道:"什么话?将军快说!"

韩信像是故意吊刘邦的胃口一样,移开自己的目光,看向众人,不慌不忙地说:"反其道而行之。"

"反其道而行之?"刘邦紧盯着韩信,双眉紧皱,似在凝神沉思,过了好一阵子才又问道,"请将军明言,怎么反其道而行之?"

韩信胸有成竹地说:"主公若能任用天下贤能勇武之人,率军东进,何愁对手不被消灭?把得到的土地分封给有功之人,那些得到土地的臣子必定会衷心拥戴您。就眼下而言,主公率军讨伐已失去民心的项王,实乃正义之师,而我汉军将士随主公来到这不毛之地,无不思念家乡,盼望早日东归,顺从将士东归的心愿,率领思乡心切的勇武之士实现他们攻回故土的夙愿,何愁敌人不被打垮呢?"

"将军说得太好了!"刘邦点头称赞道,随后又提出一个问题,"那依你之见挥师东进,平定关中可有胜算?"

韩信略一沉思,道:"臣了解到,如今驻守关中的章邯、司马欣和董翳原本都是秦朝大将,也都是带兵多年的老将,其部下多为三秦子弟,追随他们征战南北,被杀死和逃亡者不计其数。后来章邯他们向项王投降,欺骗部下说,归顺项王之后会得到很多好处。部下们也都相信了,谁知道项王翻脸无情,到达新安后,将投降过去的二十多万秦兵全都给活埋了,只留章邯、司马欣和董翳三人,三秦父老因此对他们恨之入骨。而今项王凭借威势,强行封这三个人为王，实际上秦地的百姓都不拥戴他们。"

刘邦一边听一边点头。

韩信见状，继续说道："主公当初进入关中之后，秋毫无犯，又废除了秦朝酷刑，并约法三章，拯救百姓于水火。所以，三秦父老无不盼望主公能留在关中。他们也都知道楚怀王与诸侯间的约定，知道主公您理应在关中称王这件事，等到听闻项王强行夺去您应有的爵位，把您封到偏远的汉中为王，秦地百姓无不愤恨、遗憾，都期盼主公能够重回关中，而项王兵进咸阳后，大兴杀伐，更失人心。如果主公现在挥师东进，关中百姓必定夹道欢迎。所以，主公只要发几道檄文，细数项羽罪状，振臂一呼，很快就能克敌制胜，平定三秦之地。"

刘邦听到这里，更对韩信佩服得五体投地。他兴奋地站起身来，走到韩信跟前，伸出双手紧紧地拉住了韩信的一只手，激动地说："将军真乃盖世奇才！寡人只恨与将军相遇太晚啊！为今之计，还要劳烦将军悉心筹划，早定良策，与寡人共谋天下。"

韩信闻言叩首道："承蒙主公抬爱，臣定当恪尽职分，效犬马之劳，万死不辞。"

刘邦赶紧伸手将韩信搀起来："将军快快请起，既拜将军为三军之帅，那在寡人面前不必拘礼。以后，大将军之令即为寡人之令，有违命抗命者，斩！"刘邦的一众老臣已对韩信的能力不再质疑，又听刘邦下此严令，齐声允诺。只有樊哙依然不服韩信。

韩信此番言论，史称"汉中对"，比诸葛亮的"隆中对"时间更早，格局也更大，"汉中对"为刘邦勾勒出了逐鹿天下的霸主蓝图。韩信能够提出如此鞭辟入里的论断，有三样东西是不可或缺的：一是兵法谋略，二是战争实践，三是将兵法谋略与战争实践相结合的分析思考能力。值得称赞的是，在登坛拜将之前，卑微的身份没有限制住他的眼界与格局。从此，属于韩信的时代开启了。

第五章 奇谋统万军

第一节 明修秦岭栈道

韩信走马上任之后，遵从刘邦之命，开始紧锣密鼓地为汉军东进做准备。

从巴蜀到三秦之地，路途遥远，道路难行，若大军浩浩荡荡地出动，一是行军缓慢，二是极易暴露，不等汉军抵达，恐怕项羽早已得到消息，布下天罗地网，严阵以待。汉军与楚军在实力方面本就悬殊，若以长途跋涉的汉军疲惫之师硬碰硬地面对以逸待劳、厉兵秣马多日的楚军威武之师，只能是以羊投虎，绝无半点胜算。若想成功东进，只能另想它途，对于这一点，韩信在拜将之前就已经看得非常透彻，并且对东进计划也考虑过无数遍。

为保证万无一失，韩信在制定方案的同时，又分别派出几拨斥候四处打探路途，并到三秦之地、彭城及其他各地探听敌情。

这天，刘邦又召韩信前去议事，等韩信赶过去时，丞相萧何和曹参、樊哙等一众将领已经早一步到了那里。

众人落座后，刘邦将目光转向韩信，问道："韩将军是否想出了东进破敌之策？"

韩信回道："禀主公，计划还在制定中，臣正要禀明主公，八月秋高马肥时，正是出兵东进的最佳机会，然……"

"八月出兵？谈何容易呀！"还没等韩信把话说完，樊哙就大声打断了他的话，"从南郑到三秦，只有一条鸟不拉屎的栈道可做行军之用，但在来时已被我们烧了。眼下连那些因思乡想逃回老家的将士都哀叹无路可逃，更何况是千军万马行军打仗呢？栈道不修好，如何行军？如何出兵？"

韩信本来就性情孤僻冷傲，说话突然被樊哙打断，他冷冷地看了樊哙一眼，没有争辩，欲继续刚才的话头。

这时，刘邦猛地拍了一下大腿，哀声长叹起来："唉——！当初入巴蜀时，寡人采纳张良先生之言，放火烧了栈道，绝了我汉军后路，如今想要东进，难啊！也只能等将栈道修好之后再作打算，可想要修好栈道，绝非一朝一夕之事，难啊！韩将军想要八月出兵，以寡人看来，几无可能！即便我军修好栈道，能够出兵，也一定会被项羽早早发现意图，提前防备，那样一来，我汉军等于是自投罗网、自寻死路啊！"

韩信点头应道:"主公所言极是,但主公也不必为烧毁栈道而懊恼,重修便是。当初烧毁栈道的决断是非常英明的。项王本来就对主公心存猜忌,之所以三分秦地,就是为了借雍王章邯、塞王司马欣、翟王董翳三王的势力牵制、监视主公。当初若不烧掉栈道,必会遭到秦地三王的连番袭扰,以我军那时的实力,断不能与项王作对,与秦地三王硬拼。如此整日备受侵犯,战战兢兢疲于应对,必会导致军心涣散,百姓惊惶不安,哪还有治国理政和壮大实力的可能?"

刘邦内心虽然认同韩信的看法,但脸上已呈现焦躁和失望之色:"韩将军说的这些寡人都明白,但寡人如今思虑的是东进之策该如何一举制胜。对于重修栈道,寡人不是没有想过,方才也已说过,即便劳师动众修好栈道,以我军现在的实力,也不宜八月出兵。此事再议吧,寡人有点累了,散了吧。"

刘邦说完,有气无力地朝众人摆了摆手,自己也欲从案几前站起身来。萧何等人互相看了一眼,也打算起身离座。这时,韩信却又蹦出一句话来:"主公,臣所说的修栈道,并非为出兵东进做准备,而是另有他用。"

"哦?"刘邦刚刚起身,听了韩信的话又重新坐了下来,"将军此言何意?快说来听听。"

韩信清了清嗓子说道:"以我军与项王势力比较,即便栈道之前未被烧毁,现在若仍从来时之路出兵三秦,也无取胜把握。因此当用奇计、出奇兵,趁项王及秦地三王未察觉时悄然发兵,攻其不备,出其不意,方能出奇制胜。主公、樊将军及我军将士忧虑的,是出兵取道之事。据臣所知,穿越秦岭出兵东进,并非只有已被烧毁的子午栈道一条路,臣近日已派斥候多方打探路途,并据此想出一计来,正要禀明主公。"

"将军请讲,快快请讲!"刘邦急不可耐地催促道。

韩信说道:"据斥候所探,有一条陈仓古道能为我军东出之用。臣已让斥候找好了向导,经向导指点,臣心中已有了初步谋划:我军若取道金牛道、百牢关一路向东北迂回行进,再折返向西北,渡沮水,经分水岭、兴城关抵兴州界,然后入故道川至凤县,沿故道水至黄花川,一路再向东北折返迂回,翻越黄牛岭、散关,一路长驱奔袭,直取陈仓(今陕西宝鸡),然后取道陈仓,直入三秦腹地,趁秦地三王防备不及之时一击制敌,定能大获全胜。"

"妙!此计极妙!"刘邦高兴得又拍起了大腿。萧何等人听了韩信的计策之后也都兴奋不已,连连夸赞韩信的计谋。

樊哙此时又憋不住了,他说:"大将军此计固然很好,但既作如此打算,还修那栈道做什么?"

听了樊哙的疑问,韩信开口说道:"孙子有云,'用兵者,诡道也'。奇兵突袭,在于行事机密,一则需快,二则需防备敌人知晓我方动向,趁敌人防无所防、备无所备之时方能实施生效。但迂回取道陈仓,一是路途遥远,二是全为崎岖小道,艰阻难行,想要快速行军,迅疾抵达陈仓是很难做到的。若我方行军意图被秦地三王探知,不仅不能获胜,反而会有被围堵伏击、全军覆没的危险,因此必须布下迷障,以假象乱敌耳目。臣认为,我军应一边悄然发兵，一边派一部人马修筑栈道，不仅要修，还要大张旗鼓、大造声势，让秦地三王都知道动静，从而麻痹他们，放松戒备。当秦地三王的注意力全为此吸引，我军主力便能神不知鬼不觉地顺利行进，达到取道陈仓的目的。"

说到这里，韩信又转向刘邦禀报："主公，臣还有一个好消息，根据斥候的回报，齐国田荣因不满项羽将田都立为齐王，因而自立为齐王，杀田都反楚。田荣已统一了三齐之地，正准备和项王交战。项王也在调集兵马，全力应付田荣，一时顾不上关中，这正是我们起兵向东的大好时机。臣建议趁八月秋高马肥之际尽早出兵，还请主公定夺。"

"好！将军真是神机妙算！寡人心意已决，八月出兵！"刘邦兴奋异常，对着众人发话道，"军中诸般事宜，全凭大将军韩信定夺，不必向寡人请示。三军将士须遵大将军号令行事，有不听号令者，斩！"刘邦再次强调了韩信的权威。

樊哙、周勃次日即点齐本部人马，两部合在一起有一万多人，从汉中出发后，又故意拉长人马之间的距离，远远望去，似乎有几万人之众，一路浩浩荡荡地往秦岭栈道开进。

不几日，两部人马就赶到了目的地，开始了修复栈道的工作。一向幽静的秦岭顿时沸腾起来，将士们以为这是要杀回关中的前奏，强烈的思乡之情使得他们干劲十足，一心想把栈道修好，早点打回老家去，因此干起活来都格外卖力。

而南郑军营则是另一番景象，韩信每日都指挥三军将士演练不同的阵法，刘邦有时也会亲自到场助威。

这天午后,刘邦在萧何等人的陪同下又来到练兵场。为了不影响韩信指挥演练,他们只是站在附近高处远远观望,只见三军将士军阵肃穆,各部人马随令旗所指或攻或防对阵厮杀,整个练兵场战鼓咚咚,号角阵阵,阵型瞬息万变,气势壮观恢宏,看得人眼花缭乱。

刘邦一边看,一边对萧何等人夸赞道:"寡人得韩信,真乃上天造福啊!在短短的时间内就将三军将士训练得如此威武雄壮,真神人也。寡人观当今天下豪杰,智勇韬略,没有超过韩信的了。"

每日的训练直到酉初时分才结束,到了晚间,韩信又严格督促各部将士打磨兵器,检查马匹、装备。等忙完这一切之后,他就命人将向导召唤到跟前,与之详细交谈——自从斥候找来向导,韩信就让他留在军营之中,每日必抽出时间听向导讲述路况,哪怕一山一水、一桥一木都不轻易放过。当向导讲述山地路径时,韩信会详细打听山坡的陡峭程度及人马通行的难易程度;当向导讲述谷地时,韩信又会询问谷地有多开阔,有多少山民居住,山民是否经常外出;当向导讲述峡谷溪流时,韩信则会询问溪流的长度及深浅缓急情况……通过与向导的每日交谈,韩信对出兵路线已了然于胸,并对行军时间也有了详细规划。

萧何这段时间也没有闲着,日夜不停地部署得力之人,督促兵器战车的打造进度,筹备各种军需物资……所有战备工作都在严格保密中紧张有序地进行着。

在樊哙、周勃开拔的同时,韩信也早早地部署了一队人马,携带土木作业工具悄然向陈仓方向开进，逢山开道，遇河则架设浮桥，为主力开拔做好充分的准备。

这天晚上，废丘的雍王宫内灯火辉煌，管弦之声婉转悠扬，章邯和一帮幕僚臣子一边饮酒一边欣赏着舞姬们的曼妙舞姿。正在众人纵情声色之时，一名将官神色匆匆地走了进来，大声禀报："禀主上，斥候来报，汉王的军队正在重修秦岭栈道！"

章邯挥手让乐师、舞姬退下，然后问在座的幕僚臣子："诸位对汉王重修栈道一事怎么看？"

一位幕僚笑道："汉王老贼不自量力，他命人重修栈道，无非是想打回关中，我看他是真的吃了熊心豹子胆，也不想想有主上在此凭险据守，再多的部队也休想过去。就凭他现在那点兵力，还想过雍地这一关？简直是做梦！"

章邯及众幕僚听了都大笑起来，笑过之后，他们又七嘴八舌地嘲讽起刘邦来："刘邦也真够蠢的，如今想起修栈道来了，既然如此，当初又何必烧毁它呢？"

"一把火烧掉容易，再想重新修建起来，可就难啰！"

"就让他仔细修吧，看他猴年马月能修好！"

"即便他修得再快，没有三五个月，恐怕也完不了工。"

"栈道修好又能如何？那么狭窄的小道，哪里适合大队人马通行？"

"还想打回关中？我看汉王是痴心妄想！"

"等他修好栈道，主上正好以逸待劳，把汉军围堵到秦岭腹地一举歼灭，然后沿着他修好的路一直打到他南郑老窝去。"

章邯听了幕僚臣子的议论,也放下心来,但他转而又想,刘邦是极有城府之人,为何会做出如此鲁莽愚蠢之事呢?难道他在耍什么鬼把戏?他收起笑意,严肃地说:"我等切不可掉以轻心,应早做防备。最近多派些斥候出去,务必要将汉王那边的情况打探清楚。"

　　几天后,斥候陆续返回,带回消息说:"汉王拜韩信为大将军,眼下汉军都是由韩信发号施令。派大军重修栈道,正是韩信的主意。"

　　"什么?拜韩信为大将军?!"章邯以为自己听错了,追问道:"是过去项王身边的那个执戟郎中韩信吗?"

　　斥候点点头:"正是。"

　　章邯忽然爆发出一阵狂笑,说道:"一个甘受胯下之辱的卑微小人,能成什么大气候!刘邦真是有眼无珠,或许是真的无人可用了,竟然让一个胯下懦夫当大将军,真是自寻死路呀!"

　　章邯前几日还悬着的心终于放松了下来,他一面派使者将探知的消息报知项羽,一面则放松了对刘邦的警惕,只派了一支人马把守栈道入口,时刻探报,再未做其他防范措施。

第二节　出奇制胜的陈仓之战

　　当韩信暗中筹划出兵东进时,齐鲁大地正上演着激烈的战事。

齐国田荣反叛之初，项羽受陈平的蛊惑，派范增率兵前去平叛，殊不知陈平的目的是减轻刘邦的压力。然而齐地的反叛不仅未被范增平息，反而愈演愈烈。项羽从咸阳东迁，定都彭城，稳定了局势之后，便召回范增坐镇彭城，他自己则亲率人马开赴齐地，与齐王田荣展开了一场异常胶着的厮杀。

这天，项羽又率部和齐军展开激战，双方杀得天昏地暗，流血漂橹。

天近黄昏，双方息兵罢战，项羽回到中军帐，刚刚卸下盔甲，一个将官走进来禀道："禀报君上，历阳侯范将军特地派末将送来废丘雍王使者传递的消息，据说汉王有异动，正在秦岭修复栈道，有进取关中之意。"将官边说边将两支用蜡密封的竹筒呈给项羽。

项羽接过来，打开其中一个竹筒，见里面是章邯亲手所写的帛书。章邯在书信中详细陈述了斥候探知刘邦拜韩信为将及樊哙、周勃重修栈道的情况，并说明了自己对刘邦动向的看法："臣以为汉王刘邦及韩信匹夫皆不足为虑，望君上万勿挂忧，有臣在此把守关隘，汉王若敢反叛谋逆，臣定让他葬身秦岭腹地，绝不容其踏入秦地半步。"

项羽看后冷笑两声，一边在军帐中来回踱步，一边皱起眉头恨声说道："可恨韩信匹夫，寡人待他不薄，他竟敢背叛寡人，投奔刘邦小人，如今居然又被拜为大将军，实在可憎，又着实可笑！"

那位将官接话道："韩信不过一胯下懦夫，何德何能，居然被汉王拜为大将军?看来汉王是有眼无珠,军中乏人,君上不必过虑,也不必为此等小人动气。"

"此言谬矣!韩信有勇有谋,并非懦夫,其勇武才智绝不在尔等之下,但他被刘邦拜为大将军,是寡人未料到的。以寡人看来,韩信未必能担此大任,从他刚刚上任即怂恿刘邦重修栈道一事来看,可以说愚蠢至极……你来时,亚父有何嘱咐?"

将官回答道:"历阳侯说,他对君上的建言都写在书信里,他还再三嘱咐卑职带话给君上,说汉王乃心腹大患,韩信也非等闲之辈,绝不可小觑。他已派出斥候多方打探汉王动向,建议君上尽快结束齐地战事,出兵南郑,全力剿灭汉王势力。"

项羽打开范增的信函,一边看一边漫不经心地说:"此地战事正吃紧,如何能轻易抽身?你速速返回彭城,让亚父代寡人下令给秦地三王,让他们仔细留意汉军动静,严把各路关口,多加防范。一旦发现汉军出兵秦岭,及时报来,并合力围堵歼灭之。等寡人平定齐地叛军,将直捣南郑,摧毁刘邦巢穴。"

之后,项羽没怎么把刘邦的动静放在心上,而是继续专注于和齐国作战。

八月的南郑,已经秋收完毕,正是粮足马肥的时节。

韩信接到斥候来报,项羽正亲率大军在齐国平叛,战争处于胶着状态,项羽受困,恐一时难以脱身。韩信心中大喜,觉得出兵的机会来了,于是急忙赶到宫中拜见刘邦,请求发兵。

刘邦听了韩信的禀报也很高兴:"好!甚好!真乃天赐良机啊!"他命人召萧何、曹参等一众文武大臣商议出兵之事。

韩信建言道："臣愿率前锋先行出发，悄然绕过散关守军，直捣陈仓，即便项王及秦地三王有所察觉，也为时已晚。主公可亲率主力随后跟进，同时召临武侯樊哙、威武侯周勃两位将军迅速从秦岭撤军，从陈仓古渡口渡过渭河，两部兵马合为一处，攻打大散关。三路兵马合力突袭，又互成掎角之势，使秦地三王不暇相顾，必能大获全胜。"

刘邦随即下令，明日丑时，韩信率前锋先行开拔。刘邦于两日后率主力随后跟进，并派人急召樊哙、周勃从秦岭悄悄撤兵，只留数百人在那里继续修筑栈道，以迷惑敌人。萧何留守坐镇南郑，负责为大军筹备、输送粮草军需。

众人讨论了大军开拔之后可能会出现的各种意外，制定了不同的应对之策，直到大家都认为谋划已无疏漏之处，方才散去，分头准备。

次日丑时，在向导的引领下，韩信率领人马悄然出发。一场大规模的军事行动在紧张神秘的气氛中拉开了帷幕。

前锋部队全都一身轻装，人衔枚，马裹蹄。刚从南郑开拔时，为避免动静太大，韩信令部队昼伏夜行，披荆斩棘，快速行进。等队伍迂回进入金牛道、百牢关一带之后，一路之上的人烟越来越稀少，道路越来越难行，许多陡峭之处单人单马才能通过，队伍只能拉开长线，在人迹罕至的羊肠小道排成弯弯曲曲的长蛇阵，小心翼翼地朝前迈进。

转眼已过去旬日，韩信的前锋部队已翻越黄牛岭、散关地带。这天黎明时分，天边已泛起鱼肚白，深秋的山风阵阵吹来，让人觉得格外寒冷。

韩信带着向导和几名侍卫登上一处最高峰，举目朝东北方向望去，在微曦的晨光中，似有几座村落房舍散落于连绵群山包围的低洼谷底，影影绰绰，寂然无声。向导说："大将军，陈仓大概还需三百里路程，又被群山遮掩，站在此处是看不到的。"

韩信点头说道："三百里路程，若一路急行军，不到两日工夫即能抵达。"他那不轻易流露表情的脸上浮现出一丝喜色。

陈仓位于八百里秦川西端，是关中和汉中之间的咽喉，地理位置非常重要，占领陈仓，就等于往三秦之地跨进去一只脚。眼看部队在神不知鬼不觉中已悄然接近目的地，韩信心中自然十分兴奋。

又经过两天一夜的急行军，韩信所率前锋终于在深夜时分来到陈仓城下。明净的月光温柔地洒落下来，夜色是那么沉寂，又是那么安详。

在城外一处森林暂时隐蔽休整后，韩信召集手下将领悄悄来到一片高地上，远远地望着苍茫夜色中的陈仓城，隐约可见城墙上有数个巡逻的士兵在来回走动，看来敌人丝毫没有防备。韩信放心了，先就攻城计划及各部兵力进行了详细部署。

半个时辰后，几十名精兵悄然渡过护城河，然后又悄然摸到陈仓正门外，将一个个绳梯抛上城墙，这些精兵顺着绳梯迅速攀爬上去，悄无声息地解决了在城墙上巡逻及箭楼上守卫的敌兵。

不一会儿，城外亮起了大片火把，"杀呀——"如雷声般的呐喊声突然响彻云霄。

陈仓守军在酣睡之中被震天动地的喊杀声惊醒，迷迷糊糊地爬起来仓促应战，一大批人马涌向城门城墙。先行爬上去的守军已分为两拨，一拨朝城门冲杀，一拨把守城墙梯口，拼命阻止对方登上城墙，但因寡不敌众，箭楼、城墙很快又被韩信部占领。

当守军往城外一看，顿时失去了斗志。原来，韩信的大队人马正一边呐喊，一边如潮水般朝城门涌来。一座座浮桥迅速架到护城河上，一支支云梯又迅速竖立在城墙之外，一排排训练有素的勇士顺着云梯往上攀爬，刚杀退一拨，另一拨很快又冲了上去。战车、巨木撞击城门和城墙的声音惊天动地。

城墙上的敌军被吓得魂飞魄散，稍稍抵挡了一阵之后就纷纷退下城墙，向城内逃去。城门处的守军见此情形，也放弃抵抗仓皇逃离。陈仓守将斩杀了几名从城门退下的逃兵，气急败坏地下令道："谁敢退却半步，格杀勿论！"但城门很快被先行入城的汉军士兵打开。

韩信一身银盔银甲，肩披黑色斗篷，手执长剑，骑在马上镇定地指挥作战。他见城门被攻破，挥剑大声命令道："冲！"随即一马当先朝城内冲去。

韩信率领人马一路砍杀，很快冲入城内。此时另外两边城门也已被攻破，汉军三支队伍在城内汇合后，排山倒海般朝陈仓守军大本营杀去，很快就与其主力遭遇，双方立即混战在一起。一时间，喊杀声、刀枪的碰撞声、凄厉的惨叫声交织在一起，将本来寂静的夜晚搅成了一锅乱粥。

战斗一直持续到天亮才结束，汉军大获全胜，占领了陈仓。刘邦和樊哙、周勃率领的人马也顺利地拿下了大散关。

第三节　章邯与项羽的失策

汉军攻占陈仓的消息传来后，章邯大惊失色，口中连呼上当，这时他才醒悟过来，原来刘邦大张旗鼓地重修栈道，是为了迷惑自己，都怪自己一时麻痹大意，被对方钻了空子。陈仓为三秦重地，如此轻易失守，项羽怪罪下来，自己如何承担责任。想到这里，他心中一阵烦闷。

但容不得章邯细想，汉军占领陈仓已成事实，他只能匆忙调兵赶去救火，企图夺回陈仓，把刘邦踏进三秦之地的那只脚斩断。

但结果恰好相反。在韩信的筹划下，汉军经过一夜的短暂休整，早已做好了应敌准备，等章邯率领大军行进到距离陈仓还有十几里的地方时，突然遭遇了汉军的埋伏，两侧的高地上滚石、箭矢如急雨般飞落。章邯军毫无防备，顿时阵脚大乱，惨叫连连，死伤无数。

章邯眼看着军队受挫，又惊又怒，急忙稳住军队，与汉军对阵，但两边高地上又冒出了更多的汉军人马来。

伴随着一阵阵喊杀声，汉军奔下高地，朝章邯军队呼啸而来。汉军将士在汉中待的日子久了，思乡之情如烈火般在胸中熊熊燃烧，打回老家的强烈欲望在战斗中更是化为了无穷的力量，让他们舍生忘死，战斗力无比强大。

在汉军的凶猛攻势下，章邯的士兵纷纷后退，阵脚很快大乱，即便章邯连连砍杀了几个退兵，也止不住军队溃退的步伐。这时猛将樊哙、周勃又带兵顺山路杀来，与韩信合兵一处，很快将章邯打得大败。

章邯这个昔日的无敌神将竟然败在了韩信这个无名小子手里，他又羞又恼，但又无可奈何，只好带领残兵从陈仓仓皇败逃。汉军紧追不放，在好畤（今陕西乾县好畤村）终于又追上了章邯军队。章邯一败再败，带领残兵败将逃进了废丘城，龟缩进城后再也不敢应战。

刘邦、韩信越打越起劲，统帅各路人马基本平定了雍地，一路向东挺进，攻占了咸阳，然后一面派重兵围困废丘，一面发兵攻打司马欣的塞国和董翳的翟国，一面派遣将领平定了陇西、北地、上郡等地，又令将军薛欧、王吸出兵武关。后来，汉军在北地俘虏了章邯的弟弟章平。

但章邯也不是等闲之辈，昔日常胜将军的称号绝非浪得虚名。他下令严防死守，把整座废丘城打造得滴水不漏，无论汉军如何攻打，就是拿不下来。

章邯拒不向刘邦投降，是有他的理由的。他认为项羽肯定不会坐视刘邦入侵三秦而不理，只要自己再坚持一阵，项羽一定会来营救自己，到时他们内外夹击，不愁打不退刘邦的围城军队。但这次他的如意算盘彻底打错了。

项羽并没有过来给章邯解围，而是继续带着主力部队与齐国酣战。他之所以不挥军西进,解救三秦之急,很大程度上是因为张良给他写的一封信。

张良与刘邦分别之后,又赶回去辅佐韩王成,这时韩王成已被项羽挟持到了彭城。项羽非常欣赏张良的才干,多次劝张良投到自己门下,但都被张良婉言拒绝。项羽非常生气,不久就把韩王成贬为韩侯,后来干脆把韩王成给杀了。

身为韩国贵族,心怀复国之志,一心想要辅佐韩王成建功立业的张良听说韩王成被项羽杀死,怒火中烧,内心恨透了项羽。这时刘邦已杀出汉中,为了阻止项羽去攻打刘邦,更为了报复项羽,张良在充分揣摩项羽的心理之后,给项羽写了这么一封信:

"汉王刘邦本应是关中王,却没能如愿,如今起兵无非是想拿回自己本该拥有的封地,并不是针对项王您。只要您能让他实现愿望,他也就满足了,不会再有别的想法。当务之急是您的北边,齐国和赵国联合起来反对您,并煽动诸侯一起反叛,他们才是您的心腹大患。我这里就有他们煽动诸侯的文书,现作为铁证一并寄给您,望您见信后早作决断。"

张良果真随书信附上了齐国、赵国的两封煽动诸侯反叛项羽的密信。项羽见信后犹豫了一番,最后按照张良点明的路径,继续与齐国交战。

项羽这么做,也许是因为他内心深处对章邯这个杀死自己叔父项梁的仇人还有刻骨之恨,虽然章邯投降了自己,但项羽心里依然恨他。总之,项羽没听范增的劝告,放弃了援救章邯的计划。

张良给项羽写了那封信之后，就悄悄地收拾东西，逃出了项羽的掌控。不久他又来到刘邦身边，正式成为刘邦的臣子，为刘邦出谋划策。

由于项羽一时失策，刘邦在韩信的辅佐下，一路在关中攻城略地。塞王司马欣和翟王董翳根本不是刘邦军队的对手。很快，除了废丘之外，八百里秦川全部落入刘邦手中。

刘邦没有就此歇兵，又乘胜向河南出兵，很快夺取了河南的大片土地，河南王申阳见势头不对，赶紧向刘邦投降。

此前，刘邦的同乡兼盟友、割据南阳的王陵率领人马抵达阳夏（今河南太康），打算与汉将薛欧、王吸合兵一处，返回老家沛县去接自己的母亲及刘邦的父亲刘太公、妻子吕雉。项羽得知消息后，派兵在阳夏县阻截，并急忙封自己的朋友、吴县县令郑昌为韩王，让他抵挡汉军。王陵、薛欧、王吸所率人马途中受阻，不能前进。刘邦大怒，命韩信率兵攻打郑昌，韩信出兵后很快打败了郑昌的军队。

汉二年（前205年），汉军从临晋（今山西运城临猗）渡过黄河，首先进攻西魏的河东等地。西魏王豹没有做丝毫的抵抗，直接献城投降了。刘邦未伤一兵一卒便拿下河东，随后进军河内。驻守河内的殷王司马卬率兵抵抗，依然不敌势如破竹的汉军。司马卬被俘虏后也归附了刘邦。

刘邦在这里设置了河内郡，然后在黄河北岸的修武（今河南焦作修武）安营扎寨，作短暂休整。

第四节　张良的推崇

河东、河内失守，西魏王豹投降，以及司马卬被俘的消息传到了正陷于齐国泥沼的项羽耳中，气得他暴跳如雷。他决定杀掉之前平定殷地的功臣以泄愤，陈平赫然在列。

陈平很快得知了消息，于是在一天深夜派使者将项羽赏赐的金和印归还给他，骑马出了营房，抄小路直奔黄河，然后渡过黄河，通过魏无知的引荐来到修武，投奔刘邦帐下。刘邦与陈平交谈一番之后大喜过望，当即任命陈平为都尉，让他做参乘，出行时与自己同乘一辆车，并命他监护三军将校。

得了陈平以后，刘邦更是如虎添翼，率军从平阴津（今河南孟津东北）渡过黄河，占领了洛阳，然后驻扎下来，又作短暂休整。

这天，新城一个名叫董遮的老者求见刘邦，提起义帝熊心被项羽杀害之事，并对刘邦说："义帝乃天下共主，当初天下联合抗秦时，项梁拥立熊心这个楚国王室子孙为怀王，正是因为有了怀王这个领袖，天下诸侯才共同聚集到一面旗帜之下，才有了薛地的诸侯盟约，暴秦才在众豪杰的联合攻打之下被推翻，其功劳实在是至大至伟，受万民尊崇。可项王不仅不尽为臣本分，反而倒行逆施，挟威乱上，先是架空怀王，改封义帝，逼其迁都，之后又暗下毒手，将义帝杀死，实在是大逆不道、不忠不义，天下诸侯为之离心，百姓为之共愤。若汉王以为义帝发丧复仇之名传檄天下，讨伐弑君逆贼，则众望所归，师出有名，天下诸侯及百姓必云集响应。"

刘邦闻听此言，如醍醐灌顶，当即下令全军为义帝熊心服丧三日，他自己则一身素衣缟服，袒露左臂，每日都号啕痛哭，率领三军遥祭义帝亡灵。

三日过后，刘邦颁布讨逆檄文，派使者传告各地诸侯："天下共立义帝，北面事之。今项羽放杀义帝于江南，大逆无道。寡人亲为发丧，诸侯皆缟素。悉发关内兵，收三河士，南浮江汉以下，愿从诸侯王击楚之杀义帝者。"

刘邦此举果然得到了天下诸侯和百姓的拥戴，共有五路诸侯加入了讨伐项羽的行列，他的兵力一下子达到五十六万之众，士气大振。经过一段时间的养精蓄锐，汉军人壮马肥，将士们一个个摩拳擦掌，渴望投入新的战斗。

刘邦见时机成熟，决定兵分三路，进攻项羽的老巢——彭城。其中，曹参、周勃、樊哙、灌婴及赵军等部为北路军，由朝歌（今河南鹤壁淇县）经定陶、胡陵，出萧县进攻彭城；薛欧、王吸、王陵为南路军，由南阳经叶县（今河南平顶山叶县）、阳夏，进攻彭城；刘邦亲率夏侯婴、卢绾、靳歙、司马欣、董翳、殷王司马卬、常山王张耳、河南王申阳、韩王信、西魏王豹等诸侯军，组成中路军，以张良为军师、陈平为参乘，由洛阳经雍丘（今河南杞县）、睢阳（今河南商丘市南）进攻彭城。

萧何负责镇守栎阳，筹集军资，补给前方。

韩信的任务是带兵围攻逃到废丘固守的章邯。

韩信正在围废丘城，还没来得及破城，刘邦那边却传来了一路遭遇惨败的消息。韩信命将士们短暂休整之后，急忙前去救援。

原来，刘邦顺利地攻取了项羽的都城彭城之后，得意忘形，不但将项羽储藏在库府中的奇珍异宝和宫中美人尽数收纳，还整日大宴宾客以示庆贺，完全放松了警惕。

刘邦向彭城进发时，项羽正在齐国酣战，田荣被平民百姓杀死，齐国本来已经投降了项羽，但项羽杀戮之心未改，将城郭全部烧毁，不仅将田荣的宗室子女一律掠走收押，府库里面的珍奇珠宝洗劫一空，而且大肆掳掠百姓。齐国百姓异常愤怒，很快又反叛项羽，田荣的弟弟田横拥立自己的侄子、田荣的儿子田广为齐王，据守城阳与楚军对抗。

项羽本打算消灭齐国之后再回师攻打刘邦，没想到刘邦三月出兵，到四月就攻占了彭城。项羽得知消息后震怒，命手下将领继续在齐国作战，他自己则亲率三万精锐，日夜兼程，回援彭城。当时刘邦正左拥右抱地和手下将领饮酒作乐，他做梦也没想到项羽会来得如此之快，遂仓促应战。双方从早上一直打到中午，汉军与诸侯兵合起来有五十六万人马，却不敌项羽如雄狮猛兽般的三万精锐，被打得丢盔弃甲。刘邦在夏侯婴等人的拼命保护下，仓皇逃出城外。

汉军全线溃败，项羽在后面紧追不舍，其中一支汉军向东往泗水、谷水方向溃逃，在逃到彭城东北的泗水岸边时，被项羽的军队追上，汉军无路可退，纷纷落入水中，淹死、战死的士兵达十余万人，泗水河被鲜血染红，尸体堆积如山。各路诸侯见刘邦大势已去，纷纷作鸟兽散，自寻出路去了。

刘邦率领军队一路向南逃窜，逃到彭城西南灵璧（今安徽东北）以东的睢水边时，又被楚军追上。前有睢水阻拦，后有虎狼般的楚军掩杀过来，汉军走投无路，纷纷跳入睢水逃命，又有十多万汉军或被楚军杀死，或在岸边被踩踏而死，或在河水中被淹死，尸体甚至堵塞了睢水。

刘邦被项羽大军团团包围，本打算向西北方向突围，但楚军逐渐缩小包围圈，把他们围得水泄不通，无论如何拼杀都无法突围出去。

刘邦眼看无路可逃，将要命丧此地。危急关头，天气突变，一阵飓风从西北角上刮来，并且越刮越大，越刮越猛，睢水岸边天昏地暗，飞沙走石铺天盖地而来，树木有的被拦腰吹断，有的被连根拔起，房屋瞬间被掀掉了顶盖。更为稀奇的是，这股强大猛烈的西北风仿佛是专门冲着楚军而来，刘邦这边几乎没受什么损害，但楚军被大风刮得人仰马翻，就连军中旗帜也被吹断了。一眨眼的工夫，天地间突然一片漆黑。楚军受到惊吓，阵脚大乱，士兵们自顾不暇，包围圈自然打开了缺口。刘邦见状，连夏侯婴护驾的战车也不敢坐了，急忙骑上一匹快马，带领几十个骑兵突出重围，一路向西逃窜。

刘邦本打算先逃回沛县老家，接上妻儿老小一起奔逃，但项羽预料到了这一点，他一面派人先行一步，赶往沛县抓刘邦的家眷；一面率领人马，在刘邦后面紧追不舍。

刘邦的家人知道刘邦战败的消息后早已离开家门，四散奔逃，等刘邦赶回老家时,家人都已不知去向。刘邦正沮丧郁闷间,又遇到了前来抓捕自己家眷的楚军骑兵,多亏夏侯婴驾着战车及时赶到,才得以再次脱逃。

刘邦在夏侯婴的保护下一路向西逃去,没想到在奔逃的路上居然遇到了自己的一双儿女——女儿刘乐和儿子刘盈。姐弟俩在逃离家门时与祖父刘煓、母亲吕雉等家人失散了。此时刘盈五六岁,女儿刘乐也才十来岁。失去了大人们的庇佑,两个年幼的孩子茫然无助,又累又饿,一边互相搀扶着仓皇奔逃,一边凄凄惶惶地呜咽悲泣。刘邦急忙将两个孩子拉到车上,也顾不上听他们哭诉,继续向西逃去。

但楚军的骑兵很快追赶了过来,刘邦见楚军越追越近,心里非常着急,催促夏侯婴打马快跑,但驾车的三匹战马因长途奔跑,已筋疲力尽,无论夏侯婴如何抽打,就是跑不起来。刘邦觉得马跑不快是因为车上坐的人太多了,增加了重量,带着两个孩子简直是累赘。

为了活命,刘邦也顾不了那么多了,他咬咬牙,伸手抱起两个年幼的孩子,流着泪叮嘱道:"我刘氏三人不能就这样死到一块儿,你俩先下去,找个树林赶紧躲起来,为父引开追兵,等为父逃出去之后再来接你们。"说完他狠下心肠,将两个哇哇大哭的孩子推落车下。

夏侯婴心中不忍,两个孩子惊恐绝望的哭声刺痛着他的心。他放缓车速,跳下战车,将摔倒在地的两个孩子重新抱回车上。

刘邦大怒,瞪着眼睛呵斥道:"你还不赶快打马奔逃?这是要干什么？想让寡人丧命吗？"

夏侯婴一边跳上战车，一边头也不回地应道："两子尚年幼，不能丢下他们，若被楚兵捉去或杀死怎么办？"

楚军骑兵越追越近，刘邦又急了眼，狠下心又将两个孩子推下战车，不料夏侯婴又将孩子抱回车上。刘邦又急又怒，拔出腰中宝剑，怒骂夏侯婴道："夏侯匹夫，你莫不是见我兵败，想拿我三人到项羽处请赏吗！信不信我一剑杀了你！"

夏侯婴沉声回应道："想杀您就杀吧，我的命随您拿去，我对沛公忠心不二，不能丢下少主不管，也不能看见您在生死关头抛弃骨肉却无动于衷而遭天下人耻笑。"

刘邦气急败坏地斥骂道："你糊涂啊！如此一来，寡人父子三人都逃不掉！都得死！还不如让两个孩子下车躲起来，或许能活命！"他边说边收起宝剑，又将刘乐和刘盈推下车去。

正在赶车快跑的夏侯婴听到孩子的哭声，干脆将战车停了下来。刘邦一见，又"噌"地拔出宝剑，指着夏侯婴咬牙切齿道："寡人原以为你对寡人忠心耿耿，如今你几次三番要置寡人于死地，看来是怀有二心了，寡人现在就杀了你。"

夏侯婴转过头来，一脸怒容地直视着刘邦，正色道："主上尽管杀吧！臣看主上是惊吓着急过头了，已迷失了心性。臣也知道如今情况万分危急，但马实在太疲惫了，与二位少主无关。无论如何不能将两个孩子扔下不管，楚军杀过来有臣在，拼上性命，也要保护主上和两位少主。"

夏侯婴说完又将两个孩子抱到车上，为防备刘邦再将两个孩子推下战车,他干脆将两个孩子抱在怀里,让他们面对面搂紧自己的脖子,一边安慰他们,一边驱赶战车徐徐慢行。

在后面追赶的楚军骑兵见刘邦的战车突然慢了下来,怀疑其中有诈,怕中了刘邦的埋伏,反而不敢追得太紧了。

夏侯婴见两个受到惊吓的孩子渐渐平静下来,驾车的战马也稍稍缓过劲来了,这才打马狂奔,摆脱了楚军骑兵的追赶,逃出了险境。他将刘乐和刘盈安全地送到丰邑,找了一个隐秘之所安顿下来。

刘邦随后派人四处寻找父亲刘煓和妻子吕雉,但一直不知道二人的下落。没过多久,传来了他最不愿意听到的坏消息:父亲刘煓和妻子吕雉全都落入楚军手里,成了项羽的人质。

原来,刘邦在沛县起事,被推举为沛公之后,任命自己最信得过的同乡好友审食其为舍人,委托他守在老家照顾自己的妻儿老小。在刘邦战败、楚军前来抓捕刘邦家眷的危急关头,审食其拼命掩护刘邦的家眷逃出沛县,但在逃亡途中不小心弄丢了刘邦的一双儿女。为逃避楚军追捕,审食其保护着太公刘煓和吕雉,沿着小路一边逃亡,一边寻找刘邦和两个孩子,不料遇到了正在搜捕他们的楚军骑兵。楚军骑兵将他们押解回军营,将这一大好消息禀报给项羽,项羽倒也没有杀他们,而是将他们留在军中当作人质。

刘邦十分难过,夏侯婴等人连忙安慰他说:"主公不必太过悲伤,项羽虽然生性凶残,但现在并未杀掉太公和王后,应该是想将他们当作人质,无非是想要挟主公而已,如此一来,太公与王后的性命是无忧了。只要他们还活着,就有机会营救。"

刘邦想了想,以自己目前的情况,也确实只能如此了。他只好收起悲伤,强打精神谋划出路。

刘邦思来想去,想到了自己的妻舅——吕雉的哥哥周吕侯吕泽。东进平定三秦等地之后,刘邦命吕泽带兵驻守下邑(今安徽砀山)。现在只有先去投奔吕泽了。

虽然已经累得筋疲力尽,但刘邦依然不敢走官道,专门挑选了一条崎岖不平的羊肠小道,异常艰难地往下邑奔去。没想到在小道上居然遇到了一拨又一拨从彭城逃散出来的汉军败兵,他一路逃亡一路收编组织,队伍渐渐又壮大起来。

更让刘邦惊喜的是,张良也在他即将到达下邑时赶了过来。

一见到张良,刘邦禁不住老泪纵横。张良连忙安慰他,告诉他一些好消息:"大将军韩信已攻占废丘,章邯战败自杀,韩将军一路收编败退逃散的汉军,此时已进驻荥阳护驾拒楚,并已差人传令樊哙将军前来接驾。臣与韩将军、萧丞相都认为荥阳地势险要,易守难攻,是抵抗楚军的好地方。萧丞相也已调集粮草军备,将关中没有载入兵役名册的老弱人丁全部带到荥阳,其余将领也正赶往荥阳与萧丞相汇合。主公鞍马劳顿,可在下邑小憩,养足精神,等樊将军赶过来后再由其护驾前往荥阳。"

听闻此言,刘邦稍微振作了起来。

抵达下邑军营后,刘邦从马背上被人搀扶下来,他屏退侍从人员,依靠在马鞍上,有气无力地对张良、夏侯婴、吕泽等人说道:"函谷关以东及其他地方的一些土地,寡人打算舍弃,拿来作为封赏。谁能为寡人建功立业，打败楚军，寡人就将这些土地赏给谁，封他为王。诸位说说，谁能帮寡人实现这个愿望呢？"

夏侯婴和吕泽互相看了一眼，没有说话。张良低头沉吟了一会儿，抬头望着刘邦，但嘴张了张也没有说话。刘邦看出张良有些顾虑，就对夏侯婴和吕泽说："你们先分头忙去吧，我与子房先生有话要说。"

等夏侯婴和吕泽走远后，张良这才开口说道："主公，恕臣直言，主公麾下部将虽多，且都骁勇善战，但都不足以辅助主公达成所愿。臣下观汉军将领，唯有大将军韩信可以托付大事，独当一面。主公若想成就帝王大业，非倚重此人不可。其余诸将都不足以与之共谋大事啊！"

刘邦点头道："先生所言极是。"

张良又接着说道："但项王兵多将广，实力远超汉军，主公只有一个韩信将军，势单力弱，还不足以与项王一争锋芒。臣认为还有两人可担当大任。"

"是哪两人？"刘邦示意张良接着说下去。

张良说道："一个是九江王英布，此人乃楚国猛将，原本与项王关系尚可，每次项王作战，英布都被派作先锋。但项王攻打齐国时，征调英布率军随行，英布却借口病重不能前往拒绝了，只派了一名将领带几千人马随项王出征，项王因此对英布心怀怨愤。主公攻打彭城时，项王正在齐国作战，派使者征召英布抵抗主公，英布又以病重为借口推辞了，结果导致彭城很快被主公攻破。项王因此对英布怨愤更深，多次派使者责备英布，并召英布与自己见面。英布怕项王暗算自己，心怀恐慌，不敢去见项王，两人结怨越来越深。项王现在既要与齐国作战，又要与我汉军对抗，实在分不出兵来对付英布，所以只得极力笼络英布，而没有对他发兵。主公今日若能派人说服英布反叛项王，为我军所用，他必能助主公成就大业。"

刘邦皱了皱眉头，犹豫了一下又问道："先生所说的第二个人是谁？"

张良也看出了刘邦的为难和犹豫，于是继续说道："第二个人是彭越，此人与主公早有交往，他的才能自不必臣下多言，主公早已见识。"

刘邦点头说道："彭越最擅长游击之法，曾多次助寡人作战。寡人对他指挥作战的本领非常佩服，他对寡人也极尽尊崇，也算得上惺惺相惜吧。田荣在齐国发兵反叛项王时，他曾任田荣部的将军，屡败项羽大军。此人确实是不可多得的人才啊。"

张良接过话说："确如主公所言，在推翻暴秦时，彭越也曾立下大功，但项王分封诸侯时，鄙夷彭越乃流寇出身，竟然不予以分封，彭越因此心怀不满，又因仰慕主公惜才任能之雅量，所以当时才愿归附主公，并屡建战功，但主公可知晓彭越如今的下落？"

刘邦有些惊愕地反问道："难道彭越也战败了不成？"

张良点头应道："正是！主公在彭城失利后，众诸侯又叛离主公，归顺了项王，西魏王豹也在摇摆观望之中。彭越似乎看出了苗头，又因丢失了城池，就率领人马从西魏王豹那里脱离出来，向北而去，如今独自驻扎在黄河沿岸。"

刘邦咬牙切齿地说："西魏豹老儿实乃反复无常的势利小人，他若真敢背叛寡人，待寡人安定之后，一定先发兵剿灭他。"

张良宽慰道："西魏王豹即使反叛也不足为惧，眼下要紧之事是速速派人联络彭越共同抗楚，再派人说服九江王英布。主公若真要舍弃关东之地，不如将其分割出来，赏赐给韩信、英布及彭越三人，封他们为王，而且必须速派使者执行此事。有了这三个猛将共谋大事，则楚军可灭，主公宏愿必成。"

刘邦犹豫地说："彭越与寡人交情甚好，联系他并不难，派一名得力使者送信过去即可。英布毕竟与项王相交多年，虽然他们现在有了嫌隙，但想要说服他，非有一个能言善辩之士出使不可。眼下寡人身边很难找到这样的人才，先让寡人仔细斟酌斟酌吧。"

刘邦在下邑驻扎下来，第二天就派使者联络彭越去了。至于说服九江王英布的使者，他连续想了几天，仍未能找到合适的人选。

不多几日，樊哙率兵赶到，还带来了一帮文臣幕僚。刘邦下令稍事休整，不日开拔，往荥阳进发。

一路之上，刘邦仍在思考说服英布的使者人选。人马行进到虞县（今河南商丘虞城）时，扎营休息。刘邦身边的幕僚为当前的局势及汉军如何发展争论起来，大家都想在刘邦面前好好表现一番，因此各显神通，争相发表自己的见解。

刘邦对他们说："寡人眼下正为出使淮南的人选而愁闷不已。

九江王英布与项王两人之间有了嫌隙,若能说服英布,让他反叛楚国,项王必派兵镇压,英布可以与齐国一起牵制项王的兵力,而我军则有了喘息之机。只需几个月的时间,寡人必能打败楚军,夺得天下。但现在最大的问题是,英布毕竟跟随项王征战多年,是项王麾下的一员猛将,两人之间交情颇深。而英布与寡人则鲜有交往,目前项王也正想办法笼络英布,而英布又非常忌惮项王,想要说服英布,难度很大。出使淮南,不仅可能劳而无功,而且英布可能会为了跟项王修好,杀了使者以邀功。诸位都掂量掂量,看谁有这个勇气和能耐能担此大任,替寡人去说服英布。"

众幕僚一听都面面相觑,低头而立,默不作声。刘邦见状十分失望。

这时,刘邦营中的谒者①随何犹豫片刻之后,往前挪动几步,然后挺直身子,高声道:"微臣愿出使淮南,请求汉王恩准!"

刘邦内心一喜,却不动声色,他看了随何半天,才伸长脖颈俯视着随何问道:"我已言明此行之难,你果真愿往险地吗?"

随何慷慨激昂地回应道:"若能为陛下分忧,微臣万死不辞。"

或许刘邦对随何说服英布根本就不抱希望,只是本着试一试的心态让他出使淮南,至少能够向英布示好。因此只给他安排了二十名随行人员,鼓舞他一番后,第二天就打发他出发了。

---

① 谒者:主管传达禀报的人。

第五节　荥阳阻击战

随何奉刘邦之命前往九江，英布却对他避而不见，根本不给他施展游说本领的机会。随何敏锐地捕捉到了英布的心理，便对负责接待的官员说："大王之所以不愿见我等是因为楚强汉弱，事实并非如此，我愿为大王献上一言，若我所言非实，大王可将我等全部处斩，以向项王誓忠。"

随何终于得见英布，在英布发问之前他便说："大王可知已有性命之忧？如今大王与项王有隙，而项王乃杀伐果断之人，即使楚强汉弱，大王又如何在楚保全性命呢？而汉王仁厚，汉军实力亦不在楚军之下，大王何去何从，应心知肚明矣！"

英布自知前番未去救援项羽，已将其触怒，此矛盾已无法调和，而随何所言刘邦势力日渐庞大确实不假，选择投靠汉军，也是唯一的出路。于是，英布选择了背叛项羽。项羽闻讯，立即派大将龙且率军前往镇压，英布牵制住了项羽的兵力。

这个时候，刘邦已赶到荥阳，与韩信、萧何等会合，与项羽展开了激战。

荥阳位于黄河中下游南岸，北有黄河、广武山两重天险，南有索河、嵩山作为屏障，东有鸿沟连接淮河、泗水，西有崤关连接洛阳、长安，四周万山交错，境内河流纵横，地势非常险要，是历代兵家必争之地。春秋时期晋楚争霸，曾大战于此；秦始皇灭掉韩国后，为控制中原地区，在这里不仅驻有重兵，而且在北部敖山上建有大型粮仓——敖仓，陈胜、吴广曾在此地与秦军发生过大规模战争。

韩信得知刘邦在彭城战败后，急忙率领军队一路向东前去救援。他刚离开废丘不久，一小队人马便从斜对面的一条小路上飞驰而来，滚滚烟尘中，一个熟悉的声音不停地高喊着："韩将军！韩将军！"

原来是镇守栎阳的萧何亲自赶来了。

韩信下令原地休息，又命人在路边的一块平地上简单搭起一个遮阳棚。二人在棚下坐定，互通情报之后，萧何着急地问道："韩将军，现今形势，你有何打算？"

韩信没有直接回答萧何的问题，而是转头对手下侍从说："取地图来。"

地图拿来后，韩信铺开地图，指着其中一处说道："这里是荥阳城，地势险要，乃四方交通咽喉之地。我已提前派几个部将带人马分头接应从彭城退下来的散兵，然后到荥阳聚集。到时项王一定会从彭城一路杀来，我军可先在荥阳稳住阵脚，阻止楚王西进。此地可进可退，即便我军战败，还可以据守荥阳西北的崤关天险阻击楚军，再作计议。"

萧何两眼盯着地图，点头说道："此地还有敖仓提供军需，将军的主意很好。"说到这里，他抬起头来，"韩将军，你先率人马赶过去，我马上赶回栎阳调集粮草，征召兵员，随后就赶往荥阳。"二人拱手拜别。

韩信来到荥阳驻扎下来后，一面派斥候四处打探刘邦的消息，一面命人修筑工事，加固城墙；又派出三部人马，分别驻守北、东、南三个方向。

不多几日，萧何调集粮草，带领一大队老弱兵员赶了过来。没过几天，张良及其余几部散兵也被韩信派出的人马接应过来了。

韩信、张良与萧何又在地图前商议了一番。张良总结教训道："项王这次之所以能以三万兵力战胜我六十万大军，除我军占领彭城之后过于轻敌、诸侯各怀心思难以调度之外，也与项王军队的战斗力强大有关，楚军三万全是精骑，疾如旋风，我军步兵根本无法抵挡。"

韩信点头表示同意："看来我军也该训练一批精骑队伍了，我这就挑选将领。"

萧何也表态说："马匹由我来筹备。"

韩信沉吟片刻，说道："只是骑兵主将还需等主公赶到此地后再任命。"说话间，他紧盯着地图，分析道："荥阳西部多为山地，北部有黄河天险，利于凭险扼守，而东部为开阔的平原地带，此地最适宜骑兵作战，所以应尽快训练出精骑，在城东、南两地阻击楚军。"说到这里，韩信伸出手指在地图上点了点。

"噢，京邑与索邑之间！"萧何顺着韩信的手指看过去。

张良笑道："训练精骑，看来韩将军是早有打算、成竹在胸了。韩将军是否已有合适的人选？"

韩信回道:"军中有不少之前的秦兵,而秦人历来最擅长骑射,我打算精骑队伍多用秦人,重泉人李必、骆甲骑射之术最为精湛,适合做将领,但此事还需我王定夺。此外,楼烦将军丁复不仅擅长骑射,还精通弓弩制造之法;灌婴将军、靳歙将军也都是骑射猛将,有这几位将军率领精骑队伍,再配上一批强弓硬弩,就不难抵御楚军了。"

张良和萧何连连点头,韩信对军中将士的才能如数家珍,有这样的统帅,怎能不赢!

当刘邦赶到荥阳时,从彭城败退下来的汉军大多已汇集到了这里。韩信也在重泉人李必、骆甲等人的帮助下,训练出了一支精骑队伍——郎中骑兵。丁复率人制作出了大量的强弓硬弩。这些使汉军的作战能力在极短的时间内有了很大提升。

见到主公刘邦归来,汉军的士气又振作起来,一个个摩拳擦掌,期待着与楚军打一场大仗,一雪彭城惨败之耻。

但在郎中骑兵主将的任命上,遇到了一个不大不小的波折。

在韩信、张良的建议下,刘邦本来准备任命重泉人李必、骆甲为郎中骑兵将领,但他们推辞了,并建议说:"我二人原本是秦人,军中士卒恐怕信不过我们,难以服众。汉王不如挑选一个您身边信得过又擅长骑射的将军做主将,我们二人可以做他的副手。"

刘邦也觉得两人的话很有道理,但是选谁做主将呢?刘邦思来想去也想不出合适的人选,后来还是韩信、张良二人建议让靳歇独自率兵守卫雍丘，将灌婴从雍丘调回来担任郎中骑兵主将。刘邦答应了，于是任命灌婴为中大夫，李必、骆甲为左右校尉，辅助灌婴统领郎中骑兵。

项羽率领三万精骑乘着彭城大胜的威猛之势，很快一路向西追杀过来。双方在荥阳城东南方向，成皋山和广武山环抱的京邑与索邑之间的开阔平原上展开了一场大规模的战役。

楚军精骑威猛无比，汉军的强弓硬弩虽然如急雨般射向楚军，令其冲在前面的骑兵人仰马翻，但似乎很难阻止他们呼啸而来的强大攻势。韩信忙让掌旗官挥动令旗。灌婴、李必、骆甲率领郎中骑兵冲向楚军精骑兵。一时间，平原上马蹄踏踏，尘土飞扬，喊杀声震天动地，双方杀得昏天黑地，血流成河。

就在两支队伍酣战之时，英布率军赶到，汉军力量大增，渐现优势。

楚军因长途奔袭，人困马乏，逐渐不支。项羽见损失惨重，一时不能西进，于是下令撤兵，带领人马返回彭城休整去了。

刘邦终于松了一口气，眼下他需要考虑的是稳定后方根据地，剿灭背叛自己的魏国、赵国等诸侯。于是，在荥阳之战不久后，刘邦带领一部分人马返回关中栎阳。六月，刘邦立刘盈为王太子，驻守栎阳，并将原本在吴中的各诸侯之子也都集中到栎阳，辅助王太子刘盈。又命令掌管祭祀的礼官祭祀天地、四方、上帝、山川，发动关内的士兵防守边塞。

第六节 水淹废丘城

刘邦回到栎阳后,韩信重整军队,准备将困守废丘城的章邯部一举歼灭。

废丘城三面环水,沣河从废丘城南面呈西南至东北方向蜿蜒流过,绕过废丘城东之后,蜿蜒向北流去。城北还有一条支流河沟斜穿而来,迂回曲折地在城外东北三角地带汇入沣河。

六月正值雨季,废丘周边雨水连绵,沣河水位高涨。

韩信率领人马冒雨来到废丘城外驻扎下来,然后带领手下登上城北的一处高地。他举目四望,见本来就水深流急的沣河此时水位暴涨,浊流汹涌。城外的护城河道壕沟同样是沟满河平。透过雨帘远远望去,整个废丘城已经被水包围,雾蒙蒙的一片。

韩信又仔细勘查了一番地形地势,见废丘城地势低洼,西北高而东南低,心中顿时有了主意。他抬头望着乌云密布、暴雨如注的天空,激动地感叹道:"真乃天助我也!"

一个大胆的作战方案已在韩信心中悄然酝酿成熟:水淹废丘。

韩信回到中军帐,马上召集各部将领制定实施方案,一边派大部人马四面围城,并大张声势地攻城,吸引对方的注意力;一边抽调精壮将士拦截沣河水流,并趁夜深人静时悄悄在护城河附近开挖引流渠道。

一切准备妥当之后,韩信亲自督阵,将舟船用粗大的链条连接起来，在河中一字排开，又用几条铁链将舟船固定在河流两岸，然后从各部精心挑选水性好的士兵跳进湍急的河水里，手抓链条组成一道道人墙，靠舟船和几道人墙减缓水势。在人墙的后方，将一个个装满石块和泥沙的竹木筏、舟船、独轮车沉入河底。

经过一次次艰难的尝试，拦水的工程终于有了一些成效。但由于动静太大，他们的行动被城内守军发现了。

废丘城内，章邯正坐在雍王宫中愁眉不展。在此之前，他虽然经历了一连串的失败，锐气受挫，但他毕竟是身经百战、智勇兼备、才能卓越的一代名将，面对汉军的包围，他并没有太放在心上，他相信凭借囤积的粮草、修筑得异常坚固的城墙，只要他坚守不出，汉军不仅奈何不了他，而且迟早会因久攻不下、粮草短缺而人困马乏、士气大减。若项羽及时派兵前来救援，双方内外夹击，必能将围城的汉军打得落花流水，然后再合兵一处，乘胜反击，就能收复失地，扳回败局。于是，他自废丘被围就多次派人向楚王项羽求援，原以为项羽会立即派兵过来救援自己，不料废丘城被围困了近十个月之久，始终不见项羽派来一兵一卒，而刘邦率汉军四处攻城略地的坏消息却接连传来。

章邯越来越焦虑不安，不得不重新审视刘邦及其所拜的大将军韩信。他为秦将时，与刘邦、项羽联军有过几次交手，并且也遭遇过失败，但他并未将刘邦放在眼里，对刘邦这个乡野小人更是充满了鄙夷，而对韩信这个受天下人嘲笑的胯下懦夫则十分不屑，正因为如此，他才在韩信被刘邦拜为大将军、重修栈道的消息传来时掉以轻心、疏于防备，结果导致一连串的惨败。

起初，章邯对自己败于无赖刘邦和懦夫韩信之手很有些不服气，但在接连不断地听到刘邦所向披靡、各地诸侯纷纷归附以及刘邦实施一系列安民政策，借义帝被杀发布讨伐项羽的檄文，赢得各地诸侯响应和百姓拥戴这些消息之后，他才意识到自己以前太轻敌了。跟项羽比起来，刘邦才是胸有城府、善于笼络人心、志在天下的厉害角色，而那个原本受人轻视、毫不起眼的韩信则有勇有谋、奇计百出，无疑是刘邦争夺天下的得力臂膀。反观项羽，只不过是徒有其表、胸无韬略的一介武夫而已，迟早会败在刘邦手里。

想到这里，章邯不寒而栗，禁不住为自己目前的处境和前途担忧起来。眼下韩信亲率大军攻打废丘，看那架势是志在必得，而自己困守孤城十个月，城内粮草已经严重短缺，将士们本来就对他屈从项羽一肚子不满，现在更是怨声一片。没等来汉军人困马乏、士气消沉，等来的却是整个废丘城军心涣散、百姓人心惶惶，这让章邯感到深深的绝望。

"启禀将军，情况非常不妙！"就在章邯一筹莫展之时，一个将官慌慌张张地闯进来报告，"汉军正在沣河填沉石块泥袋，似乎是要拦截河流，护城河附近也有挖掘的迹象，只不过是夜间挖掘，白天遮掩起来。不知汉军如此举动是何用意，还望将军速速决断。"

章邯暗叫不好，随即起身，冒着大雨赶往城墙查探情况。

章邯登上城墙，站在箭楼上向城外望去，只见不远处的沣河水势滔滔，水流已接近河床最上沿，看上去白茫茫一片；再往远处眺望，见一处河道狭窄的地方，影影绰绰的果然有一批汉军在湍急的河水中忙碌，一条拦水坝已隐约成型，几乎与河面相平，汹涌的河水遇到阻挡，犹如发怒的野兽，狂啸嘶吼来回踢腾，激起的浪潮不时冲击着两岸，发出令人心惊胆寒的哗哗声。他低头再朝护城河与沣河之间的间隔地带仔细观望，发现虽经雨水冲刷，汉军又遮掩巧妙，但还是能看出泥土被开挖的痕迹。

章邯大惊失色："汉军果然是要水淹废丘啊。"他当即下令南门守军继续抵挡汉军的佯攻，其余将士及全城百姓则全部出动，迅速加固城墙。但他的动作明显太迟了，汉军的拦河工程此时已接近尾声。

韩信一面下令加大对城门的攻势，一面亲自督阵，命令将士们开挖护城河与沣河之间的引水通道。

章邯再次登上城头箭楼，见守城将士正朝城下放箭。护城河对岸的汉军也在朝城墙对射，箭矢如雨，在空中来回穿梭。一些汉军士兵手持盾牌，抵挡着从城墙上射下来的箭雨。在弓箭兵和盾牌兵的保护下，汉军士兵紧张地用镐锹开挖堤坝，已经有河水从被挖出的缺口处漫出，正向着城墙快速漫灌过来。

城外不远处整齐地排列着大队人马，队伍前面飘扬着两面旗帜，一面旗帜上书写着斗大的"汉"字，另一面旗帜上书写着一个"韩"字，旗帜下方并排立着一列战马，位于正中央的是一匹高大雄健的白马，马上端坐着一位英姿飒爽、银盔银甲的将军，此人正是攻城主帅、汉军大将军韩信。

韩信也看到了刚登上城楼的章邯，他拍马往前走了几步，朝城楼高声道:"雍王一向可好!韩信这厢有礼了。"

章邯冷笑两声,挥手止住了城墙上的弓箭手,朝城下高声回应道:"韩大将军,既然率军兵临城下,只管厮杀过来,何必如此虚情假意?本王消受不起。"

韩信又拍马向前走了几步,继续高声道:"雍王神勇多智,昔日曾驰骋天下,所向披靡,无往不胜,可谓叱咤风云、世不二出的一代豪杰,天下英雄无不望风而遁,折腰臣服。韩信也对雍王深感钦佩,可你万不该明珠暗投,折节求全依附项王,不仅一世英名毁于一旦,而且二十万将士皆被坑杀,以致在三秦之地民心背离,百姓皆义愤填膺,怨声载道……"

"住口!"韩信的话一下子戳中了章邯的痛处,章邯满脸通红、恼羞成怒地大声喝止道,"韩信匹夫,别欺人太甚了,战则战矣,为何这般羞辱于我?不必再费口舌,只管放人马攻城吧,难道本王还怕你不成?"

韩信听了却不急不恼,解释道:"雍王误会了,韩信并无羞辱雍王之意,只是深为雍王依附项王,唯项王号令是从感到不值。项王乃凶残暴虐之人,坑杀降卒,屠戮无辜百姓,杀子婴,弑义帝,妒贤嫉能,有功者害之,贤者疑之,战胜而不予人功,得地而不予人利。其种种不仁不义、无信无道之举,想必你也心知肚明,且不说别的,单说你被汉军围困十月有余,项王可曾派一兵一卒前来救援?韩信揣度,恐怕项王至今仍对雍王当初率军斩杀其叔父项梁将军一事耿耿于怀,或许是故意不派救兵,以借汉军之力诛灭你。项王已众叛亲离,天下诸侯群起而讨之,项王此时已自顾不暇。而废丘城被我汉军重兵包围,孤立无援,城内粮草短缺,破城只在旦夕之间,你又何苦抱残守缺,死心塌地为项王卖命呢?汉王乃仁慈敦厚之主,胸襟坦荡,求贤若渴,从谏如流,其仁德之举广布天下,百姓无不拥戴景仰,天下能人志士无不心悦诚服,以雍王之才干,何不归顺汉王,与一众诸侯联手,共同讨伐无道的项王?"

章邯听了不禁百感交集。他并非没考虑过投降刘邦,但他出身贵族,年纪轻轻就担任朝廷官员,后来又官拜上将军,统兵作战,战功卓著,声名显赫,因此心气高傲。他虽然已见识了刘邦的能耐,但压根瞧不起刘邦,之前投降项羽,一是因为当时秦王朝大厦将倾、自己又为秦二世和赵高所不容的形势所迫,二是因为项羽毕竟也是贵族出身,所以他才在迫不得已的情况下为保全自己的身家性命和二十万军队的实力而委曲求全,与项羽结成盟约,没想到最后落了个身败名裂的下场。如此惨痛的教训犹在眼前,让章邯追悔莫及,如今又怎么会重蹈覆辙,投降于市井无赖出身的刘邦呢?念及此,章邯不由得仰天狂笑:"简直是痴心妄想!刘邦不过是一市井流寇而已,所网罗的无非是贩夫走卒、鸡鸣狗盗之辈,像你这样的胯下懦夫竟被刘邦拜为大将军,哪谈得上什么能人志士,真是天大的笑话!大丈夫死则死矣,本王又岂能屈膝折腰,与尔等鼠辈同流合污?你们侥幸取得几次小胜,无非是靠使奸耍诈的小伎俩而已,有本事就与本王真刀明枪地打一仗!又何必暗使阴谋,殃及无辜百姓呢?"

韩信冷笑道:"雍王真是贵人多忘事啊,使奸耍诈不是你的惯用伎俩吗?你熟读兵书,又统兵多年,怎会不懂兵不厌诈?此时又何必反过来责备我等使奸耍诈呢?如今殃及无辜百姓,均因你冥顽不化,不识时务。若你真为城内百姓着想,不如早早打开城门,归顺汉王。"

章邯更加恼羞成怒,破口大骂道:"韩信,休得多言!要我投降,做梦吧!"随即挥手下令道:"放箭!"

城墙上的弓箭手顿时万箭齐发,箭矢如急雨般射向城下。韩信连忙拍马返回阵营,大声命令道:"速速决堤放水!"

汉军士兵得了命令,挖得更加起劲了。沣河处的决口逐渐变大,汹涌的河水沿着开挖的渠道,一路翻滚着浊浪,向城墙直冲过去。

当洪水卷来、城外喊杀声响起之时,城内被驱赶过来加固城墙的百姓和士兵顿时乱了阵脚,不顾将官的拦阻纷纷逃亡,没来得及逃的,有的被坍塌的城墙砸死,有的被淹没在滔天的洪水中,有的被冲过来的汉军杀死,废丘城成了一片汪洋。

章邯见大势已去,含泪拔出腰间宝剑,刎颈而死,一代名将轰然倒下,韩信占据了废丘这一战略要冲。

第六章 剑锋破五国

第一节 临晋关设疑

刘邦在栎阳安排好军务、政务后,于八月秋高气爽时节返回荥阳,他的下一步打算是剿灭背叛自己的西魏王豹和其他诸侯王势力。

西魏王豹本姓姬,据说是周文王姬昌的后代,其先祖封地在魏,因此后代都姓魏,建都安邑(今山西夏县西北),后迁都大梁(今河南开封)。秦始皇二十二年(前225年),秦军水淹大梁,俘虏魏王假,魏豹追随兄长魏咎隐藏于民间。秦二世元年(前209年),陈胜在大泽乡起义,魏豹又追随魏咎前去投奔,奉陈胜之命，和故魏大将周市率人攻取魏国旧地二十余城，魏咎因此得封魏王。后来，秦将章邯打败陈胜，魏咎纵火自焚，魏豹则投奔刘邦、项羽，和秦军进行殊死搏斗。项羽入关后，大封诸侯，为了笼络魏豹，他封魏豹为西魏王，并将其从河南迁到河东，建都平阳（今山西临汾西南），辖区为黄河以东，以项佗为魏相。项佗是项羽的族亲，项羽将他安插在魏地监视魏豹。魏豹也知道项佗是来监视自己的，但他完全不在乎，每天在自己的王国过着自得其乐的生活。因为魏咎之前自杀以救民众，魏豹也跟着沾了兄长的光，受到百姓的崇敬，所以他的统治还是很稳定的。

不久前，刘邦攻占三秦，继而东进，魏豹迫于形势，不得已投降了刘邦，魏国丞相项佗只好返回彭城。但是，魏豹投降刘邦后，日子并不好过，经常受到刘邦的呵斥和羞辱。魏豹出身贵族，当然无法忍受刘邦的行为，遂产生了反叛之心。

刘邦取得彭城后，又被项羽打败，魏豹认为刘邦早晚必亡，于是以探视亲人为由返回本国。他刚渡过黄河便宣布与刘邦断绝关系，并下令魏军在关隘布防，然后派人去项羽军中请项佗继续担任魏国丞相。刘邦气得破口大骂，但因为他当时正面临困境，所以无法对魏豹采取行动。

荥阳之战后，刘邦重新站稳了脚跟，于是派辩士郦食其去劝说魏豹，希望他重回汉营，共同对付项羽。可是，郦食其到达平阳，非但没有说服魏豹，反而被他羞辱了一番，刘邦因此大怒，问道："魏军大将是谁？"

郦食其回答说："是柏直。"

刘邦大骂道:"柏直小儿乳臭未干,怎能与我大将军韩信相比?"随后又问:"骑将是谁?"

郦食其回道:"是冯敬。"

刘邦说道:"冯敬是秦将冯无择的儿子,虽然也有些武艺,但敌不过灌婴。"

再问:"步卒将是谁?"

郦食其说:"是项佗。"

刘邦笑道:"项佗平庸,完全不是曹参的对手。"

于是,刘邦任命韩信为左丞相兼任大将,以灌婴、曹参为辅将,领兵征讨魏豹。

韩信领命后,当即率领大军出发,直逼黄河岸边,摆出可以随时渡河东进的架势。魏豹得知汉军出击的消息,立即派大将柏直分兵布防,一场大战即将打响。

对于魏豹来说,想要抵挡韩信大军,黄河防务首当其冲。大将柏直根据黄河沿岸的地理形势,立即排兵布阵,构建起严密的防线。同时,他命令士兵把近处百姓的船只全部收缴,禁止百姓在黄河上行船。布防完成后,柏直又就某些重点地段做了进一步的安排,增加了守备力量,以为万无一失。

如果找不出敌人的薄弱环节,汉军就无法出击。可是,魏豹的布置如此缜密,该怎么办呢?经过一整夜的思索,韩信终于想出了破敌之策。

韩信下令将大军一分为二,一明一暗。明的队伍大张旗鼓来到黄河岸边,集中大量船只,摆出一副已做好充分准备要强行渡河的样子，但又故意拖延着不行动，以吸引敌人的注意力。

魏豹坐在平阳王宫中，心情十分沉重。他知道韩信用兵无人能比，自己一定不是他的对手，看来这一仗没什么胜算。他正发愁时，负责到前沿侦察敌情的斥候回来向他禀报说，汉王的军队已经到了黄河岸边，正搜集船只，准备强渡黄河。魏豹不敢怠慢，立即召柏直、项佗、冯敬等文臣武将到宫中议事。他首先将情况向大家详细地讲述了一遍，然后说道："诸位有何建议，不妨说出来听听。"

项佗首先开口道："大王不必多虑，此刻汉王正在荥阳和项王交战，主力都在那边，而韩信不可能带太多人马到这里来。况且，我们可以凭借黄河天险防守，只要把守好黄河渡口，即便韩信得神人相助，也飞不过来。所以，当务之急是尽快判定汉军的渡河地点。"

"是啊，大王，"其他人也纷纷附和道，"我们应该多派人出去，探明对方的动向，再制定应对之策。"

于是，魏豹派出大量斥候前往黄河岸边，观察汉军的动静。几天后，这些斥候陆续回到平阳，将侦察到的敌情详细向魏豹汇报。魏豹又一次召集柏直、项佗、冯敬等人，说道："现在韩信的用兵意图已暴露无遗，我们按原计划行事即可，由柏直负责防守黄河东岸，势必不让汉军渡河成功。"

柏直领命，当即回到黄河东岸，调集大量兵力把守，又封锁了蒲坂这个渡黄河的关口，严防汉军渡河。为了以防万一，他还组织了一支巡逻队，日夜巡逻。

临晋城东、黄河西岸有临晋关（今陕西大荔），为战国时魏国所设，扼蒲坂渡口，是秦、晋间的险要，兵家必争之地。韩信见柏直在临晋关布置重兵，遂将计就计，同样调集大军驻扎在临晋关对面，并调来所有船只，白天大军云集，夜间灯火通明，制造准备强渡黄河进攻的假象。柏直果然中计，他看到汉军大兵压境，又立即从其他地方调了许多兵来，这就造成夏阳（今陕西韩城）等其他地方兵力不足、防守空虚，中了韩信的调虎离山之计。韩信派人给曹参送信，让他率领另一路汉军快速挺进，寻找渡河作战的机会。

这天，柏直正和往常一样，跟部下在蒲坂的军营中饮酒，一个军士忽然神色慌张地闯进来，说道："将军，大事不好，汉军从夏阳渡过黄河，正朝安邑城杀来。"

柏直大吃一惊，说："怎么可能？汉军在对岸的船只未曾移动半步，骑兵仍在随时准备渡河，如何又会突然出现在夏阳？莫非真得了神仙的帮助？"

一个部将似乎想到了什么，提醒他道："将军，韩信会不会在蒲坂渡河为假，而另派军队暗中取道夏阳是真？"

柏直如梦初醒，捶胸顿足道："我怎么没有想到这一点？韩信奸诈，惯使小人之计，气杀我也！"

但他很快冷静下来，立即派大将王襄率部分兵力回防安邑，巩固后方；大将孙邀沿黄河东岸北上，抵御正在南下的曹参所部；他自己则仍然统帅大部分骑兵驻守蒲坂，以防止对岸灌婴率精锐骑兵乘乱渡河。

其实，柏直的这种安排还是十分妥当的，可惜他遇上了比他更聪明的战略奇才韩信，这也注定了他失败的结局。魏国上下都知道韩信用兵如神，之所以在蒲坂驻防，完全是怀着侥幸的心理，认为凭借天险可以阻止汉军。现在天险既破，魏军无险可守，城破身亡只是时间问题，因此军心动摇，人心惶惶。与此同时，集结在蒲坂的灌婴的骑兵随时都有可能弄假成真，强渡黄河。所以，柏直不敢直接调主力部队去迎击曹参和回援魏王，这在很大程度上牵制了魏军，无法对汉军形成有效的阻击。另外，魏军匆匆分兵向侧翼和后方行进，给其主力部队造成一种汉军已经攻占其后方的错觉，致使军心涣散，战斗力锐减。

这一天细雨绵绵，寒风呼啸。在黄河岸边，韩信和灌婴等大将骑着马站在那里。在他们的身后，是黑压压排列整齐的队伍，旌旗猎猎，战马嘶鸣，好一派威武雄壮的场景。再看河中，滔滔的黄河水奔腾不息，发出阵阵怒吼。水面上聚集着大大小小的战船千余艘，每艘战船的船头都安放着一面硕大的战鼓，鼓手手拿鼓槌立于一旁，水手各就各位，随时等候敲响征鼓的命令。

不久，一匹战马从远处疾驰而来，转眼便到了韩信面前。这是韩信派出去的斥候，他勒住马，纵身跳下马背，冲韩信单膝跪地，大声说道："启禀大将军，根据可靠消息，魏军已经大乱，对岸的驻军正在调动。"

韩信扭头对灌婴说："灌将军，成败在此一举，主公时刻等候我们胜利的消息，希望将军不负重托。"

"请大将军放心，若不能克敌，灌婴提头来见！"灌婴冲韩信施了一礼,然后转向一旁整装待发的将士们,大声命令道,"诸位,我们为主公立功的机会到了,大家跟我出击,杀了反复小人魏豹!"说完,他牵着自己的战马下了河岸,小心翼翼地登上渡船。

将士们得到命令,也都排着整齐的队伍,分成数支小队,分别登上不同的战船。霎时,千船齐发,战鼓齐鸣,直奔黄河东岸。

"汉军渡河了,快准备战斗!汉军渡河了……"驻守在东岸的魏军将士被震天的战鼓声惊动,纷纷奔走呐喊。

当柏直骑马飞驰到黄河岸边的时候,吃惊地发现滔滔的黄河水面上,黑压压都是汉军的战船,船上站满了全副武装的汉军将士,明亮的铠甲反射着耀眼的阳光。

魏军这边,不知谁突然喊了一声:"与汉军为敌,无异于自取灭亡,此时不逃更待何时!"魏军将士本来就被汉军强大的阵势吓破了胆,现在又听到这喊声,更是吓得魂飞魄散,再也不敢抵抗,纷纷转身逃跑。

灌婴看到敌人不战自溃,十分高兴,冲将士们挥舞兵器,大声命令道:"追啊,杀啊!别让魏军跑了!"汉军士气大振,战船如一支支离弦的箭,朝魏军追赶。

柏直做梦也没想到自己的部下会如此无能,所谓兵败如山倒,他的部下已经不再听从他的指挥,如潮水般向后涌去。混乱中,魏军自相践踏,又造成了大量的死伤。柏直回天无力,只好也跟在乱军后面仓皇逃跑,但仍被韩信俘虏。

战争很快结束了,汉军不费吹灰之力便夺取了蒲坂。按照韩信的预定计划,灌婴又指挥大军对着魏军一阵穷追猛打,一直追赶到安邑城下，与韩信所率步兵共同形成钳击之势。

在安邑城内魏王宫中，魏豹来回走动着，像一只热锅上的蚂蚁，眼睛不时地向外看，外面的喊杀声隐隐传进他的耳朵里，让他忍不住一阵阵颤抖。他已经预感到，这里马上就会成为刘邦的地盘，而他则会像丧家之犬一样被赶出去。大丈夫死不足惜，只是想到自己经营多年的魏国，就这样拱手让人，他不甘心。

"陛下，陛下，大事不好了！"突然，一个军士气喘吁吁地闯进来，说道，"启禀陛下，汉军已渡河，柏直等将军已为韩信掳去，汉军马上就要攻入城里了，陛下要早作决断！"

尽管这是魏豹已经料到的结果，但他想不到会这么快，幸好他已经做好了下一步的打算，立即下令说："快传令下去，向曲阳撤退！"说完，他率先冲了出去。

可是，曹参紧跟着就追上了魏豹，经过激烈的交战，魏豹最终被俘，部下也全部被消灭。

随后，韩信又挥师北上，攻占平阳，俘获了魏豹的母亲、妻子、儿女等，接着占领西魏五十二县，一举平定了西魏国所有地盘。至此，韩信仅用不到一个月的时间就消灭了西魏这个强大的割据政权。

第二节　佯败诱敌半渡

韩信成功灭西魏后，马上开始筹备下一步的行动。他给在荥阳的刘邦写信请示："……西魏已灭，所有事务已按您的吩咐安排妥当,魏王及其母、妻、子都已经送交主公,臣请北举燕、赵,东击齐,南绝楚之粮道,西与主公会于荥阳,须增兵三万,请主公恩准。"

刘邦将书信内容连读了几遍,禁不住眉头紧锁,他想,项羽连着吃了两场败仗,并不罢休,不但不退兵,反而调集更多的精兵强将,加紧了攻势,把自己压得喘不过气来,好在韩信在西魏取得了胜利,也算是为自己扩大了地盘,并从侧翼牵制了楚军,为自己赢得了一点时间。现在韩信要扩大战果,也是件好事,应当对其大力支持。于是,刘邦将目光转向一旁的张耳,问道:"张将军和陈余曾经有刎颈之交,可是陈余不仁,不但夺你的王国,还让我用你的头颅换取他的合作。如此忘恩负义的无耻小人,实在可恨!现在大将军已经平定了魏地,即将伐赵,为张将军报仇雪耻,我有意让张将军带领三万兵马前去支援,不知将军愿意否?"

听到陈余的名字,张耳不禁怒从心头起,他站起身来,双眼怒睁,咬牙切齿地回答道:"臣愿意听从主公调遣,消灭陈余,一雪前耻!"

张耳和陈余本是故交,后来,陈胜在大泽乡起义,并自立为王,张耳和陈余一起投奔陈胜。张耳劝陈胜稳扎稳打,不可急功近利,却被陈胜无视。张耳和陈余十分失望,认为陈胜用不了多久必定被秦所灭,于是脱离陈胜,拥兵自立。之后,张耳又向陈胜借兵三千,说愿意共同攻打赵国。陈胜遂派亲信武臣为主将,张耳、陈余为校尉,接连攻取赵国几座城池,并派纵横名士蒯通游说赵国，得到其三十余城。同时，陈胜派大将周文率兵攻取函谷关，与秦将章邯大战。张耳见有机可乘，便劝说武臣自立为赵王，脱离陈胜。武臣遂自称赵王，以张耳为右丞相、陈余为大将军，并派兵攻取燕地与常山。不久，陈胜和楚国大将项梁先后死于秦军之手，紧接着，秦将章邯开始围攻赵国巨鹿，目的是让各诸侯军前来救援，然后一举歼灭。

在此之前，赵国出现内乱，赵王武臣被杀，张耳又拥立赵国王族后裔赵歇为赵王，躲藏在巨鹿。这时候，陈余在常山击败李良，兵力增至几万。巨鹿被围以后，就形成了张耳在内、陈余在外的局面。果然不出章邯所料，各路诸侯接到张耳的求助后，纷纷率部前来，但看到章邯对巨鹿围而不攻，又都害怕中了埋伏，所以不敢轻举妄动。张耳十分焦急，派人通知陈余进击章邯。陈余认为自己只有三四万人，不是章邯的对手，所以也不愿出兵。张耳多次派人催促，对陈余说："当初我们结为刎颈之交，而今赵王和我眼看就要身死。你拥兵数万，却不肯发兵相救，又何谈生死相交？假如您信守约定，为什么不与秦军决一死战，可能还有十分之一二获胜的希望。"陈余推脱不了，只好派五千人对秦军发动攻击，结果全军覆没，最后还是项羽出兵解了巨鹿之围。

因为这件事，张耳和陈余闹了矛盾，张耳听取手下的话，收回了陈余的大将军印信，陈余一气之下带着几百人出走了。

项羽灭秦之后，封张耳为常山王、赵王歇为代王，但没有封陈余。楚汉之间的冲突爆发后，陈余率兵打赢了张耳，再次迎赵王歇为赵王，自己则为代王，而张耳投奔了刘邦。不久，刘邦攻打楚国，要求陈余出兵，陈余却要求刘邦杀掉张耳，方才答应出兵。刘邦不想杀掉张耳，便要了个小心眼，找了一个和张耳长得很像的人杀了，并将首级交给陈余，换取陈余出兵。

想到这些年自己和陈余的友谊，却换来陈余如此的"报答"，张耳气怒非常，当即接受了刘邦的命令，率领三万大军从荥阳向西魏进发。

韩信和张耳见面后，当即命人摆酒设宴，为张耳接风洗尘。席间，张耳多饮了几杯，再次想起往事，不觉两眼含泪，紧紧拉住韩信的手，恳求道："我与陈余有不共戴天之仇，今日带三万兵将过来，愿全部交予大将军，请大将军务必为我报仇！"

韩信也听说过张耳和陈余之间的恩怨，知道现在正是利用张耳为汉军效力的大好时机，于是说道："请张将军放心，今日有你相助，我必定挥师北上东进，消灭赵王歇和陈余，为你报仇雪恨！"之后，他又对其他将领说："据我所知，陈余虽然被封为代王，但并没有赴任，而是留在赵国辅佐赵王歇，只派夏说驻守代国。现在代国防守空虚，我们应先攻取代国，然后越过太行山，进攻赵国。"

韩信又将目光转向张耳，问道："张将军，以前你带过代国的兵，对他们应该很了解，有没有什么好办法？"

张耳沉思片刻，说道："代国的兵士作战固然勇敢，但也并非无懈可击。他们有一个最大的弱点，就是单兵作战能力很强，却不善于配合。我们想要取胜，必须扬长避短。"

韩信听了双眉紧皱，沉思良久，终于开口道："看来我们想要战胜代国，可以诱敌深入，然后一举将其歼灭。"

汉三年（前204年）九月，秋风萧瑟，乌云低垂。

此刻，在代国的边境上，正进行着一场激烈的战斗。汉军在张耳的率领下发起了猛烈的攻势。代军也不甘示弱，数万大军排成黑压压的方队，手持各种兵器，骑兵在前，步兵在后，迎着汉军猛冲过来。一时间，喊杀声四起，刀枪剑戟的碰撞声、受伤将士的号叫声交织在一起，充斥着整个旷野，空气中弥漫着一股浓烈的血腥味。

张耳舞动大刀，在战场上横冲直撞，如入无人之境。"张耳休要猖狂，拿命来！"从代军阵营中突然冲出一员大将，金盔亮甲，手持亮银枪，直奔张耳而来。

张耳听到声音，急忙勒住战马，扭头看去，却见代国丞相夏说，他毫不怯战，打马冲了过去。二人你来我往，大战了三十回合，张耳渐渐不敌，便连挥三刀，将夏说逼退几步，然后迅速调转马头，下令道："撤退，快撤退！"他的那些部将似乎早有准备，听到命令后纷纷撇下敌人，转身逃跑，盔甲辎重丢弃一地。

夏说带领部下乘胜追击，一连追出数里。韩信站在远处高地的隐蔽之处，见敌人已经中计，知道机会来了，于是冲一旁的侍卫说："擂鼓出击！"

一时间，战鼓齐鸣，惊天动地。紧接着，埋伏在暗处的汉军从四面冲出，如潮水般向代军涌过去，转眼间便将代军团团围住。

夏说听到汉军的战鼓声，忙四下张望，只见漫山遍野到处都是汉军。他知道中计，惊恐非常，大叫道："不好，我们中计了，快列阵战斗!"

张耳看到汉军已经将代军团团包围,便掉转马头,又一次奋力向代军冲过去。

双方交战激烈,刀光剑影。夏说骑着战马,左冲右突,怎么都无法突破汉军的包围。他眼看着将士们一个个倒地身亡,心中无比恐慌。最后,他咬了咬牙,将亮银枪随手扔在地上,仰天长叹道:"今日一战,我夏说就要成亡国之臣了!"随即向韩信卸甲投降。

夏说投降之后,韩信又指挥军队迅速攻取了代国的都城。代国其他地方的守城将领见都城已破、丞相夏说投降,也纷纷放下武器投降,代国至此宣告灭亡。

第三节　井陉口背水之战

灭掉代国后,韩信在安邑临时设置的军营中,召集众将领商讨下一步的行动计划。

曹参有些担忧地说:"大将军,虽然我们破了代国,但赵国实力强大,远远超过代国,而主公又将主力调走抵御楚军,我们拿什么打败赵王歇和陈余呢?"

原来,刘邦得知韩信攻取代国之后,鉴于项羽已从齐国战场把楚兵全部撤出,带到了荥阳一线,和刘邦对峙,而刘邦又没有韩信在身边,情况不妙,便下令把韩信的主力部队调到荥阳,共同抗击项羽。

"是啊，"其他将领也纷纷点头说，"赵国强于代国数倍，又远在千里之外，就凭咱们这点兵力，恐怕难以取胜。"

韩信不动声色地听着，脑中却在飞速思考着对策：虽然兵书上说上兵伐谋，但战争归根结底是力量的对峙，强大的军力是上兵伐谋的后盾，否则，上兵伐谋不过是一句空话。而现在，面对强大的赵国，自己现有的这点兵力远远不能与之对峙，更别说对其有震慑力。可是，怎样才能获取更多的兵力呢？

韩信想来想去，突然想到了代国。代国刚刚被征服，有大量的青壮男子，是非常不错的兵源。如果将他们征召入伍，兵力就会发生根本性的变化。想到这里，他抬起头来，对众人说道："诸位不必担忧，虽然我们的主力被调往荥阳，但代国人口众多，我们可以重新征兵，补充力量。"

张耳仍然有些担心："大将军，所谓'养兵千日，用兵一时'，我们仓促征兵，又来不及训练，让他们如何上战场呢？"

韩信胸有成竹地说："大家尽管放心，只要我们训练有方，哪怕是一群乌合之众，也能变成能征善战的勇士，更何况我们要征召的是英勇的代国人！"

韩信当即派人出去张贴征兵告示，有愿意应征者，予以重赏。代国人自古以勇猛著称，又听说是用兵如神的韩信在征兵，于是纷纷前来应征，想立下军功，出人头地。很快韩信就凑到了一支四万多人的队伍，韩信在一众士兵面前作动员演说："陈余虽为代王，但为保身家，龟缩于赵，置代国将士子民于不顾，即日诸位从征于我，日后有立军功者，必重赏！"经过短暂的训练之后，这支队伍纪律严明，军容整齐，士气高涨。

十月已是初冬，太行山一片肃杀景象。一支规模庞大的队伍行走在山中蜿蜒崎岖的道路上，旌旗招展，战马嘶鸣，十分壮观。韩信、张耳等将领各骑一匹战马，行走在队伍的最前面。

大军行进到一片开阔之地，韩信将张耳、曹参等主将召到一起，开始商讨作战方案。

韩信展开一份作战地图，用手在上面指点着，说道："诸位，前面不远就是井陉口了，这里有陈余的二十万大军，而我们只有几万人，看来这场仗不太好打啊。不知各位将军有何高见？"

"是啊，"曹参深有同感道，"赵军训练有素，又有坚城可依。况且我军为疲劳之师，又孤军深入，而敌人以逸待劳、养精蓄锐。这种情况对我方极为不利。"

张耳点头表示同意："我们是在异国作战，和敌人的力量对比悬殊，想要获胜，必须制定周密的计划。"

其他将军听了张耳和曹参的话，也纷纷发表自己的看法。

韩信不言不语，认真地听着，等大家的意见都说完了，他才挥手示意众人安静，然后说道："诸位莫要惊慌，且听我一言。赵王歇是个无能之辈，无需多虑。陈余虽然是一位久经沙场的老将，但满身儒生气息，空讲仁义道德，又善于纸上谈兵，不从实际出发，所以也不足挂齿。倒是广武君李左车，深通韬略，善于用兵，又谋略过人，是我们的心腹大患。"

众将听了韩信的分析，纷纷点头称是。张耳忍不住问道："依大将军之见,我们该如何是好?"

韩信说:"陈余确实不懂用兵之道,他将所有军队都驻扎在井陉险关,而真正到了打仗时,能够发挥作用的也不过几万人,其他军队根本派不上用场,只能站在远处观望。只要我们一战获胜,赵军溃败,其他地区则能不战而胜。"

张耳追问道:"请大将军明示,我们下一步该如何行动?"

韩信简洁地说:"见机行事!传令下去,从现在开始,把所有负责打探消息的人全部派出去,严密监视赵军的一举一动,有什么情况要及时汇报。"

在韩信与众将分析敌情的时候,陈余也率领几员大将踏上了井陉关,勘察战场。陈余用手指着前方,充满自信地说道:"诸位大可不必担心,我军占据井陉雄关,筑垒设防,凭险据守,就算韩信肋下生有双翅也飞不过来。汉军尽管放马过来,井陉谷地便是韩信的葬身之地。"

陈余虽然一副自信满满的样子,但内心还是颇有顾虑的。毕竟这是关系到赵国生死存亡的一战,而他面对的又是用兵如神的韩信,"明修栈道,暗度陈仓"和灭章邯、破魏国的战绩已闻名天下,这样一个善于用计的对手,令人防不胜防,胜败真的不好预料。

回到军营后,陈余愁眉不展。广武君李左车似乎看出了陈余的心思,试探着说:"主上,末将有句话不知当讲不当讲?"

陈余微微一愣,说道:"但说无妨。"

李左车说:"恕在下斗胆直言,依照主上的用兵部署,我军恐怕要吃败仗。"

李左车在赵国以多谋善断而著称，偏偏陈余又刚愎自用，听不进去别人的意见。他对李左车的异议虽然很是不满，但碍于面子，还是装作很有兴趣地问道："何以见得？"

"韩信巧渡黄河，俘虏西魏王豹，活捉夏说，现在又得到张耳的援助，可谓兵强马壮。这且不说，关键是张耳熟悉赵国的地形，对我们极为不利。汉军连连取胜，士气高涨，锋芒毕露。现在他们孤军深入，最想速战速决。而我们正面与之交战，正中其下怀。一旦失利，我们的其他军队必定恐慌。所以，我们应当避其锋芒，依据有利的地势，以智取胜。"说到这里，李左车顿了顿，观察着陈余的表情变化，见他没有表现出生气的样子，这才继续说道，"依在下之见，汉军千里行军，又是在狭窄的山道中，兵车不能并驱行驶，骑兵也不能排成队列，难以摆开攻势。此时，他们最担心的还是粮草的供应，一旦后勤出了问题，必然军心大乱。我们不如扬长避短，断其粮道，则韩信将不战自退。"

李左车这番话，无疑是对战前形势最好的分析，只可惜他遇上了书呆子陈余。陈余不屑地看了李左车一眼，问道："该派谁去呢？"

"卑职愿往！"李左车毫不犹豫地说，"主上只需给我三万人马，我绕道汉军背后，截取他们的粮草，切断他们的粮路，汉军必乱矣！"他停了停，又补充说，"我走之后，主上只需率军深沟高垒，据险坚守，无论韩信如何挑战，您都要按兵不动。待我堵住汉军退路，使其腹背受敌，进退两难。一旦汉军粮尽援绝，我必定献上韩信、张耳二人人头。"

然而，陈余正如韩信所言，乃一介腐儒。听了李左车的话，他很不耐烦地说："我们守卫国土，为正义之师，应该堂堂正正地与来犯之敌决战，怎能诈谋取胜呢？兵法上说，兵力十倍于敌，可以围攻；两倍于敌，可以交战。而汉军号称几万人，实际兵力不过一半而已，又兵疲马乏，为强弩之末。再看我二十万大军云集险关要隘，以逸待劳，掌握绝对优势。面对如此弱小的敌人，我避而不战，反去袭其后方，岂不令天下人耻笑？让我以后颜面何存？你不要多说了，就按照现有的部署，待汉军到达，要主动进攻，全歼敌人！"说完，撇下李左车独自走了。

李左车神情复杂地望着陈余的背影，忍不住叹息道："赵国亡矣！"

与此同时，韩信派出的斥候也打探到了李左车提议带三万兵马切断汉军粮道的消息，韩信知道后暗暗吃了一惊，心中想道：如果陈余采纳李左车的建议，汉军将面临巨大的危险。他立即改变主意，下令大军就地驻扎，不再贸然前进。

又过了两日，被派去刺探军情的另外几人陆续回来汇报说："大将军尽可放心，陈余没有听取李左车的建议，而是执意要在井陉口迎战。"

"太好了！"韩信长长地吁了口气，颇有几分庆幸地说："陈余无能，此乃天助我也！"随后，他又下达命令："大军立即开拔，向井陉口进发，明天天一亮就发动攻击。"

很快，汉军在距离井陉口三十里路的地方安营扎寨。夜半时分,将士们突然接到紧急集合的命令。韩信在曹参、张耳等将领的簇拥下来到队伍的前面,从中挑选出两千名轻骑,每人发给一面汉军所用的红旗,对他们说:"你们的任务是从东北方向迂回到萆山潜伏起来,监视赵军营垒的动静,绝对不许暴露目标。"

之后,韩信又叮嘱带队的主将:"明日决战,我们的主力会假装战败撤退,赵军必定倾巢而出,到那时,你们要乘赵军营垒空虚之机,立即攻进去,把赵军的旗帜全部拔掉,换上我们的旗帜,然后关闭军营,凭借敌人构筑的堡垒,阻击赵军返回大营,配合我军主力共同夹击赵军。如此,必可大败赵军。"将士们听了,士气顿时高涨起来。

韩信又派遣一万名士卒作为前锋,借助夜色掩护,悄无声息地向井陉口进发,于天明之前渡过绵蔓河(今河北石家庄井陉县绵河),背水摆开阵势,准备决战。

韩信从张耳处进一步了解陈余其人后,料定陈余不会将自己派出的这一万先锋军放在眼里。所以,在出发之前,他还特意给这一万人鼓舞士气说:"陈余凭借有利地形和坚固堡垒,企图全歼我军,因此对你们这一小股部队毫无兴趣。你们可以利用敌人的这种麻痹心态,占领一处地盘,构筑我方营垒,这样我军就有了立足之地,再也不怕赵军的进攻了。你们不要害怕,只管大胆前进!"

将士们本来对这次任务还有几分担忧,听了韩信的分析,顿时打消了顾虑,放心大胆地向着井陉口进发。天亮之前,这支队伍顺利穿过井陉口前的谷地,来到绵蔓河东岸,并依照韩信的吩咐迅速构筑营垒。

清晨,陈余被报信的士兵叫醒了:"主上,主上,大事不好了,汉军攻过来了!"

陈余猛地从床上坐起来,大声问道:"在哪儿?有多少人?"

报信的士兵说:"大概一万人,已经在绵蔓河东岸扎下营寨,看来是要准备进攻了。"

听说才区区一万人,陈余大大地松了口气,紧张的表情立即不见了。他轻蔑地笑着说:"我以为是什么大事,不就是一万人吗?有什么可怕的?难道还能抵挡我这二十万大军?"

陈余走出军营,来到壁垒上,发现情况正如刚才军士所说,在绵蔓河东岸,汉军已经摆好了作战队形,队列前面有一员大将,骑马持刀,煞是威风。他禁不住哈哈大笑起来,用手指着汉军对诸将说道:"天下传闻韩信'用兵如神',看来不过如此。他'背水布阵'是犯了兵家的大忌,此战必败无疑。刘邦重用此人,实在可笑!"

背水一战最先出现在兵书《尉缭子》中,名为"背水阵",又叫背水列阵,是兵法上的一种阵名,即沿河设阵,背靠大河,前临大敌,后无退路,以坚定战士拼死求胜的决心,从而夺取战争的胜利。因为这种阵法危险性很大,稍有疏忽就会导致全军覆没,所以书中指明"背水阵为绝地",使用时需非常谨慎。对于韩信如此大胆的部署,不但陈余感到意外,就连张耳、曹参等汉军部将也非常不解,所以陈余这个书呆子中计也在韩信预料之中。

"将军您看,敌人出动了!"一个声音在韩信耳边响起。

其实，不用别人提醒，韩信自己也看到了，大量赵军从营寨中蜂拥而出，在战场上列队，其中一个敌将骑着一匹马，手中拿着一杆长枪，枪尖指着汉军的军营。看到敌人这样的阵势，韩信本来只有五成的取胜把握一下子提高到了七成。他冲一旁的一个士兵吩咐道："传令下去，全体出击！"

在战鼓声中，双方的军队开始冲锋，很快便拼杀在了一起。战马嘶鸣声以及刀枪剑戟相互碰撞的声音，交织在一起，就像一支悲壮的合奏曲。

韩信看到赵军已中自己的计策，立即传令撤退。于是，传令兵再次挥舞手中的小旗。正在阵地上冲杀的汉军看到信号后，都佯装不敌，按照事先的约定，一边大声呼喊一边拼命地逃跑，旗帜、战鼓丢了一地。

陈余不知是计，他看到汉军进了军营，想到其军营的后面便是绵蔓河，等于断绝了退路。只要将其军营前面封锁，汉军就插翅难逃。于是，他将手中的长枪一挥，冲将士们下令道："勇敢的赵国将士们，敌人已无退路，大家跟我冲击，让绵蔓河岸成为韩信和张耳的葬身之地！"说完，他一马当先地追赶过去。

赵军将士被陈余的话语鼓舞，纷纷扑向汉军大营。此时，韩信和张耳在军营中汇合。他召集所有汉军，言语悲壮地说："大汉的将士们，我们的背后就是绵蔓河，河水正在咆哮，是过不去的。如果想要活命的话，唯一的办法就是和前面的赵军决一死战，这样才能杀出一条血路，死里逃生！"

韩信说着，扭头向外看去，只见赵军正如潮水般涌过来，骑马冲在最前面的正是陈余。于是,他当即下令道:"勇敢的将士们,快去阻击,用我们的弓箭把赵军挡在军营外!"

得到命令的汉军将士如猛虎般向外冲去。所有弓箭手排列整齐,一支支利箭射向赵军。赵军猝不及防,纷纷中箭落马。但是,赵军素以勇猛著称,并没有因为这点伤亡而退缩,他们冒着如雨的箭矢,前赴后继,很快便冲到了汉军的营寨大门前。

就在这时,一阵震天的战鼓声响起,汉军预先埋伏的两千精骑突然现身,从小路冲了出来,风驰电掣般向赵军军营冲去。

此时,几乎所有赵军都被调到了前线,和汉军进行生死决战,军营里只有少量后勤兵以及老弱残兵,而且营门大开,毫无防备。所以,汉军精骑不费吹灰之力地清扫了留守的赵军,并把赵军的军旗拔下来,换上了红色的汉军军旗。

在正面战场上,汉赵两军还在激烈地交战着,陈余誓要将韩信、张耳杀死,所以调集所有精锐对汉军发起一次又一次冲锋,但都被汉军拼死挡住。陈余一边指挥战斗一边在想,汉军不过区区一万人,为何有如此强大的战斗力,难道是自己错估了形势?

"将军快看!我们的军营,被敌人占领了!"突然有人大声提醒道。

陈余震惊地回头望向自己的军营,看到军营上空旌旗招展,全部都是汉军的旗帜,赵国的旗帜一面也看不到,甚至可以看到许多汉军将士正在摇旗呐喊。陈余突然醒悟过来,自己是中了韩信的调虎离山之计。"不好,我们中计了!"他大叫一声,急忙冲部将大声命令道,"快撤退,夺回我们的营寨!"

正在冲锋的赵国将士听到陈余的命令，纷纷转过身来，见己方军营已失，顿时军心大乱，不再听陈余的指挥，纷纷溃逃，自相践踏，发出一片惨叫声。

韩信从军营中看到赵军全线撤退，知道那两千精骑已经得手，是正面出击的时候了。于是，他大声命令道："将士们，敌人已经败退，斩杀他们换取军功！"

汉军骑兵在前，步兵在后，向赵军追杀过去。占领赵军大营的两千精锐骑兵，也配合正面的主力部队策马杀出，对赵军形成东西夹击之势，将赵军杀得丢盔卸甲，狼狈逃窜，逃不掉的则乖乖做了汉军的俘虏。

陈余见大势已去，仰天长叹道："都怪我不听李左车的劝告，这是老天要亡我呀！"他奋力杀出一条血路，向井陉关疾驰而去。

到了井陉关，陈余又意外地发现关内的留守部队也全部逃跑了，只留赵王歇和几个亲信随从，以及少量的士兵正在准备逃跑。陈余遂保护赵王歇冲出井陉关，正要逃跑，迎面却看到韩信已经率领大军追来，他只得对赵王歇说："大王，追兵已至，您快走，我来断后！"

韩信见陈余要逃，对张耳说："陈余要逃，你报仇的机会来了！"

张耳答应一声，纵马追赶过去，大叫道："陈余，你这个背信弃义的老贼，拿命来！"

陈余看到已经无路可逃，只好勉强应战，二人你来我往，打了几十个回合，不分胜负。

就在两人打得难分难解的时候，赵军那些还没来得及逃跑的士兵已纷纷投降汉军，只有一小部分还在挣扎。

韩信骑马立于一旁，静静地看着这场毫无悬念的战斗，心中很庆幸。他想，自己这一步棋太险了，假如陈余听了李左车的建议，战争的结果必然相反。想到李左车，他大脑中灵光一闪，下令说："生擒广武君李左车者重赏。"

陈余和张耳激战过后，怅然发觉将士们死的死、降的降，只剩自己一人还在战斗。他不敢继续和张耳打下去，也顾不上辨别方向，策马冲出包围，疾驰逃走。张耳哪肯放过他，急忙带着十几名将士追赶过去。

陈余跑着跑着，忽然停住不跑了。原来前面就是绵蔓河，道路被河水截断，这次，背水一战的主角成了自己。他不得已勒住战马，调转马头，拍马向张耳奔去，两人又厮杀在了一起。最终陈余不敌，被张耳一剑刺死。随后，赵王歇也被俘虏，押往韩信军营中。

第四节　李左车献计取燕

在战争开始之前，韩信曾经许诺，等战争结束，要在井陉关的将军府中犒劳三军。现在战争取得了预期中的胜利，也是他兑现诺言的时候了。

正在大家酒酣耳热之际，一个小校走进来，大声禀报道："禀报大将军,抓到李左车了!"

韩信大喜,急忙下令将李左车带进来。李左车进来后,韩信亲自为他解开绳索,并抱歉地说:"先生受惊了,都怪部将无礼,得罪了先生,我代他们向您赔礼!"之后,向着李左车深施一礼。

李左车为赵国名将李牧之孙,辅佐赵王歇期间屡出奇谋,被封为广武君。李左车本来以为被汉军俘虏必死无疑,却不料韩信以礼相待,他猜不透韩信目的何在,说什么也不肯就座。

韩信劝慰道:"对于先生的兵计谋略,我仰慕已久,却无缘求教。今日之前,你我各为其主,不得不在战场上刀兵相见。如今既然有缘相会,先生是我韩信的贵客,我还有重要事情当面求教,请先生安坐,才可以从容交谈。欲谋宏图大业,还望先生鼎力相助。"

李左车见韩信说话诚恳,受宠若惊地在尊位上坐下,说道:"我本为罪人,受将军大恩,当以性命相报。"

"先生客气了。"韩信一边说,一边让人倒酒,和李左车同饮三杯。

放下酒杯后,韩信恭恭敬敬地向李左车请教起来。他说:"我打算北攻燕,东伐齐,但不知如何做才能成功?请先生赐教。"

北攻燕、东伐齐是韩信又一个新的出兵计划。自从他活捉魏豹,攻占代、赵地盘之后,北方五个诸侯王国中,仅燕、齐两国依然存在。可是,该如何消灭这两个诸侯国呢?韩信琢磨了许久,一直没有想到好的办法,现在见了李左车,便不失时机地请教起来。

李左车谦虚道:"所谓'败军之将,不可以言勇,亡国之大夫,不可以图存',今天我为将军俘虏,哪里有资格在大将军面前谈论军机大事?"

韩信知道李左车仍然心存顾虑,又耐心地劝解道:"据我所知,战国时期的百里奚居住在虞国,辅助虞王,虞国却灭亡了。之后他来到秦国,辅助秦王,秦王自此强大,称霸诸侯。之所以会这样,并非百里奚居住在虞国就愚笨,到了秦国就聪明无比,而是他在虞国得不到重用。假如陈余听从您的建议,此时被俘虏的恐怕就是我了。"他顿了一下,又说:"今日得遇先生,实为三生有幸,先生之才,可堪相国之用,只是赵王、陈余不识泰山,还请先生不吝赐教。"

如此开诚布公、推心置腹的一番话,终于让李左车放下心来,他深为韩信能够如此礼贤下士而倾心折服。于是,他不再谦虚,将自己的想法和盘托出。他说:

"我听说'智者千虑,必有一失;愚者千虑,必有一得',所以说狂妄的人说的话,圣人也可以从中选择有益的。我虽不才,但愿为大将军尽心尽力。陈余其实并非愚钝无能之辈。这次他败于将军手下,最大的错误就是轻视汉军、轻视将军,以致兵败身死。而大将军渡过黄河,攻破西魏,俘虏魏豹,灭掉代国,生擒夏说,今日又在井陉口之战中使用背水一战的战术,不到一个早晨便打败了赵国的二十万大军,威名远扬,四海皆服。普天之下,有志之人最大的愿望便是追随大将军南征北战,建功立业。"

"但是,大将军也应当看到,由于连月征战,汉军已兵疲马乏,不适宜继续征讨。若大将军执意带着疲劳之师,去攻打燕国的铜墙铁壁,燕国已闻听大将军威名,必定闭门不战,坚守城池。这样一来,汉军便陷入被动。而汉军千里远征,身处异国他乡,后勤无法保证,士气低落,就难以取胜。再有齐国若与燕国联合,恐将军无法脱身。而现在汉王和项王僵持已久,难分胜负,若将军再陷入泥沼,又如何策应汉王?这正是大将军的短处,以己所短攻人所长,不是善于用兵之人所为,将军以为呢?"

韩信对李左车精辟的分析佩服得五体投地,虚心地问道:"依先生之见,下一步该如何打算呢?"

李左车说道:"依在下之见,大将军现在应该按兵不动,且驻军在赵地,休养生息,整顿吏治使万民归心。到那时,大将军再北征燕国,只需派使者前往,晓以利害,燕王会因大将军的威名而归附。之后,您再派使者去招降齐国,齐国看到燕国臣服,也不敢独自对抗汉军。这样一来,汉王的统一大业便完成了。所谓用兵之道,贵在先声夺人便是这个道理。"

韩信受了点拨,顿觉醍醐灌顶,忙起身冲李左车躬身道:"先生果然高明,韩信自愧不如!"

韩信采纳李左车的建议,让将士们在赵国长住下来,严明军纪,开荒垦田,兴修水利,发展生产,为赵国的老百姓作了很多贡献。赵国老百姓看到汉军既不危害老百姓,还给老百姓办好事,比原来的赵军更加可靠,都深受感动,方圆几百里的人纷纷送来酒肉,向韩信等人表示感谢。

过了几个月,韩信看到赵国形势已稳,军队再次焕发生机,又采取李左车的第二条建议,一边派大军向燕国边境进发,一边派使者前往燕国送信,说服燕王臧荼归附刘邦。

韩信在信中写道:"自汉军出师以来,渡黄河,取西魏,擒魏豹;灭代国,擒夏说;井陉口以三万兵力速破赵军二十万,杀陈余。这些,陛下会不知。而今汉军威震天下,又在赵地休整多日,粮草军备充足,已无人能挡,各方诸侯争相归顺。我本无意与燕国为敌,然汉王有令,定要平定燕国,请燕王三思!"

在这封信中,韩信虽然没有明说要燕王投降,但意思已表达明确。燕王臧荼知道以燕国的力量对抗强大的汉军,无异于以卵击石,只会徒增军民死伤,遂决定投降。

韩信大喜,将燕国归降的消息写信告诉刘邦,并请求刘邦封张耳为赵王。

不久,刘邦派人送信过来,答应了韩信请封张耳为赵王的请求。从此,张耳带领大军镇守赵国,发展生产,为刘邦保得一方太平。

第五节 汉王晨闯卧榻

韩信在外破赵降燕,刘邦这边的战事则不太顺利。汉三年(前204年)六月,刘邦被项羽从荥阳打到宛(今河南南阳宛城),又被追到成皋(今河南荥阳汜水镇西)。

这个时候,刘邦身边只有夏侯婴一员大将,他站在城头,看着城外黑压压如蚂蚁一样的楚军，吓得不敢出城迎战。他和夏侯婴商议后，两人一致认为，成皋非久留之地，与其让项羽攻破城池，成为俘虏，还不如早点出逃，去投奔韩信，然后东山再起。于是，二人不敢耽搁，从成皋北门出城逃命，渡过黄河，又零星地收拢了一些从成皋城内追赶上来的逃兵。

经过多日行走，他们终于进入修武境内。刘邦突然勒住战马，脸上现出为难之色。将士们见刘邦不走了，也都跟着站住。夏侯婴不解地看着刘邦，问道："主公，再有三十多里就到大将军的军营了，怎么不走了？"

刘邦皱着眉头说："咱们是从荥阳败逃出来的，就剩手底下这几个兵将了，现在去投奔韩信，如果他已生出异心，我等必死啊！"

夏侯婴沉吟片刻，说道："请主公放心，韩信重情重义，绝对不是那种忘恩负义的小人，现在咱们已经无路可走了，只有进入韩信军营才安全。所以，主公莫再多虑，还是快快赶路吧。"

刘邦长长地叹了口气，神情沮丧地说："今非昔比啊，如今我虽为汉王，然兵败至此，其实不过是个孤家寡人罢了。进了韩信的军营后，人为刀俎，我为鱼肉啊！"

夏侯婴认为刘邦的话不无道理，不由得有点胆怯起来，问道："主公，既然如此，现今又为之奈何？"

刘邦没有立即回答，思考良久才对夏侯婴说道："想要放心大胆地进入韩信的军营，只有一条路，那就是先设法把兵符和印信拿到手中，控制住韩信的大军。"夏侯婴点头应允。

次日凌晨，夏侯婴忽然被刘邦叫醒，说要立即动身前往韩信军中。他睁开眼睛，发现外面还黑黢黢的一片，不解地问道："不就是三四十里的路程吗，至于这么早赶路吗？等咱们赶到了，韩信还在睡梦之中，那不是太麻烦了？还不如多睡一会儿，天亮了再赶路，岂不更好？"

刘邦没有解释，只是说："你不要多问，只管跟着我走就是了。"

没过多久，二人便来到了目的地。看守大门的士兵不认识夏侯婴，更不认识刘邦，但他听说是汉王派来的使者到了，自然不敢怠慢，急忙向当日执勤的将军报告。执勤的将军赶到军营门口，见有两个人正背对着自己，刚要开口说话，刘邦和夏侯婴已转过身来。那将军一看来者竟是刘邦，深感意外而又惊慌失措，急忙双膝跪地，磕头请罪说："小人不知道主公驾临，罪该万死！大将军和赵王都还没起床，请主公稍等片刻，我现在就去禀报，让他们前来接驾。"

刘邦听说张耳和韩信都还没有醒，正中下怀，急忙挥手拦住那名将军，说道："算了算了，大将军和赵王连日用兵，想必已经十分困乏，就不必麻烦他们了，还是我们直接去大将军的营帐吧。"

那将军看到汉王如此体贴下属，心中一阵感动，忙不迭地答应着，然后领着刘邦和夏侯婴直奔韩信的营帐。

听着营帐内传出的如雷的鼾声，刘邦庆幸自己来得及时。他听说守卫要去通报，忙一把拉住，说道："不用通报了，我自己进去就是了。"说完也顾不上什么君臣之礼，抢先一步跨进营帐内，果然看到韩信正躺在一张简易的木榻上睡得十分香甜。他心中一阵欢喜，蹑手蹑脚地走到韩信身边，看到他腰间的鞶革上系着一只锦囊，正是用来放置兵符和印信的。于是，他轻轻地俯下身去，在众目睽睽之下，将锦囊从鞶革解下来，又悄悄地退出去，并嘱咐守卫不要吵醒韩信，带着夏侯婴和执勤的将军径直走了。

韩信醒来后，习惯性地在腰间摸了一把，忽然发现那里空荡荡的，一向被带在身边用来盛放兵符和印信的锦囊已不翼而飞。他只觉得头"嗡"地响了一下，额头上立即沁出汗水来。要知道，兵符和印信可是权力的象征，弄丢了这两样东西，他就再也无权指挥千军万马，大将军的称号也不过是徒有虚名。

韩信正要下榻仔细寻找，帐外的侍从听到动静，急忙跑进来禀报说："启禀大将军，刚才主公驾到，拿了大将军的兵符和印信。"

韩信吃了一惊，忙问："主公什么时候来的？为何不通报于我？"

"回大将军，主公不想惊扰您，所以不让通报。"

韩信已猜到了大概，没有往下追究，又问道："主公现在哪里？"

卫兵回道："去了点将台。"

韩信皱紧双眉，心中一阵疑惑：汉王不是在荥阳和项羽打仗吗，怎么突然跑到修武来了？现在又偷偷摸摸把自己的兵符和印信拿走，去点将台调兵遣将，难道是要罢免他这个大将军？他产生了一种不祥的预感，但此时他也顾不上考虑太多了，急忙赶去点将台。

韩信赶到点将台时，看到刘邦正高高地站在点将台中央，身边还侍立着大将夏侯婴。他来到刘邦的面前，磕头下跪，连声说道:"罪臣不知主公大驾光临,有失远迎,罪该万死!"

张耳也紧挨着韩信跪下:"请主公赐罪!请主公赐罪!"

刘邦并未怪罪他们,扶起二人,脸带笑意地说:"二位将军劳苦功高,故寡人不想打扰,只想取得兵符印信,调动大军,回师与项羽决战,莫要自责。"

韩信这才放下心来,原来刘邦此时兵败,需要自己的军队来重整旗鼓。于是二人齐声说:"一切听从主公安排。"刘邦见二人并未有什么不满,便自顾自地开始派兵点将,命令张耳继续坚守赵国之地;又封韩信为相国,让他召集赵国还没有发往荥阳的部队,去攻打齐国;他自己则率领修武军营中几乎全部兵力,与在军营外等待的那些逃出成皋的汉军汇合,南下前往巩县(今河南巩义),继续和楚军对峙。

有了韩信所属部队的支援,刘邦终于在巩县站稳了脚跟,有效地阻挡了楚军的进攻。从汉二年(前205年)五月刘邦退守荥阳,到汉三年(前204年)六月刘邦率韩信大军支援,一年多的时间里,楚军向西推进了不足一百里。由此可见这场旷日持久的"楚汉之争"是何等艰难。在此期间,无数将士战死沙场,生灵涂炭。

刘邦下了一道命令便直接离开,给韩信留下了一个很大的难题。从当时的形势来看,齐国雄踞东方,是独立于楚、汉之外的唯一力量,若能占领齐国,便可以形成对楚军的三面包围之势,汉军的胜利指日可待。但这谈何容易,韩信在攻取魏、赵、燕的过程中,多次将收编的部队送往荥阳正面战场,帮助刘邦对抗项羽,现在刘邦又毫不留情地将他最精锐的部队也调走了,而分散在赵国各地的部队还要负责镇守当地,他此时能调动的只有几万人马。而齐国的实力不容小觑，别的不说，仅历下（今山东济南）就驻扎着数万重兵。而且历下地势险要，以几万兵力去进攻凭险据守的二十万齐军，一旦失利，恐怕汉军一骑一卒都难以逃回黄河以西。对韩信来说，这可是身败名裂的大事。因此，他迟迟不敢行动。

所幸刘邦在自己的力量和项羽的平衡之后，又调回了一批精兵强将，包括左丞相曹参所部步兵、御史大夫灌婴所部精骑，全力支援韩信。同时还令韩信的旧部傅宽、靳歙等将领也率部回归，督促韩信尽快攻取齐国，从项羽的背后打开局面。

一下子得到这么多的援军，韩信有了取胜的把握，遂以相国兼大将军的身份，统领各部汉军，于九月底到达平原津渡口（今山东平原县南）的西岸，随时准备渡河东进，摆出了与齐军决战的架势。

齐国看到汉军到来也不敢大意，时刻坚守阵地，密切关注汉军动态，随时准备投入战斗。

硝烟已经弥漫了黄河两岸。

第六节　三寸之舌与铁甲雄兵

汉三年（前204年）冬，寒风呼啸，雪花飘飘。就在韩信秣马厉兵，准备攻打齐国之际，他忽然接到齐王密信，说愿意投降归汉。

原来，刘邦虽然派韩信去攻打齐国，但又害怕他攻下齐国后，实力迅速壮大，会不听自己的指挥，自立为王，并与自己为敌。为了掣肘韩信，他派了能说会道的郦食其出使齐国，说服齐王田广降汉，并且没有将这件事告知韩信。

韩信看完密信，二话不说，就要带兵返回赵国，蒯通却劝阻他说："大将军，主公虽然暗中派出使臣游说齐国投降，却没有说让您停止进军。郦食其不过一介书生，凭着三寸不烂之舌就轻易收复齐国的七十余座城池。将军您出生入死，历尽艰辛才攻取赵国的五十多座城池，如此功劳，难道比郦食其小吗？所以，我认为我们应该继续前进。"

韩信被蒯通这一番话说动了心，但又想到齐、汉之间已达成和约，如果毁约进攻，不仅要背负背信弃义的骂名，还有可能受到汉王的责罚。但是，他又想，谁敢保证这不是汉王的欲擒故纵之计呢？当初汉王就曾采用张良的建议，派郦食其携带重金去收买扼守武关的秦将，与他们约定献关投降之后保证其富贵荣华，从而赢得了秦将的信任，在秦将麻痹大意之时，又突然发起攻击，一举攻克了"一夫当关，万夫莫开"的武关天险，控制了出入关中平原的南大门。或许这是汉王故伎重演，要不然，他为什么不提前通知自己呢？既然汉王做过这样的事情，他身为大将军，当然也能做。况且，他这是在为汉王打天下。想到这里，韩信决定听取蒯通的建议，对身边的侍卫说道："吩咐下去，大军继续前进！"

此时齐王田广正端坐在王宫内，和众大臣开怀畅饮。突然，一个内侍神色慌张地走进来，到了田广身边，俯下身去，在他耳边低声说些什么。

内侍的话还没说完，田广便脸色大变，怒发冲冠："刘邦这个无耻老贼！"

他挥手让所有无关人员退下，一脸气愤地说道："这个刘邦，既派郦食其来劝降我，又派韩信来攻打我，如此反复无常，纯属小人所为，这是欺我大齐无人吗？"他随即征询负责防守齐国边境历下的主将华无伤："依将军之意，该如何应对？"

华无伤说："主上勿忧，我们在历下屯兵数万人，以逸待劳，难道还怕韩信带领的一群疲劳之师吗？"

田广见华无伤很有信心，便执着华无伤的手，郑重说道："将军，汉兵来势汹汹，前线就托付给将军了。望将军带领前线将士奋勇杀敌，不负我大齐百姓的重托。"

当日，华无伤回到历下，立即召集诸将商议应对之策，他说："汉王无信，先派使劝降，又大军压境，这是在欺我大齐无人。现在我已奉主上之命，誓与汉军决一死战，望诸将能以国家为重，不做贪生苟且之徒。"

大将田解自告奋勇道："请将军给我一支队伍，我愿率军出战，带回韩信的人头！"

华无伤正愁找不到打头阵的人，便点头道："如此最好，若将军获胜，我将带着将士们冲出去配合你，一举消灭韩信的主力；若将军失利，我也会带着将士们出城接应你，以保万无一失！"

商量好相关事项后，大家便分头准备，誓要将韩信阻挡在历下城外。

且说韩信率领大军一路急行军，很快到达历下，正要继续前行，忽然有斥候来报："大将军，前方发现齐兵，领兵将领是田解。"

韩信摆手让斥候退下，对身边的将领说："华无伤派田解出战，看来是老天相助，历下唾手可得矣！"

众人听了这话，知道韩信一定有了消灭齐军的办法，于是纷纷问道："大将军有何妙计，何不讲来听听？"

韩信说："田解为齐之王室，有勇无谋，且骄傲自大，华无伤虽然是历下主将，但也无法完全驾驭田解，更不敢让田解有任何闪失。所以，我们这次就在田解身上做文章。"说到这里，他转头对一名部将说道："你带五千人马去迎战田解，但千万不可恋战，要假装败退，让田解追赶。"顿了一下，他又指着另一位将领说："你带一万人，埋伏于田解追赶的道路两旁，待追兵一到，立即出击，杀他个出其不意。"

布置好作战任务，韩信又对所有人说道："田解被围，华无伤一定会亲自带兵出城救援。其他将领可在华无伤的大军全部出城之后，迅速切断其与田解之间的联系，拖住华无伤。我会亲自带兵攻占历下，然后再回头配合大军消灭华无伤。"

在历下城西二十里，田解率领的一万五千人马正列队备战。田解稳坐在战马上，金盔银甲，手持一杆长枪，双眼凝视远方。不久，一队人马出现在田解的视线中，看上去不过四五千人。田解悬着的心放下了一半，他想：都说韩信用兵如神，却拿四五千人来对战我的一万五千人，真是不自量力！待我杀他个片甲不留，向主上邀功请赏。想到这里，他将手中长枪一挥，冲部下大声命令道："将士们，随我去杀了韩信，立下头功！"说完，他一马当先向汉军冲了过去。

汉军刚刚到达两军阵前，还没来得及摆开阵势，齐军便冲了上来，汉军急忙迎战，双方厮杀在一起。很快，汉军便现出败象，汉军主将大声喊道："齐军强悍，暂且撤退！"说完打马冲出阵地，一溜烟地跑了。其他将士早就等着这一句话，也都迫不及待地退出战场，丢盔弃甲，仓皇逃去。

田解正杀得兴起，没想到汉军一触即溃，他坐在马上，看着惶惶如丧家之犬的汉军，忍不住大笑道："盛传韩信用兵如神，攻无不克，战无不胜，原来也不过如此！如果他早些遇到我田解，战无不胜的神话早就不在了，今日既然相遇，就休想再逃走，定要活捉他！"说完策马追了过去。

汉兵往前跑了一阵，看到田解已经进入预设的伏击范围，便又站住了，再次和齐军厮杀起来。

双方正打得难分难解之时，突然传来一阵响彻九霄的征鼓声。田解吓了一跳，急忙扭头看去，只见四周冒出无数的汉军来，顷刻间便将他们团团包围。他这才知道中了韩信的埋伏，连忙向手下大声喊道："韩信奸诈，暗算于我，快撤！"

然而，汉军根本不给田解脱身的机会，冲进齐军阵中一阵砍杀，眨眼的工夫齐军死伤过半。田解气得捶胸顿足："想不到我田解英勇一世，却误中了韩信的诡计！"随后带领剩下的将士向东且战且退。

华无伤得知田解这么快就被围,大吃一惊,想要下令紧闭城门,将汉军拒之门外,但又想到田解虽然是副将,却是王室成员,如有闪失,齐王一定不会饶恕自己,只得集合所有队伍,出城去接应田解。

在距离战场不远处的高地上,韩信等将领正密切关注着战场上的动静。突然,一个惊喜的声音叫道:"大将军您看,城门打开了!"韩信望向历下城,果然看到城门被缓缓打开,紧接着,一支队伍冲了出来。冲在最前面的是几员骑马的大将,后面是步兵。韩信知道时机已到,遂向埋伏在城门口的汉军发出冲击的信号。汉军得到命令,当即从城门口两侧的高地向下俯冲,很快便将华无伤等人包围了。

华无伤暗叫不好,急忙勒住马,四下看去,见自己已经陷入汉军的重围之中。他想要突围出去,却又不知道该从哪里下手。

一场大战过后,田解被杀,华无伤知道败局已定,如果再打下去,自己也将性命不保。他不敢恋战,带着剩下的将士边打边向城内撤退。

韩信看到华无伤要逃,忙向灌婴发出信号,无论如何也要堵住华无伤,坚决不能让他进入城内!在灌婴的带领下,汉军一齐向城门口涌去,将齐军牢牢地控制住,最终生擒了华无伤。

战斗结束了,韩信、灌婴、曹参等人在一片欢呼声中策马进入历下城。

很多年以后,东汉开国皇帝刘秀曾这样评价历下之战,说"韩信破历下以开基"。由此可见,历下之战是楚汉战争的重要转折点,自此以后,项羽渐渐由盛转衰,被刘邦消灭只是时间问题。

在齐国国都临淄的王宫中,齐王田广正急得像热锅上的蚂蚁,坐立不安。此刻,他的思绪早已飞到了几百里之外的历下。华无伤是齐国大将,作战经验丰富,如果面对的是别人,他倒不担心,可现在他面对的是韩信,他无论如何也放心不下。韩信足智多谋、用兵如神,自从被刘邦拜为大将军之后,取得的战果是天下人有目共睹的。刘邦得遇如此优秀的大将军,这天下恐怕早晚非汉莫属。如果不是郦食其花言巧语地骗他归顺刘邦,他也不会麻痹大意,对边境疏于防备。现在说什么都晚了,只能祈求上天保佑华无伤打败韩信,保大齐平安无事。

此时,郦食其正呆若木鸡地站立一旁,谁也不知道他在想什么。

"主上,主上,大事不妙!"一个士兵慌慌张张地闯进来报告,"禀报主上,历下失守,韩信正带领大军往临淄而来!"

尽管这是田广预料中的结果,但当它成为事实时,他还是有些不能接受。过了半晌,他终于醒过神来,将愤怒的目光投向郦食其。

郦食其忽然狂笑起来,那笑声背后是说不尽的血泪。此刻,他终于明白自己是被刘邦和韩信利用了。尽管心有不甘,却已无法改变必死的结局了。

田广下令道:"来人,将郦食其拉下去,放入大锅中煮死!"

两侧的侍卫快步走上来,不由分说,一人架住郦食其的一只胳膊，将他拖出去施以酷刑。就这样，这位满腹经纶的谋士成了灭齐战争的牺牲品。

第七节　潍水之战斩龙且

烹煮了郦食其后，田广不敢再在临淄逗留半刻，匆匆逃出城去。可是，他前脚刚到高密，汉军后脚就追了过来，在城外磨刀霍霍，随时准备发动攻击。就在他出逃的同时，丞相田横逃往博阳（今山东泰安），守相田光则逃往城阳（今山东菏泽东北），将军田既驻军胶东。现在大家各奔东西，又都自顾不暇。无奈之下，田广只好向项羽求救，但使者去了几天一直没有消息，也不知项羽会不会派兵过来。

这天，田广背抄着手站在高密临时王宫的窗前，口中不住地唉声叹气。一个内侍走进来禀报说："主上，您派出去的使者回来了。"

田广眼中闪烁出一丝希望的光芒，忙说："快叫进来！"

田广话音刚落，一个人影闪进来，正是他派出去的使者。使者带回来一个好消息："项王已经答应派司马龙且来救援我们了！"

听说有援军，田广脸上阴郁的表情一扫而光，兴奋地说："太好了！有龙且相援，我们可保性命了！"

项羽在巨鹿与秦军主力交战时，龙且一马当先，奋勇杀敌，血染战袍，立下大功。后来，九江王英布叛楚附汉，他奉命前去征讨，仅用几个月时间便将素称骁勇无敌的英布打得全军溃散，只身而逃，九江因此得以平定。不久之前，他又随项羽回师东上，与骚扰楚军后方的彭越交战，将其赶得四处躲避。因此，龙且深受项羽器重，让他掌管军中大权。不过，龙且性情粗犷、骄傲自大、目中无人，这也注定了他失败的结局。

龙且接到救援田广的命令后，当即带领大军离开广武山，千里迢迢向着高密行进。想到即将到来的战争，龙且心中充满了自信，因为他拥有一支特殊的部队，这支部队是由楼烦人组成的骑兵部队，各个将士不仅骑术精妙，而且射技高超，跟随他出生入死，多次在战场上大显神威。再者，从兵力上说，即便不算齐王田广的部队，仅他自己带领的楚军就数倍于汉军，想要打败韩信并不是一件难事。当然，作战也要讲究谋略，他扭头冲身边的谋士道："依你之见，我们这一仗该怎么打？"

这位谋士沉思片刻，说道："将军，在下以为，汉军远离家乡，又久经战斗，其锋锐不可当。而齐军、楚军都是在本土作战，一旦遇到败仗，最容易逃跑。所以，我们不如挖深沟，筑高墙，避其锋芒，不与其交战，将其拖垮，再伺机而动。现在临淄陷落，韩信正在努力经营，以拉拢人心。如果那里的老百姓听说他们的君主还在，且楚国的援兵已到，必然群起反抗。彼时汉军粮草匮乏，将不战而降。"

龙且不以为然道："我听说韩信胆小如鼠，当年在淮阴从漂母那里乞食，又甘受胯下之辱，后来凭借三寸不烂之舌取得刘邦小儿的信任，又靠着运气打了几场胜仗，其实不过是徒有虚名罢了。这种人很容易对付，我为何要怕他？你要知道，我是奉了主公之命来救齐王的，如果不经交战便收降汉军，哪里还有功劳可言？等我打败了韩信，主公一定会将半个齐地封赏给我，我又何乐而不为呢？"

在楚军气势汹汹地向齐国前进时，韩信也在自己的营帐里召集众将商议军情大事。他说道："龙且是项王属下的一员大将，追随项王南征北战，战功赫赫。现在齐楚联合，更是今非昔比，所以我们面临的将是一场恶战。我军劳师远征，兵疲马乏，不可强攻，当以智取胜。龙且大军到来，我们将在潍水两岸列阵，他想要攻打我们，必须渡过潍水。我们若要以智取胜，就必须在潍水上做文章。"

众人不解，纷纷问道："不知大将军如何在潍水上做文章？"

"今夜我会派一支队伍悄悄地赶到潍水上游，用万条麻袋装满沙子，堵住上游的河水，然后士兵就地埋伏下来。这样一来，下游的河水就会减少，渡河也就容易了。"韩信环视众将一眼，继续说道，"明日一早，我会亲自率领大军，渡过潍水挑战龙且。以龙且狂傲自负的性格，必定会带着齐楚联军倾巢而出与我作战。我假装败退，再退到潍水西岸。待龙且追赶到河中央时，伏兵马上掘开沙袋，水淹齐楚联军。"

众人听了都恍然大悟，无不佩服韩信的英明决策。

计划已定，各将领分别行动，韩信派一支队伍连夜做了一万多个大口袋，并赶到潍水的上游，在口袋里装满沙子，用来堵住河水。天还没亮,上游就积满了河水,如同一个巨大的水库。这时正是十一月间,潍水处于枯水期,因此没有引起龙且的注意。

次日,日上三竿,汉军吃饱喝足,军营大门缓缓打开,韩信带领两万汉军走出军营,在震天的征鼓声中来到潍河岸边,只见河床已基本干涸,不用说骑兵,连步兵都可以轻而易举地蹚水过去。于是,他拔出腰中宝剑,号令汉军向对岸冲去,杀向齐楚联军的营垒。

此刻,龙且正站在一辆战车上,不动声色地观察着汉军的动静。他发现汉军虽然规模庞大,但军队旗号不整,队形散乱,而且一个个面带倦容,显然是长途跋涉所致。他心中冷笑一声,自言自语道:"就这样的队伍,已成强弩之末,不堪一击,还想与我交战,不过是自寻死路罢了。看来韩信不过如此!"

"将军,我们要迎战吗?"有人问道。

龙且心生不快,斥责道:"为什么不迎战?疲弱之师有何可惧?"他转向众将领,大声道:"诸将听好,开营迎战,务必全歼汉军,生擒韩信!"

龙且跳下战车,又飞身上马,带着精于骑射的楼烦骑兵向前冲去。

楚军如一阵狂风,瞬间便和汉军相遇,双方随之展开激烈的交战。很快,有不少汉军士兵接连倒下,鲜血直流。

韩信看见后,故作惊慌,急忙下令道:"撤退,快撤退!"说完,拨转马头便逃。汉军将士也都跟着撤退。

龙且看到韩信和他的汉军只打了几个回合便要逃跑,不禁大笑:"我就说韩信徒有虚名,就这点本领还想跟我交战!消灭你的时候到了,跟我追!"他一马当先追赶过去。齐楚联军也士气大涨,跟在龙且后面争先恐后地追赶起来,一边追赶一边大喊:"消灭汉军,生擒韩信……"

汉军快速下到河里,并越过河床回到对岸。齐楚联军紧跟着来到河西岸,龙且见河水基本枯竭,河床已经全部暴露,被汉军人马踩踏得面目全非。他丝毫没有怀疑,率先策马跃下河床,带领大部队向汉军追过去。

韩信看到龙且跃下河床,知道胜利的时刻即将来临,对身边的传令者吩咐道:"传令过去,开坝放水!"

将士们早已各就各位,得令后以最快的速度将那些沙袋搬开。此时,上游的水被截断,已经与河岸平齐,上下游之间形成了巨大的水位落差,一经决堤,河水倾泻而下,如同山洪暴发,咆哮着向下游河道冲去,浊浪翻滚,水声震天。

龙且已经带领少数部队抵达西岸,更多的后续主力军正源源不断地跳下河床。他们听到一阵轰鸣声由远而近地传来,纷纷扭头看去,只见浑浊的河水翻卷着浪花奔腾而来,眨眼间就到了他们面前。他们急忙转身往回跑,但是一切都晚了,他们还没跑回岸上,便被汹涌的河水卷走,甚至来不及喊一声救命,便不见了踪影。那些行动稍慢、还没有跑下河床的士兵,被眼前的一幕惊到,目瞪口呆地看着无数战友被卷入咆哮的河水之中,瞬间没了踪影,面对翻涌的河水,无法再前进一步。

龙且正带领先头部队追杀汉军,听到身后的洪水轰鸣声后,他急忙勒住马，只见滔滔河水狂泻而下，瞬间吞没了他的二十万大军。

龙且心中感到了巨大的恐慌，发现随同过河的部队不足万人，一个个惊恐不已。再向前看，本来正在逃跑的汉军忽然掉过头来，以排山倒海之势杀过来，一改刚才萎靡不振的状态。龙且这才知道自己中了韩信的引蛇出洞之计，怒骂道："韩信小人，竟然使奸计害我，看我拿下你的人头！"说完，跃马向汉军冲杀过去。

"将军且慢，你看那边！"一名副将叫住龙且，并指着河的上游方向。

龙且急忙勒住马，向上游方向看去，只见一支汉军伏兵从那里冒了出来，正如旋风一般杀过来。

"将军，还有那边！"又一名随将慌乱地说。

果然，另一边的一片树林中，又有一支规模庞大的汉军骑兵冲杀出来，不下万人，为首的是大将灌婴。他们一边冲杀一边放箭，马如奔虎，箭似飞蝗，楚军纷纷倒下，发出一阵阵惨叫声。

龙且三面受敌，又背靠洪水，不得不承认韩信不愧是用兵如神的大将军，一切都计划得滴水不漏。他本来以为自己凭借楼烦这支精骑，可以轻而易举地拿下韩信的人头，如今再看，实在是太天真了，别说杀不了韩信，自己恐将性命难保。既然韩信决意要取自己的性命，看来今天想要全身而退已是不可能了。想到这里，他将手中大刀一挥，命令道："将士们，我们已无退路，今日不是鱼死便是网破，杀啊！"他率先向着正面的汉军冲去，希望杀出一条血路来。

韩信似乎看透了龙且的心思，长剑向空中一指，大声命令道："将楚军包围起来，休要让龙且逃走！"

汉军三路大军得到命令，眨眼间便将龙且及其部下团团包围起来，双方将对将、兵对兵，杀得难分难解。

龙且被灌婴等几员大将包围住，只有招架之功，没有还手之力。他看到将士们一个接一个倒下去，心如刀绞，悔恨自己轻敌大意：看来今天是真的要葬身于此了！自己轻敌兵败，死不足惜，只是辜负了项王对自己的厚望！他越想心中越乱，渐渐地丧失了斗志。

灌婴部下的骑兵丁礼看准龙且的破绽，挥起长戟向他刺去，正中其胸口。龙且惨叫一声，跌落马下。丁礼紧接着拔出长剑，只见寒光一闪，龙且的首级便被斩下。楚军副将周兰也被灌婴一枪挑落马下，只得束手就擒。

那些还在作困兽之斗的楚军将士见龙且已死，副将周兰也被生擒，完全失去了斗志，纷纷弃甲而降。尚未渡河的楚军看到西岸的这一幕，再也不敢言战，四散溃逃。

这场战役以汉军大获全胜而告终，除斩龙且、擒周兰之外，右司马、连尹以及楼烦骑兵将领等十余人也先后被俘。齐王田广得知龙且兵败被杀的消息，非常惊恐，不敢在高密待下去，再次出逃，但最后也被汉军追上斩杀。随后，韩信指挥大军渡过潍水，向齐军发起全面攻击。

灌婴、曹参乘胜追击，分别杀死了驻守千乘（今山东淄博高青）的田吸和胶东（今山东平度东南）的田既，占领齐国共七十余城，齐国灭亡。

第七章 英雄蓄壮图

第一节 请封"假齐王"

汉四年（前203年）十一月的一天，韩信和李左车、蒯通、曹参、丁复等亲信之人骑马行走在齐国的道路上，在他们的身后，还跟着其他一些将领和一支由卫兵组成的队伍。

时值隆冬，天气严寒，北风呼啸。不久前刚下了一场雪，道路上的积雪经过人和牲畜的踩踏，已经完全融化，而道路两旁还是白茫茫的一片。

韩信一边走一边看，禁不住感慨万千，思潮起伏。经过数次残酷的战争，无数将士抛头颅洒热血，终于换来了今天的成就，齐国灭亡了,它已经成为汉王的国土。

韩信一手抓着马缰,将执着马鞭的那只手搭在额头上,极目远眺,只见面前是一望无际的原野,原野的尽头,一道道延绵起伏的山脉若隐若现。都说齐国是膏腴之地,沃野千里,如今看来果然名不虚传。

这时,蒯通朗声说道:"快看,齐王的赛马场!"众人顺着蒯通所指的方向看去,只见距离他们二里多远的地方,有一大片空地,目测有几百亩,非常平坦,方方正正,在场地一侧的边缘,竖立着几块练习骑马射箭的箭靶。此刻地面上已基本看不到积雪,露出满地的衰草来。有两头牛正在场地的中间吃草,其中一头牛的背上坐着一个牧童。牧童双手持一根长笛,吹奏出悲凄的乐曲,像是在讲述一段伤感的往事。

韩信被笛声吸引,他轻轻勒住马,若有所思地望向空场地,问道:"这可是当年孙膑献策赛马之所?"

"正是。"蒯通回答说。

韩信收回目光,心中不免唏嘘,马鞭在马屁股上轻轻敲了一下,马儿迈开蹄子,继续向着城门走去。他们很快到了城门口,城门早已打开,汉军将士整齐地排列在城门两侧,鼓乐齐鸣,以盛大的仪式欢迎大将军入城。城里的街道上也是人山人海,老百姓都想一睹曾经遭受胯下之辱,后来又指挥千军万马屡立奇功的韩大将军的风采。在高大的城门上方镶嵌着一块巨石,上面刻着两个斗大的字——临淄。

李左车颇有感触地说:"说起这临淄,也算是一座古城了,若从齐太公姜尚被封到这里,建立都城算起,至今已有八百多年。"

听李左车提到姜太公,韩信马上想起了姜太公钓鱼的故事。曾几何时,他还亲自拜访过姜太公的钓鱼故地,并祈求老人家保佑他成就大业。现在他大业初成,或许正是得益于姜太公冥冥之中的护佑。

想到这里,他脸上难得地露出一丝笑容,说道:"几百年前,姜太公为大周王朝的建立立下了汗马功劳,被封到这里。可他怎么也想不到,田氏竟篡权夺位。秦灭齐设郡,田儋又复立齐国,现在齐国又为我韩信所得,可见帝王将相从来就不是天生的。皆言姜太公能算出五百年后的事情,不知今日之事他能否算得到呢?"

他们一边说一边进入城内,顺着老百姓让出的夹道往里走,来到齐王宫前停下。呈现在他们面前的是一座高大巍峨的建筑。首先是一道道光滑的玉阶,沿玉阶而上,是一道敞开的大门。大门两侧是两个方形的廊柱,廊柱下分别蹲着两只吐水的螭首。柱身上雕刻着栩栩如生的金龙,回旋盘绕,龙头探出房檐外,龙尾指向殿内。

看着这金碧辉煌的王宫宝殿,韩信想起了自己的过去,衣不蔽体、食不果腹,受尽左邻右舍的嘲笑,被亭长妻子羞辱,多亏漂母赠饭才让他活了下来,更有后来的牛二胯下之辱,让他至今都无法摆脱心里的阴影。现在他立下不世之功,位高权重,不但可以指挥千军万马,而且还要住进这王宫宝殿里,睡在龙榻上。假如有一天,他衣锦还乡,带着这些士兵出现在那些曾经嘲笑过他的乡亲面前，出现在让他承受胯下之辱的牛二面前，不知道他们会作何感想？

"大将军，想什么呢？"蒯通看到韩信望着宫殿，久久没有说话，忍不住轻声问道。

韩信这才回过神来，笑了笑说："我想起当初齐桓公被管仲一箭射中带钩，凭借装死的本领骗过管仲，最后谋得王位，才有了他后来的称霸诸侯，最终成为一代豪杰。"

蒯通点点头，奉承地说："齐桓公一代豪杰又怎样？只是得管仲这等旷世奇才，幸得称霸。而大将军纵横数千里，一连消灭魏、代、赵、燕、齐五国，功高盖世。当年的秦王嬴政也不过如此……"

"先生过奖了，"韩信正了正脸色，打断蒯通的话说，"齐桓公是五霸之首，这是大家公认的，我韩信只是偶然取胜而已，怎能和先辈相提并论。"

他们正说话间，一个将领模样的人快速从宫门那跑过来，来到韩信面前，大声说道："禀报大将军，齐之府库已封存妥当，只等大将军安排！"

于是，韩信、蒯通、李左车、曹参等人跳下马来，将马缰分别交给身边的随从，一起进入王宫大殿。登上台阶后，是帝王处理朝政的地方，上面的龙案龙椅以及简册还整齐地摆放着，仿佛朝会散罢君臣刚刚离去，似乎还能听到那渐行渐远的脚步声。

李左车说："当初齐威王就是在此殿之中主持朝政，又亲率大军击退侵略边境的赵、魏、楚国的军队，一鸣惊人，也使齐国中兴，屹立于诸侯之列。"

韩信看了一眼李左车，感慨道："齐国历史悠久，人才辈出，孙武、孙膑、齐威王、晏婴都是了不起的人物，非我辈可比！"

蒯通在一旁大笑两声，说道："只可惜他们都不在了，当今天下，唯大将军最为尊贵，谁与争锋？"

韩信连忙冲蒯通摇摇头说："将军千万不要再这样说，当今天下最为尊贵之人乃汉王，我与主公相比，还差得太远。"他说着，迈步踏着台阶走了上去。

众将本来还想再说几句夸赞的话，但看见韩信的脸色似乎不太好，只好作罢。

这天上午，韩信正坐在自己的书房里，仔细地查看一卷竹简。这是一本账册，上面详细地记录着王宫内所有的珍藏、钱币、粮草，以及每年的花费等。之前只听说齐国富裕，今天看了这些账册他才知道，齐国还真是名副其实的富庶之地，珍宝无数，府库充盈，仅齐王一年的开支就抵得上汉军两年的消耗。他将账册合上，轻轻地闭上双眼，开始思考一个问题：齐国如此富有，又兵强马壮，为何就这么败亡了呢？

忽然，一阵急促的脚步声传来，之后便是守卫士兵的声音："启禀大将军，主公派人送贺信来了。"

使者来到韩信面前，首先向韩信躬身施礼，然后取出刘邦的贺信交给韩信。韩信仔细地阅读了一遍，里面全都是刘邦对他这次攻取齐国高度赞赏、表扬、鼓励的话。他看完后，脸上现出一丝不易觉察的失望之情，似乎有什么话要说，却什么也没说。他向使者询问了汉王近来的一些情况，然后便打发他走了。

使者前脚刚走，蒯通后脚便走了进来。他满面笑容地问道："大将军，主公专程派人过来，一定赏赐了不少东西吧？"

韩信摇摇头："除了贺信之外，没有别的了。"

蒯通有些愤愤不平地说："将军攻城略地，连灭五个诸侯国，如此奇功，主公却只有一封贺信。"

"我们尽心辅助主公成就大业，拯救百姓于水火之中，只求问心无愧，赏赐之事由主公安排，不可贪得无厌。"韩信劝解蒯通，又像在宽慰自己。

"将军所言甚是！"蒯通说完犹豫了一阵，来到韩信的身边，席地而坐，脸上带着几分神秘的表情，压低声音道，"大将军所征服的这五国，唯有齐国最富庶，人口最多，而且最不好管理。现在齐王已经被杀，齐国群龙无首，何以慑服天下？大将军何不在齐国称王？只有这样才能镇抚四方。"他顿了一下，又继续说，"齐国自古以来为东方大国，若封王之人无足够威信，恐怕难以服众。现在，大将军功高盖世，若跟主公讨个王位，岂不更好？"

听了蒯通的话，韩信陷入深深的思索中。他想，自己征战天下，平定了魏国之后，汉王设立了三郡，把赵国的王位赏给了张耳，把燕王的位置赏给了臧荼，现在齐国王位空缺，除了他，还有谁有资格敢称齐王？

但是，他转而又想，难道汉王不提，自己就伸手去要吗？那不是他的为人之道。也罢，只要做好这个大将军，照样能当上万户侯。于是，他轻描淡写地对蒯通说："主公自有他的打算，我等只要奉命行事即可。"

蒯通见韩信对封王之事不感兴趣，不甘心就这样放弃，进一步劝说道："大将军功劳卓著，主公本来应该主动封您为齐王，可他只送来一封贺信，实在小气。再看张耳、臧荼之辈，哪一个可与将军相提并论？主公不主动封赏，有两种可能：一是军务繁忙，二是有不封之意。可是，跟随主公的文臣武将，除了大将军您，哪一个有资格有能力当齐王？既然将军为难，我等愿替将军向主公请封。"

韩信觉得蒯通这个办法不错，既能体现自己不追求功名利禄的品质，又能证明自己在军中的崇高威望及将士们对自己的爱戴。再说齐国虽然被占领，但国内田氏贵族的势力盘根错节，仍然不可小觑。这些贵族对外来的汉军心中不服，不时聚集起来作乱，急需一个新王来安抚百姓，镇压叛乱。不过，假如让属下帮自己讨立，汉王一定会认为是自己授意的，还不如自己亲自出面，他认为凭借自己的军功和与刘邦的相熟，得封齐王，应该不会有什么问题。所以，他对蒯通说："将军的好意我心领了，至于封王之事，还是我亲自向主公说明吧。"

蒯通劝说成功，心中大喜。送走蒯通后，韩信便开始筹划自请封王的事情，他拟了一份奏折，派使者去觐见刘邦。使者晓行夜宿，不日来到汉军当时驻扎的广武城（今河南荥阳东北），求见刘邦。

刘邦见了奏折，仔细阅读起来："……今齐王已死，国内田氏贵族狡诈多变，反复无常，南部边境又相邻楚国，强敌随时可能进犯。为安定齐国，屏卫汉王，请允许臣代理齐王……"刘邦看后面色铁青,愤而起身,背抄着双手在书案后面来回走动。

群臣不知道发生了什么事情,一个个大眼瞪小眼,你望望我,我看看你,都不知道该说点什么。

使者跪伏在地,看到刘邦怒火冲天的样子,吓得面色苍白,大气也不敢出一口,浑身止不住地哆嗦。

刘邦来回走了十几趟,终于站住脚步,气愤地说:"韩信欺人太甚!汉军与项羽鏖战日久,他不思回兵驰援,反凭军功要挟寡人封其为代理齐王,实在可恶!"

众人这才明白,原来是韩信想要当齐王,对于此事,每个人的心情都不一样,有欣慰的,有气愤的,有高兴的,有不平的,有嫉妒的。陈平则紧锁双眉,陷入沉思之中:现在和楚军的战事正陷入胶着,局势十分不妙,正是用人的关键时候,必须要拉拢人心。韩信提出的要求虽然有些过分,但也在情理之中,若不答应他,万一事情闹僵,韩信不来增援,汉军将陷于不利的境地。尤其是当着这么多人的面,刘邦说出这样的话,会让在场的一众大臣为韩信鸣不平而对刘邦心存忌惮。他轻轻地踩了踩刘邦的脚尖,又冲他使了个眼色,然后附在他耳边,低声说道:"主公,眼下我军处境不利,还需要韩信的辅助,主公千万不可再说这样的话,以免生乱。依臣之见,不如趁机立韩信为齐王,让他好好管理齐国,也好解除我们的后顾之忧。主公您说呢?"

这时候,张良也走上前来,低声说道:"是啊,主公,韩信为人忠诚,他请立齐王,并非出于私心,也是为了主公着想。"

刘邦顿时意识到自己的失言,急忙收起满脸的怒气,改口说道:"大将军连取五国,功在第一,要做就做真王,干吗要做代理的王呢!"

使者本来以为自己死定了,没想到事情竟然出现转机,他不敢怠慢,忙冲刘邦磕头谢恩,然后匆匆离去。

张良看着使者消失的背影,又转过身来,不无埋怨地说:"主公您刚才的话确实不妥。您想,您这样当着使者的面大骂韩信,他回去后万一将此事说给韩信听,以致齐国生变,为之奈何呢?韩信自辅助主公以来,攻无不克,战无不胜,功劳超过了任何人,实力也超过了主公,难道您还把他当作刚入朝时的韩信吗?现在韩信在朝中举足轻重,万万大意不得。"

听了张良的话,刘邦默然不语。其实,他不愿意封韩信为齐王,正是因为害怕有一天韩信的实力会超过自己。既然身为自己第一谋士的张良和陈平都提出了立韩信为王的建议,他也不好再坚持自己的主张。但从此以后,刘邦对韩信更加戒备了。

第二节 封王种下的祸根

韩信被封为齐王的消息不胫而走,他手下的部将、齐国的贵族富豪及旧臣等,纷纷前来祝贺。一时间,齐王宫内宾客盈门,韩信也日日摆酒设宴,招待前来祝贺的人们。然而,刘邦的正式加封诏令却迟迟未到。韩信想派人到荥阳去催问刘邦,又害怕惹恼了刘邦,给自己带来不利的结果,无奈之下,他只好静心等待,一来二去的就等到了来年的春二月。

汉五年（前202年）春二月，初春寒风料峭，天气还未回暖。

韩信抬起头来，看着灰蒙蒙的天空，眉头紧锁。时间已经过去了这么久，自己请立齐王的事情还没有一点进展，也不知道汉王究竟是何用意。

就在这时，一个侍从快步走过来，说道："禀报大将军，陛下派的使者到了，说是奉成信侯之命提前来通知您，陛下对您加封的诏书即将送到。"

韩信闻言大喜，现在自己是真正的齐王了，也算是一方诸侯，当初在母亲坟前许下的愿马上就要实现了！他努力压抑内心的激动，淡淡地说："知道了，请使者到正殿稍候，我马上就到。"

几天后，韩信起了个大早，带着蒯通、李左车、曹参等将领、谋士出城十里，去迎接即将到来的成信侯张良。

日上三竿时分，一支队伍出现在韩信的视野中，走在前面的是十几个骑马的人，后面是步行的士兵，旌旗招展，威风凛凛，队伍后面腾起一团浓烈的尘雾，久久不散。随着队伍越走越近，韩信渐渐看清了，骑马走在最前面的正是成信侯张良。在他的身后是数个礼官，礼官的后面又跟着几位披甲执刀的将军，再后面则是手执长矛的步兵。

韩信不敢怠慢，急忙率领众人迎过去。双方见了面，张良等人跳下马来，韩信上前一步，紧紧地拉住张良的双手，久久不肯松开。荥阳一别，转眼两年已过，故友他乡重逢，自然免不了一番感慨。

大家寒暄过后，又各自上马，往临淄城而去。

在张良到达临淄的第二天，在王宫前的广场上，举行了册封韩信为齐王的仪式。

在王宫大门不远处已经提前搭起了一座九尺高台，台上红毡铺地，四周旌旗飘扬。一众执戟卫士站在高台四周，一个个表情严肃，手中的兵刃寒光闪烁，威风凛凛。但是，这并没有阻挡住临淄城里爱看热闹的老百姓，他们有的天不亮便赶过来了，将偌大一个广场围得密不透风。

随着一阵震天的鼓乐声响起，韩信、张良并肩进入场中，在他们身后还跟着排列整齐的礼官以及诸多文臣武将。到了高台前面，那些文臣武将停下了脚步，在高台的两侧站住。韩信、张良等人则沿着阶梯登上高台，站在台子的中央，面向南方，张良朗声宣读汉王的册封诏书：

……大将军韩信，自汉中拜大将军以来，一心辅助寡人，破赵、降魏，所向披靡，屡立奇功。而今，又攻克强齐，平定东方，功不可没……为彰显大将军功绩，统领齐民，治理齐国，特封韩信为齐王……

张良从礼官手中接过王印、绶带、王冠等一应物品，一一授予韩信。台下的文臣武将以及看热闹的百姓，发出一阵阵热烈的欢呼声。

张良在临淄城逗留半月有余，临走之前，他与韩信彻夜长谈。张良问道："在我来之前，主公一再交代要把授封仪式做到最好，现在我回去复命，不知道齐王有没有不满意的地方？"

韩信急忙摆手说："当初我向主公请立假齐王，完全是为了治理齐国，没有一点杂念。而主公隆恩浩荡，加封我为齐王，荣幸之至，怎会不满意呢。"

张良从韩信的话音里，听出韩信一定知道了那天刘邦发脾气的事情，有让自己捎话给刘邦之意。为了打消韩信的疑虑，他替刘邦解释说："齐王不必在意太多，楚汉战事吃紧，主公心里急躁不安，容易动怒，我等也数次被当面斥责，还望大将军体谅啊！"

"成信侯所言折煞韩信了，"韩信诚恳地解释道，"攻灭赵、魏、齐，皆陛下之福泽，韩信只是携主公之威，统兵作战，又有众将士鼎力相助，方才落得虚名，怎敢贪天之功。今日韩信所得一切皆是主公恩泽，怎会不识大体，竟敢对主公气话耿耿于怀呢？"

张良听出了韩信话语里的诚意，便又进一步说道："主公的确非常赏识齐王的军事才能，经常在行军打仗之时以你为将士楷模，跟将士们说，若非齐王倾力而为，就无法取得这么多的胜利，也根本打不开现在的这种局面。主公说的都是真心话。"

"那是主公抬举了，我虽然打了几个胜仗，其实都是众将士拼命换来的，我不过是谋划谋划罢了。"韩信谦虚地说。

张良笑道："齐王过谦了，天下谁人不知西魏王豹、赵将陈余、楚将龙且是一等一的军事人才，他们都身经百战，战无不胜，可跟齐王对起阵来，却不堪一击。在我来之前，主公还一再叮嘱，说千万要提醒齐王，现在天下未定，项羽仍虎视我等，您虽然做了齐王,也要居安思危,不要停止操练军马,随时准备支援荥阳,再度建功立业。"

韩信听到这里,忽然明白了,张良跟自己绕了个大圈子,原来是在提醒自己,或者说警告自己,即便当了齐王,也不能背叛刘邦,要随时听从刘邦的调遣。他身子微微一躬说:"成信侯之言韩信谨记于心,请转告主公,主公待我恩重如山,我当尽犬马之劳相报。我虽然人在齐国,身为齐王,但现在齐国是主公的齐国,齐王也是主公的齐王,随时听候主公调遣。"

得到韩信如此答复,张良彻底放心了,脸上露出了满意的笑容。他伸手拉过一旁的行囊,从里面取出一对玉龟,其中一只为翡翠绿,一只为玛瑙红。他将这对玉龟放在韩信的面前,说道:"这是主公托我带给齐王的礼物,是主公的一片心意,请齐王一定收下。"说着,他又将那对玉龟往韩信面前推了推,"这对玉龟可是稀世珍宝,天下仅此一对,再没有第二双。它不但价值连城,还有很好的寓意,代表着长寿、永恒、坚定,这也正是主公对您的期望。"

看着这份贵重的礼品,韩信有种受宠若惊的感觉。他小心翼翼地捧起其中一只玉龟,放在眼前仔细观察,只见它晶莹剔透,没有一丝杂质,果然是玉中极品。汉王能将如此贵重的礼物赏赐给自己,足以证明他对自己的宠爱和信任。

韩信忽然想起了什么,他起身走到靠墙摆着的一个柜子前,找出一捆竹简,回到书案前坐下,将竹简打开,对张良说道:"这是齐王宫所藏的珠宝账册,烦请成信侯依主公所好从中择取,代我敬献给主公。另外,也请成信侯择取一件以示韩信谢意。"

张良冲韩信摆摆手说:"齐王心意在下心领了,我向来和这些东西无缘,所以就免了吧,不过给主公的还是不能少,我需细细挑选,以传达齐王美意。"张良查阅一番后,挑了几件很好的宝物,随后拜别韩信,踏上归途。

送走了张良,韩信如释重负,心情无比的轻松。他把玩着那对玉龟,忽然想起一件事来,自己既为齐王,虽猛将如云,但相位需仔细斟酌。他想到了李左车和蒯通。相比之下,蒯通能言善辩,可以舌战群雄,而李左车则以谋略见长,虑事长远周全,当初如果赵王听从他的建议,也不至于落到亡国的地步。只可惜这样优秀的人才得不到重用,埋没了那么久。现在既然能得此人,就必须让他发出灿烂的光芒来。

韩信将自己的想法告诉了李左车,原以为会得到李左车的积极回应,然而,出乎他意料的是,李左车一脸为难,推辞道:"多谢王上厚爱,可我老而无用,不堪重托,只想回到赵国颐养天年,恕难从命!"

听李左车这么一说,韩信的心顿时凉了半截。要说他的部下能打仗的真不在少数,而能帮助他出谋划策、治理国家的,除了李左车,一时还找不到更加合适的人选。他沉思片刻,决定迟缓李左车的离开,退一步说:"看现在的形势,不久的将来必定还有一场恶仗,先生即便要走,等打完这一仗再走也不迟。"

李左车脸上现出一丝无奈的笑容,说道:"不瞒王上,正是因为主公和项王在荥阳对阵,我才选择离开。项王对赵国有恩,我不忍心陷他于不利,所以才要离开您。"尽管韩信心中万分不舍,还是答应了他的请求。

三月中旬的一天,乌云低垂,凉风阵阵。在临淄城外,韩信正送别李左车。李左车冲韩信抱了抱拳,说道:"王上,都说天下没有不散的筵席,说送君千里,终有一别。现在您贵为齐王,已经出城十里送我这行将就木之人,实在不合礼制,王上您就请留步吧。"

韩信目光中充满了不舍之情:"今日一别,不知何时才能复见,先生可还有什么话要说?"

李左车迟疑片刻,说道:"王上熟读《孙子兵法》,一定知道孙武的故事。当初孙武将兵法献给吴王阖闾,并帮助吴王打败楚国,然后北威齐、赵,促成阖闾称霸诸侯,这功劳算不算大?可他最后的下场是什么?还不是被吴王逐出吴国,老死在深山里了吗?"

韩信想不到李左车会说出这样的话来,心头一震,嘴张了几张,一时竟不知道该说什么。

李左车似乎没有看到韩信的表情变化,继续说道:"我曾在玉龙潭遇到一位老道人,他老人家跟我说:'功成则退,君臣无猜,相安无事,可永葆名节。'这句话我一直铭记在心,王上认为这句话有道理吗?"

韩信太明白李左车这番话的意思了,他这是在劝说自己应该功成身退,才不会引起刘邦的猜忌,既可永葆荣华富贵,又能落下好名声。否则功高震主,结局犹未可知。其实,关于这个问题,他也想过很多次了,但他始终不愿意相信刘邦会是那种不讲情义的人。他没有回答李左车的问题,而是向着身后轻轻一挥手,让一个侍卫牵来一辆马车,车上装满了朱漆木箱。

李左车疑惑地看着马车,问道:"王上这是何意?"

韩信说道:"一点心意,不成敬意,望先生笑纳。"

李左车一只手在光滑的箱子上轻轻地抚摸,脸上却没有半点高兴的样子,目光淡然。他冲韩信微微一拱手说:"王上的好意我心领了,您是知道的,钱财都是身外之物,多了是累赘,说不定路上遇见山贼,或许会危及性命,反而不如轻装简从的好。"说完,他辞别韩信,跨上一匹战马,带着两个随从径直走了。

韩信站在原地,看着李左车的身影越来越远,直到消失不见,仍然迟迟不肯离开。

第三节 项羽的拉拢

五月的一天,项羽坐在中军帐里,心情无比郁闷。就在刚刚,有消息从齐国传来,说韩信当了齐王,这是他无论如何也想不到的。他的眼前又浮现出一个相貌奇伟的身影,这个身影便是韩信。

曾几何时,韩信还是他帐下的一名郎中,不过是他的一个贴身侍卫,没有资格议论朝政,可韩信偏偏又不安分守己,多次对他的军事决策说三道四,惹得他很不高兴,当然他一次也没有采纳。

对于韩信的离开，项羽没有感到丝毫的遗憾。后来他听说韩信跑到刘邦的大营里去了，竟然还被拜为大将军。刚听到这个消息的时候，他还想着刘邦真是无人可用了，其灭亡之日已近。然而，事情的发展大大出乎他的意料，韩信到了刘邦那里居然成了栋梁之材，成为战争胜负的关键，接连献出奇策，又一口气拿下魏、代、燕、赵、齐五国，如今受封齐王，坐拥七十余城，大有气吞山河之势。

最让项羽无法容忍的是，韩信在攻取齐国的时候，还杀死了他派去支援齐国的大将龙且。龙且是楚军名将，连他都战败了，还有谁能抵挡得住韩信？现在韩信又被封为齐王，依然听从刘邦的指挥。齐国本来就十分富庶，有了韩信的治理，将更加强大。现在他被刘邦三面包围，时局对他越来越不利了。

可这又能怪谁呢？只能怪自己不善识人，把一个难得的人才拱手让与刘邦。韩信已经成为楚军的头号威胁，可凭眼下的兵力，他实在无法组建一支大军再与韩信对阵，接下来又该如何应对呢？

正当项羽一筹莫展的时候，卫士传报谋士武涉求见。武涉看到项羽眉宇间一片灰暗，神情忧郁，关切地问道："我王气色不佳，似有心疾，斗胆问一句，可是为韩信烦忧？"

项羽点头道："先生说得不错，韩信自从被汉王拜为大将军后，每战必胜，对我们的威胁实在太大了！不知先生可有什么应对良策？"

武涉清了清嗓子，说道："不瞒我王，我正是为这事而来。

据我所知，因为封齐王的事情，韩信和汉王已经生出嫌隙，两人貌合神离。这是策反韩信的绝佳机会。在下愿往齐国，劝说韩信重新归附我王，给刘邦来一个釜底抽薪。"

武涉是楚军中数一数二的辩才，伶牙俐齿胜过百万雄兵。项羽见他主动请缨，高兴地说："先生计策高明，你只管到齐国去，见了韩信，跟他说只要愿意归顺我，我同样封他为王。如果他不愿意归顺，若能劝其在楚汉间保持中立，也于我大有益处。这件大事就拜托先生了，无论成与不成，你都是大楚的功臣。"

于是，武涉拜别项羽，轻装简从来到齐国。

韩信向来爱才，对于敌方谋士，尽管在战场上是敌人，但下了战场依然是朋友。所以，他以朋友的礼节接见了武涉。二人寒暄一番，武涉突然闭口，并向左右交替看了看。韩信立即会意，这是武涉有话不方便当着别人的面讲。于是，他屏退左右，然后说道："先生有什么话，但说无妨。"

武涉往韩信身边凑了凑，说道："齐王，当初众人起兵推翻秦朝的残暴统治，是为了让天下百姓都过上安定幸福的生活。现在这个目标已经实现了，项王也按功劳分封天下诸侯，天下渐趋太平。可偏偏汉王独占汉中还不满足，又霸占三秦，还吞并其他诸侯，重燃战火，使天下再次陷入战乱之中，这是大逆不道的行为……"

韩信觉得武涉的话有些不太顺耳，便将其打断，反驳道："先生此言差矣！当初项王分封不公，我就想到一定会有今天，所以劝说项王，但项王不听劝阻，一意孤行，这才是祸乱的根源。汉王出关中，并吞诸侯，目的并非称王称霸，而是要实现天下统一，彻底结束这战火不息的乱局，此乃顺应天意之举。"

武涉微微地叹了口气，说："看来王上还是不太了解汉王啊！汉王心胸狭窄，为人奸诈，为达目的可以不择手段。想当初，项王在鸿门宴上放他一条生路，可他转过脸来就恩将仇报，如此无情无义，实属小人所为，为天下人所不齿。现在汉王为了让您帮着他打仗，所以才封您为齐王，若战事结束，他一定害怕您夺了他的江山而想办法杀掉您，到那时，恐怕您后悔也晚了。项王非常赏识您的才能，只要您重新回到楚军，他同样封您为齐王，并且让您兼管燕、赵大地，为全军统帅，比现在更加尊贵。王上，这可是非常难得的机会，您一定要把握住啊！"

韩信脸上露出一丝艰难的笑容："我说先生为何不远千里前来此处，原来是劝降来了。你应该知道，我曾侍奉项王，官不过郎中，位不过执戟，也多次向他提出建议，可他视我如草芥，数次无视忠言。正是因为如此，我才投奔汉王，然后有了今天。汉王待我恩重如山，要我背叛恩人，去投降一个曾经抛弃我的人，这不是让天下人骂我出尔反尔吗？"

武涉看韩信态度坚决，知道无法劝他归顺项羽，便又退一步，继续劝道："齐王所言不假，只是容在下多言一句，当今之势您还是应该脱离汉王，和汉王、项王三分天下，方可保全您的不世之功啊！"

韩信冲武涉摆手说："先生此言差矣，我韩信追随汉王，为的就是早日结束战争，天下一统，救黎民于水火。齐王之位，于我无大益，又怎敢和主公平分天下呢？"

得到这样的回答，武涉仍然不死心，再次说道："现在项王和汉王争斗，您位居中间，作用非常重要，偏右则汉王胜，偏左则项王胜。您和项王为故交，这时候应该联合项王，共同消灭汉王，这才是您最好的选择。否则，一旦项王失败，汉王下一个对付的目标必定是您！"

听到武涉多次提及自己曾追随项羽的旧事，韩信不由得生起气来，但他还是努力克制自己的情绪，面带微笑，却口气坚定地说："我已言明，我誓死效忠汉王，绝无二心，更不想背负反复骂名。先生莫再多言，我军中有事，先生请便吧！"说到这里，他忽然面色一寒，口气严厉地对武涉下了逐客令。

武涉见韩信生气了，知道再劝下去也不会有结果，只得先行告辞。但是，出了王宫，他不甘心就这样败兴而归，便又想到了自己游说天下时结识的蒯通，决定让蒯通出面劝说韩信。他几经打听，终于见到了蒯通。二人寒暄一番之后，武涉便直入正题，一副大惊小怪的样子说："老朋友，你们的王上马上就要大祸临头了，你作为他的幕僚，难道还不知道吗？"

蒯通明知故问："王上正春风得意，为何会大祸临头？"

武涉解释道："所谓乐极生悲，物极必反，这是难以打破的规律，何况你们的王上也是一个凡人。他之所以被封为齐王，是因为手握重兵，能左右天下的形势。其实汉王并不相信他，不过是在利用他对抗项王罢了。一旦项王兵败，汉王马上就会将兵刃转向齐王，你说他是不是要大祸临头？"

蒯通听了笑而不语。武涉不解地问道:"你笑什么?"

蒯通正色道:"都说生死有命,富贵在天,凡事都有定数,王上当然也不例外。先生只管全力辅佐项王,齐王之事就不劳先生操心了。"

武涉见蒯通也不为所动,不由得焦急起来,用批评的口吻说:"你身为齐王的幕僚,就有责任帮助他避祸免灾。可是你对此却无动于衷,难道这不是严重的失职吗?"

面对武涉的指责,蒯通并不生气,依然面带微笑道:"先生是项王的谋士,现在却为我王操心,难道不是另有所图吗?"

"你……"武涉被蒯通的话噎住了,不知道该怎么说。过了好一阵子,他才反应过来,冲蒯通摇头叹息,然后带着几个随从垂头丧气地回荥阳去了。

第四节　放弃"三分天下"

武涉走了之后,韩信整日愁眉不展,一副心事重重的样子。除了蒯通等少数心腹之外,其他人一概不知武涉劝降的事情,都以为韩信是在为军事发愁。但蒯通非常清楚,韩信是被武涉说动了心。

其实,武涉所言不假,刘邦之所以册封韩信为齐王,就是要利用韩信来抗衡项羽,一旦项羽战败,韩信便也失去了利用价值,将成为刘邦下一个要消灭的目标。对于这一点,蒯通也看得非常透彻。回绝武涉，实际上也在替韩信担忧。身为韩信的谋士，他有责任替韩信谋划将来。经过深思熟虑之后，他毅然走进齐王宫中，在韩信面前坐下，一双眼睛定定地注视着韩信。

韩信见蒯通盯着自己却不说话，心中甚是疑惑，他皱了皱眉头，不解地问："我脸上有灰尘吗？"

"没有。"蒯通脸上露出一丝笑容，说道，"我在给王上相面。"

韩信从未听说蒯通还有相面的本领，以为他在拿自己开玩笑，便也没有当真，只是随口问道："不知道先生怎么个相面法？"

蒯通收起笑容，一本正经地说："古人说，骨骼决定一个人的尊贵与卑贱，气色能表现出一个人的喜怒哀乐，决断能力则直接注定这个人事业的成败。只要掌握了这三个方面，相面就能保证做到万无一失。"

韩信听出蒯通话里有话，又看他表情严肃，知道他不是在跟自己开玩笑，而是在暗示自己什么，便端正坐姿，说道："先生说的倒是很有道理，那就请先生替我相一相面，看看我将来怎么样？"

蒯通示意韩信屏退左右，然后说道："不瞒王上，我早就看过王上的面相了，最高也不过是个侯爵罢了。但是，"蒯通故意卖个关子，观察一下韩信的反应，又说，"我看王上的背相，却是贵不可言啊！"

韩信心中猛然一惊，警觉地问道："先生何出此言？"

蒯通便按照预先想好的思路侃侃而谈起来："王上您应该不会忘记，当初大家一心想要推翻暴秦的统治，所以共同造反，得到天下穷苦百姓的一致拥护，各路豪杰云集，以排山倒海之势打败了秦朝,达到了既定的目标。按说天下应该太平了,老百姓也应该安居乐业了,可实际情况呢?是旧的战火熄灭,新的战火燃起,项王和汉王为了争夺天下,征战不休,造成生灵涂炭,百姓离乡背井,怨声载道。"说到这里,蒯通突然动了感情,眼泪不自觉地掉下来了。

韩信也被蒯通的一番话触动了心弦,满脸悲伤,深有同感道:"是啊,战争一日不止,天下一日不宁,老百姓就一日不能享受太平!"

蒯通用衣袖拭去泪水,继续说道:"项王自彭城起兵,到现在已有三年,虽然也取得了一些胜利,却被阻隔在成皋以西的山地,不能前进半步。汉王呢?率领数十万大军和项王在荥阳附近来回拉锯,可谓智勇者俱困于此。战争带来的是生灵涂炭,而受伤害最大的当然是老百姓。王上您今天既然做了齐王,就有责任让这场战争不要无限期地拖延下去,以拯救百姓于水火之中。"

从蒯通这一番话里,韩信似乎听出了一点眉目,但他没有说出来,而是问道:"依先生之见,我能做些什么呢?"

蒯通看到韩信已经心动,又开始吹捧起他来:"自古以来,每当天下大乱,必有圣贤出世,方可使祸乱平息。王上您生在这个时代,就是我说的那个圣贤。楚汉相争,必有一伤,具体哪一方受伤,完全取决于您的向背,您向汉,则汉胜;您向楚,则楚胜。无论哪一方胜,哪一方败,都不能避免一场杀戮。不过,我倒愿意为王上献上一计,可以避免杀戮,不知道王上有没有兴趣?"

韩信迟迟没有表态,目光紧盯着蒯通。

蒯通等了一阵，得不到韩信的回答，心中未免有些失望，但仍然接着说："王上可以既不向楚也不向汉，而是和他们平起平坐，三分天下，鼎足而立。现在这个局势，无论项王还是汉王，都不敢轻举妄动，每走一步都是小心而又小心。王上拥有强大的齐国，兵多将广，再联合燕、赵，以为百姓请命的名义来阻止这场战争，便可使天下归心。"

韩信终于听明白了，蒯通绕了一个大弯子，其实目的和武涉相同，是让自己独立，静观时局。

蒯通接着往下说道："三分天下之后，您便可以削弱强国，分割大国，重新分封诸侯。这些被封的诸侯必定对王上感恩戴德，听从王上的调遣，争相到齐国来朝贺。王上，到那时候，您可就成了真正的天下霸主了！"

蒯通今天所说的，实际上也是韩信几天来一直思考的。关于三分天下这个问题，自从武涉提出来后，便一直深深地刻在韩信的脑海中。他也对天下形势进行了详细的分析，和蒯通说的一模一样。他知道蒯通没有半点私心，完全是为自己着想，但是他无论如何也下不了决心。

蒯通看到韩信对自己的劝说好像无动于衷，心中不由得焦急起来："王上您还犹豫什么呢？当断不断，必受其乱，您现在不抓住时机，将来必会追悔啊。"

韩信仍然不忍心背叛刘邦，为难地说："先生啊，其实还有一句话你也应该知道，就是坐着他人的车，就要与人共享福祸；穿了他人的衣服，就要与人同甘共苦；吃了他人的粮食，就要为人家的事业献身。我深受汉王恩惠,而你却要我离开他,那不是背信弃义的行为吗?我实难相从啊!"

蒯通看出韩信其实是被"忠义"二字绑架了,决定用活生生的例子来说服他:"王上熟悉张耳和陈余的故事,他们二人为刎颈之交,最后还不是因为权力和欲望变成了大仇家吗?结果张耳不惜投降主公,然后借助主公的力量杀死陈余。一对生死之交,为什么会走到这一步呢?都是私欲在作祟。王上您仔细想想,您和汉王的交情有张耳和陈余那样深厚吗?而您对汉王的忠诚,也肯定比不过文种、范蠡对勾践的忠诚。看看他们的下场,再想想您的将来,王上您一定要三思啊!"

听了蒯通的话,韩信陷入深深的思索之中。

蒯通抓住机会,继续劝道:"王上功劳之大可以说无人可比,已经大到了主公无法赏赐的地步,同时这功劳使您处于进退维谷、难以自保的困境中。王上您现在的威势超越汉王,若归顺项王,项王不敢轻易信任您;继续报效汉王,日后必会引来猜忌。所以,您现在表面上风光无限,实际的状况却是无处安身,王上您想想是这样吗?"

韩信听着蒯通的话,突然感觉脊背一阵阵冒冷气。蒯通说的这些道理,他都知道,只是从来没有将之与自己的处境联系起来,现在仔细想想,好像这人生的悲剧正一步步降临到自己头上。尤其是刘邦久久不肯封自己为齐王的事情,更让他感到刘邦对自己的忌惮和猜疑。但是,他转而又想:刘邦毕竟是一代明主,现在统率千军万马,将来还要君临天下,信守承诺是基本的道德准则,怎么可能干出那样愚蠢而且丧失道德，又会被人指着脊梁骨骂的糊涂事呢？

韩信前思后想，越想心中越乱，而蒯通还在劝说个不停，他不禁有些不耐烦起来，摆摆手道："先生是来给我相面的，怎么说起这种离谱的话来了？不过你的话虽然有些危言耸听，但也不是没有道理。这样吧，先生请先回去，先生所言之事容我考虑考虑再决定。"

蒯通无奈地叹息一声，只好告辞。

韩信第一次感到自己的自信和魄力在艰难的抉择中是如此的无用。忽然，他大脑中灵光一闪，想到了辅佐周文王、周武王开国的姜太公。姜太公当初受到周文王的重用，被拜为三军统帅，辅助文王完成大业，受封为齐国诸侯，生时尽享荣华富贵，死后千古流芳，福荫子孙后代，结局可谓圆满。

韩信又想，早在几百年前的古人都能做到功成身退，为什么我就不能呢？现在我也身为齐王，而且功劳不输于姜太公，我只要尽心尽力辅助汉王，等汉王登基的那一天，将齐国归还，汉王以宽宏大度取信于天下，难道还会把已经封给我的齐国收回去？

想到这些，韩信心里忽然有了底，紧锁的眉头也慢慢地舒展开了。

蒯通一连几天得不到答复，便又一次找到韩信，劝说道："齐王，但凡想成就大事的人，要有敢想敢做的魄力，在关键的时候犹豫不决，往往会给自己带来无穷的祸患。"

蒯通见韩信沉默不语，又继续说道："一只犹豫不决的猛虎，不如一只会蜇人的毒虫；一匹徘徊不前的千里驹，不如一匹稳步走路的劣马；勇猛的将士手持利器而狐疑不前，还不如一个勇往直前的平庸士兵；一个拥有虞舜、夏禹那样智慧的高人沉吟不语，还不如用手比画的聋哑人。我说的这些，王上应该明白其中的意思，一个干大事的人必须具有当机立断的能力。天下大事，成功万难，败亡则只在一念之间；机会不容易得到，却很容易失去，一旦错过，永不再来。所以，王上您一定要抓住这个千载难逢的机会啊！"

　　但是，韩信已经下定了要做姜太公的决心，认为刘邦就算对自己再不信任，容他在齐地称王还是没有问题的。于是，他沉了沉脸色，毫不客气地对蒯通下了逐客令："先生请回吧，韩信既然效忠汉王，就不会背叛他！"

　　蒯通对韩信十分失望，他不甘心地站起身往外走，一边走一边嘟嘟哝哝地说："我相您的面，高不过侯爵，而且风险重重；相您的背，真的是贵不可言啊！"他走出了门，又停下脚步，再次转过身来，用渴盼的目光看着韩信，说道："但愿大王以后没有后悔的那一天！"说完，他站在原地等了一会儿，见韩信没有一点反应，只好转过身去，摇头叹息着走了。

第五节　垓下终极之战

　　汉五年（前202年），韩信在先后拒绝了武涉和蒯通的劝说之后，为了向刘邦表忠心，派大将灌婴率兵向项羽发动大规模的攻击，一路攻城掠地，很快兵临彭城。面对危急的形势，项羽感到了从未有过的恐慌，正在他不知所措的时候，刘邦派来的使者侯公却来了。

原来，刘邦虽然是一代君王，也离不开儿女情长。他在行军打仗的过程中，每到闲暇之时，尤其夜深人静的时候，总是思念被项羽拘押的老父亲和妻子儿女，辗转反侧，无法入睡。他现在坐拥半壁江山，父亲、妻子、儿女却为敌人所虏，这让他时刻背负着不孝不义的骂名。于是，他便派陆贾为使者，去向项羽请和，希望项羽能够释放他的家人，不料遭到了项羽的直接拒绝。刘邦不甘心，又派著名辩士侯公向项羽传递自己和他中分天下的意愿。这时候，项羽正因为受到韩信的进攻而束手无策，想以此获得喘息之机，于是答应了刘邦的求和。二人商定，以鸿沟为界，鸿沟以西是汉的领土，鸿沟以东是楚的领土，项羽归还刘邦的父亲和妻子。双方从此息兵罢战，握手言和，然后各自撤军。

但刘邦乃诡诈之人，反复无常，从来不讲信用。在陈平、张良的建议下，他转脸便撕毁盟约，率领大军向正在撤退的楚军发起突然袭击，点燃了第二次楚汉战争的烽火，双方在固陵（今河南周口太康南）展开交战。

让刘邦想不到的是，战争刚一开始，汉军便遭遇失败，士兵们纷纷抛下武器，转身逃跑，一直跑进阳夏（今河南周口太康）城中。项羽追赶到城下，看到刘邦紧闭城门不敢出来，便又带着士兵撤出战斗。

其实，刘邦在进攻项羽之前，已经号令各诸侯领兵会合，诸侯们在约定的日期内陆续赶到，唯有彭越和韩信迟迟不现身。缺了这两员大将，尤其是缺少了韩信，刘邦没有取胜的把握，所以坚守阳夏不敢出战。他心急火燎地问张良说："彭越、韩信二人迟迟不来，为何？"

张良好像早有预料，说道："韩信和彭越不来的原因是大王没有给他们正式分封疆土，如果您想让他们来协助破楚，必须与他们共分天下，否则他们还是难以下定决心。所以请主公现在就决定，以睢阳以北直到谷城（今山东平阴西南东阿镇），封给彭越；从陈县以东一直到东海，都封给韩信。我敢保证，他们两人得到这个消息后，一定会以最快的速度赶过来，帮助主公消灭项羽。"

听了张良的话，刘邦虽然心中不快，但想到眼前形势危急，他只好暂时同意了张良的建议。

这天，韩信正独自坐在齐王宫中，思考着下一步的打算。对于刘邦撕毁协议、反攻项羽这件事，韩信早有预料。当初被拜为大将军时，韩信便开始制定北举燕、赵，东击齐国，最后在荥阳会师，消灭项羽的作战计划。但是，刘邦在不通知韩信的情况下，派郦食其当说客，说服齐国投降，让韩信有种被轻视的感觉。因此，他未遵从刘邦的命令，执意攻占齐国，导致郦食其被杀。这件事也使韩信和刘邦之间的关系开始出现裂痕。韩信攻占齐国之后，请求刘邦封他为齐王，刘邦一拖再拖，后来虽然也封了，但韩信已经看出这绝非出自刘邦的本意，二人之间的裂缝进一步加大。尽管如此，韩信对刘邦的忠心却没有改变，他一直关注着刘邦和项羽的动向。当他得到刘邦和项羽在广武对峙，楚军后勤出现问题的消息后，马上派灌婴袭击项羽的后方，改变了战争的态势。

这时，韩信似乎看到了胜利的希望，感到十分欣慰。然而，他无论如何都没有想到，刘邦竟然和项羽和解了，两人以鸿沟为界，中分天下。韩信在失望、恼怒的同时，又想到一个问题，那就是项羽的使臣武涉曾经跟自己说过的，刘邦是不是对自己猜忌起来了，害怕项羽被消灭之后，自己会突然调转兵锋与他作对？韩信随之又想起越王勾践诛杀文种的故事，如果刘邦也像勾践对待文种那样对待自己，那又该如何？

不久又一个消息传来，刘邦撕毁协议，已经开始追击项羽了。韩信忐忑不安的心终于放了下来，第一时间便想到刘邦要他会师的命令很快就会来到。果然，几天后刘邦的使者就到了。但是，韩信接到命令后没有急于出兵，而是要考验刘邦，刘邦会不会如他所愿呢？他在静静地等待着。

不久，刘邦使者便向韩信传达了命令：从陈县以东一直到东海之地，都是韩信的封地。韩信这下如愿以偿了，对使者说："你只管回去告诉主公，我保证以最快的速度率领大军前去支援主公，打败项羽。"

送走使者之后，韩信立即召集大军，从临淄出发，但他没有去刘邦和项羽正在对峙的前线，而是一路南下，与正在攻打彭城的灌婴会合。这时候的彭城楚军，因为和灌婴率领的大军多次交战，伤亡严重，守备力量十分薄弱。韩信率大军到达之后，和灌婴合兵一处，再次对彭城展开猛烈的攻击。楚军将精骑集中在南平阳县（今山西临汾西南）布阵迎战，灌婴同样率领精骑向楚军发起冲击，他一马当先，冲入敌阵，横冲直撞，如入无人之境。其他将士看到主帅身先士卒，士气大振。面对勇猛的汉军，楚军无力抵抗，纷纷败退。韩信趁势指挥大军发动全面攻击，一举攻破了彭城，并俘虏楚军主将项佗。

彭城是项羽的都城，彭城失守无疑对项羽造成了非常沉重的打击，就目前的战局而言，项羽已经回天无力了，灭亡只是时日问题。

此后，韩信和刘邦顺利会师，又指挥大军乘胜进兵，一路高歌猛进，连攻数城，使项羽失去了整个大后方。

尽管接连打了这么多的胜仗，但韩信并没有被胜利冲昏头脑，他认真地分析了当前的形势，认为楚军虽然人数已经不及汉军，却是身经百战的劲旅，而且是在项羽的领导下，一个个抱着必死的决心，绝对不可忽视。经过深思熟虑后，他很快制定了一套完善的作战计划。

这天夜里，在汉王刘邦的营帐内，刘邦面南而坐，韩信和各路诸侯、将领分坐两旁。刘邦简单地介绍了当前的形势，然后将目光落在韩信身上，说道："齐王，且将此战计划说与众将，好作商讨。"

韩信点头应了一声，又清了清嗓子，说道："我们这一次和项羽交战，应该继续沿用之前的策略，出奇制胜，避其兵锋。"说到这里，他顿了一下，又面向刘邦道："主公，我愿率三十万齐军首先发起攻击。不过，这三十万军队要分为三路，由大将孔聚、陈贺各领兵十万作为左右两翼，我亲自率兵十万为中军。孔聚、陈贺两位将军首先在两侧埋伏好，由我带领中军前去挑战，等战斗开始后，我假装败退，将敌人引入我们的伏击圈，然后伏兵一起杀出，先将敌人围困起来，其他各路大军迅速增援，让项羽插翅难逃。"

与此同时，项羽带领仅剩的十万残兵败将回到了彭城，因为彭城已经被韩信攻占，他只能在彭城南边的垓下安营扎寨。刘邦得知消息后，也率领诸军向着垓下赶来，一场大战即将展开。

时值隆冬，天气格外寒冷。汉军在经过充分的准备之后，首先向楚军发动攻击。项羽被逼到了死角，不得不列队迎战。

战斗即将开始，项羽骑着他的乌骓马，手提霸王枪，面向十万将士，大声问道："诸君，在我们的对面有刘邦和韩信的六十万大军，你们怕不怕？"

众将士异口同声道："不怕！"喊声冲破九霄，在天空中回荡。

韩信在不远处看见项羽大军秩序井然、威武雄壮，又听着这壮烈的喊声，不由得感到佩服，暗中想道："项羽和他的楚军果然厉害，穷途末路之下，还能临阵不乱，这样的军队实在太难得了！"

随后，项羽将十万楚军分为三个大营，分别由他本人及大将季布、钟离眜统领，以"品"字形列阵，严阵以待。

韩信骑在马上，表情严肃，凝视前方。他回头看了看，所有将士都已经做好了战斗准备，一个个摩拳擦掌，只等他一声令下，便会像离弦的箭一样冲向敌军。他又抬头看了看，日上三竿，已经到了冲锋的时间，于是从腰间拔出宝剑，向着前方猛一挥舞，大声喊道："人心皆背楚，天下已归刘。今日之战，誓斩霸王头！"

"人心皆背楚，天下已归汉。今日之战，誓斩霸王头！"将士们也跟着大喊，声如震雷。

声音传到对面项羽的耳朵里，成功将他激怒了。他英勇一世，何曾受到过这样的侮辱？项羽看着对面不远处的韩信，想到当初他曾是自己的部下，只是一个贴身侍卫而已，现在却指挥千军万马来跟自己对阵，这对他来说无疑是一个巨大的侮辱！他越想越生气，将手中的霸王枪冲韩信一指，大喝道："杀韩信者封侯，给我冲啊！"说完，他猛地一抖马缰绳，双腿猛夹马镫，挥舞着长枪向汉军冲杀过去。

韩信看到楚军开始冲锋，知道项羽已经逐渐丧失了理智，于是按照预定的计划，也指挥大军冲过去。

双方相遇，刚一交手，汉军便显露败象。韩信佯装惊恐，急忙调转马头，冲军队大声命令道："楚军攻势猛烈，全军后撤，避其锋芒！"说完，打马而逃。将士们看到主将"败走"，也不敢恋战，跟在韩信后面有序地撤退。

项羽用轻蔑的目光着着韩信仓皇撤退的背影，禁不住一阵狂笑："韩信小儿，你不是刘邦拜的大将军吗？还说什么用兵如神，原来也不过如此，徒有虚名罢了！"说完，又挥舞着手中长枪，冲将士们命令道："全军追击，一定要生擒韩信，为战死的江东兄弟报仇！"

汉军在韩信的指挥下且战且退，成功将项羽及其十万大军引入伏击圈内。这时候的项羽一点也没意识到危险已经降临到自己头上，还单纯地认为斩陈余、杀龙且的韩信遇上他这个强大的对手就胆怯害怕了，所以他拼命追赶，誓要活捉韩信。

项羽手下大将钟离眛觉得韩信败退得有些蹊跷，忙快马加鞭追上项羽，提醒说："韩信狡诈，汉军又数倍于我，主公应小心为妙，切勿盲目追赶，待我江东援军赶到，再擒韩信不迟！"

然而，项羽已经被暂时的胜利和复仇的欲望冲昏了头脑，根本不把韩信放在眼里，也听不进去劝阻。他又冲身后的将士们大声命令道："诸军随我追赶，捉住韩信者封侯，胆小后退者杀无赦！"

楚军将士立功心切，一个个极度兴奋，开始更加疯狂地追击汉军。

突然，一阵响彻云霄的锣鼓声传来，紧接着便是如海啸般的喊杀声。项羽慌忙勒住战马，举目望去，只见漫山遍野的汉军不知从哪里钻了出来，向着他的军队冲杀过来。同时，韩信率领的军队也停止了逃跑，和伏兵一块反杀过来。项羽这才知道中了韩信的暗算，后悔没有听从劝说。他大叫一声："不好！"再也顾不上捉拿韩信，慌忙调转马头，一边撤退一边冲将士们喊道："撤，快撤！"

然而，项羽还是晚了一步，汉军眨眼间便冲到了楚军面前，双方随之再次展开激战。霎时间，喊杀声、锣鼓声、惨叫声，以及刀枪的碰撞声响成一片。项羽看到自己的部下纷纷倒在地上，心中不由慌乱起来。他两枪刺死了两个汉军士兵，冲众将士大声喊道："楚军将士们，随我突围！"说着，奋力杀开一条血路，向阵地外冲去。

经过一阵奋力拼杀，楚军终于冲出了汉军的包围圈。项羽勒住战马，环顾左右，吃惊地发现十万将士已经损失了三分之二，活着的将士中还有很多伤员。看着面前这些垂头丧气、无精打采的将士，他心中有一种无法言喻的悲哀，仰天长叹了口气，眼含热泪说："难道老天真的要亡我项羽吗？"之后，他在部将的劝慰下带着这些残兵败将退回垓下大营。

这场战斗，韩信取得了重大胜利，刘邦高兴万分，特意将韩信和张良召到自己的营帐中，对韩信连连夸奖说："好啊，太好了！齐王一战打得项羽铩羽而归，为我大汉立下了汗马功劳啊！"接着他话锋一转，又问："齐王，接下来我们如何才能彻底消灭项羽呢？"

韩信胸有成竹地说："主公，这个我早就想好了。我们依托兵力优势，先把楚军团团包围，让他们无法逃脱。现军中有大量楚军俘虏，可以此设奇计，让所有汉军士兵跟他们学唱楚国的歌曲，等到夜深人静的时候，再让所有军士齐唱楚曲。项羽为人孤傲，情绪必会因此大受影响，而他的部下也一定会因为思念家乡而失去斗志，非逃即降。到那时，项羽成了孤家寡人，完全失去了战斗力，不投降就只能等着被俘虏了。"

"妙，妙，绝妙啊！"刘邦听了韩信的计谋，一边击掌一边连说了三个妙字，然后又道，"齐王这一招太高明了，不动兵卒，便可一举破楚！"随后，刘邦马上传令，一切按照韩信所说的去办。

夜半时分，在楚军的阵营里，无数火把将整个夜空映照得通红透亮，战斗了一天的将士们横七竖八地躺在帐篷外，有的已经入睡，有的则发出痛苦的呻吟。火光映照着那一张张布满灰尘、疲惫不堪的脸庞，他们早已习惯了战争，也早已厌倦了战争，都渴望战争早点结束，回家和父母妻儿团圆，过上安稳的生活。

这时候，在营寨中间最大的一座营帐里，项羽和虞姬躺在简易的行军床上，无论如何也无法入睡。白天那场战斗实在太残酷了，现在能拿起武器战斗的人少之又少。照这样下去，明天撑不了多久他就会全军覆没。"项羽啊项羽，明知道刘邦出身市井无赖，反复无常，还那么相信他，以至于错失良机。当初若一鼓作气攻下阳夏，杀死刘邦，又何至于此！如果当初鸿门宴上，听从亚父……"想到这里，项羽深深地叹了口气。

突然，一阵凄凉而又悲壮的楚调传进帐篷里。项羽一阵惊疑，深更半夜，将士们不睡觉，为什么突然唱起歌来，这种情况下唱故乡的歌是何居心？他仔细听了听，歌声虽然很响亮，却不像在自己的大营中响起的，倒像是从营寨外传进来的。难道汉军发起进攻了？他急忙翻身而起，冲外面大声叫道："何人歌唱，乱我军心？"

一个斥候跌跌撞撞地闯进来，大声禀报道："启禀我王，是外面的汉军在唱歌！四处都是楚地歌声，他们已经将我们包围了！"

项羽跳下床来，大步跨出营帐，向外面望去，但外面一片昏暗，什么也看不到，只听那悲壮而又凄凉的歌声缓慢又十分有力地从四方传来。项羽知道这是汉军实施的心理战术，目的是动摇楚军将士的斗志。听着这歌声，他想到自己目前的境况，心中更加绝望，遂返回营帐，命人点燃火把，取过酒来。他一只手端着酒盏，一只手将虞姬拥抱在怀里，声音低沉地说："苍天难容项羽，汉军已经占领了楚地，我们所盼望的援军来不了了，我们永别的日子到了，你以后一定要保重自己！"

虞姬冲着项羽连连摇头，哽咽道："项王勇猛无比，一定能够安全突围。您说过，这是您生命中的最后一次战斗，妾不能成为您的累赘，不能让您再为我分心，不能让您的部下嘲笑您为了一个女人而失去战斗力。"

项羽不解虞姬话中之意，问道："爱妻此话何意？难道你要留下来，成为汉军的俘虏，让汉军把你献给刘邦？"

虞姬摇摇头，脸上现出凄婉的微笑，说道："项王，今夜是你我最后一个团圆的日子，就让妾为项王跳最后一支舞吧。"她不等项羽同意，便从他怀里站起来，往前走了两步，开始跳起舞来，一边跳一边唱。项羽受到感染，将盏中的酒一饮而尽，扔了酒盏，也起身来到虞姬身边，唱道：

"力拔山兮气盖世，时不利兮骓不逝；骓不逝兮可奈何，虞兮虞兮奈若何！"

歌声苍凉悲壮，充满了对这个世界的不舍和无奈。

虞姬也对着项羽一遍又一遍地唱着歌，让他禁不住泪如泉涌。歌声吸引了附近的将士们纷纷走过来，也都不自觉地流下了伤心的泪水，发出一片呜咽之声。

突然，虞姬将手伸进衣内，拔出一把带鞘的小刀来。她将刀鞘扔在地上，将刀对着自己的胸膛刺去。一切发生得太快了，未等项羽反应过来，刀子已经深深地刺进了虞姬的身体内，一股鲜红的血液从伤口处流出来，她身子晃了几晃，软绵绵地向地下倒去。在虞姬倒地之前，项羽用双手托住了她的腰，大声呼号着："虞姬！虞姬！！你这是何苦啊……"声音悲怆，震荡着整个夜空。

虞姬躺在项羽的怀抱里，用清澈的眼睛看着自己心爱的男人，慢慢地闭上了双眼。她的脸上始终挂着幸福的微笑。

项羽将刀从虞姬的身体里拔出来，用自己的衣服擦干净上面的血迹，然后别进腰间，又将虞姬抱到床上躺好，看了心爱的女人最后一眼，他突然转过身来，用猛虎一样的吼声冲外面喊道："刘邦欺我太甚，楚军的勇士们，拿起武器，随我冲杀！"

项羽命人取来自己的乌金甲穿在身上，走出军帐，侍从牵着他的乌骓马，手里拿着虎头盘龙戟等候在那里。他飞身上了马，接过虎头盘龙戟，将枪向前一指，再次大吼道："随本王冲！"八百余楚军将士全都铠甲在身，得了项羽的命令后，骑将上马，步卒紧随，高声呐喊着，跟在项羽的后面发起了最后的冲锋。

此时，韩信正坐在中军帐内，等待着项羽的动静。他对项羽实在太了解了，项羽性格刚强，宁死不屈，绝对不会投降，要么战死，要么自裁。无论哪一种结局，过了今夜，这场旷日持久的战争便会宣告结束，天下从此太平，百姓再不用遭受战争之苦。

这时候，项羽已经冲入汉军阵营，他圆睁双目，怒吼连连，虎头盘龙戟在他的舞动下发出呼呼的风声,挨者死,碰者亡。他的部将们也都杀红了眼,完全将生死置之度外,紧紧护卫在他的左右,向着汉军冲击。

终于,楚军冲出了汉军的包围圈,项羽也顾不上清点人数,打马向前奔驰,直到渡过淮水以后,他才勒住马,向身后看了看,吃惊地发现八百将士已不足百人。他想让将士们休息一下再赶路,却又看到后面有一支汉军紧追过来,原来是灌婴奉韩信之命前来截击项羽残部。

项羽再也不敢停留,带着这百十人继续奔驰。他们逃到阴陵(今安徽定远)时,突然迷失了方向。项羽勒住马,茫然四顾,怎么也找不到通往江东的道路。他正为难时,忽然看到一个手里牵着牛、肩上扛着农具的农夫走过来,急忙问道:"老人家,请问去江东的路怎么走?"

农夫说:"向左。"

项羽没有丝毫的怀疑,向老农道了谢,飞身上马,冲部将大手一挥说:"跟我来!"

望着项羽残军远去,农夫轻叹:"希望项将军死后,能得天下之太平。"

项羽率军走出不远,前面就出现了一片沼泽地,路彻底断了。汉军很快追了上来,双方再次交战,楚军在项羽的带领下且战且退,当退到东城外的一座山头上时,仅剩二十八骑。项羽知道自己死期已至,他勒住战马,绝望地看着部将,语气悲壮地说:"我起兵到现在已有八年,身经七十余战,抵挡我的敌人都被打垮,无不降服,未尝败北,因而能够称霸天下。然而今天被困在这里,这是老天要灭亡我啊!今日我要为诸君痛快地一战,一定要胜它三回,为诸位冲破重围,斩杀汉将,砍倒军旗,让诸君知道是天要亡我,实难违天命。"之后,项羽将这二十八人分为四队,每七人为一队,分别向东、西、南、北四个方向突围,约定突围成功后在山的东面会合。

项羽将各部的任务布置好,向山下看去,只见数千个汉军正从四面八方围拢过来,顺着山坡向上爬,他大喝一声:"诸位将士莫怕,看我杀掉对方一将。"他话音未落,即打马向山下冲去。

眨眼间,项羽便冲入了汉军队伍中,只见他挥动虎头盘龙戟,胯下乌骓马犹如一道黑色的闪电,在汉军中横冲直撞,兵器所到之处,一名汉军将领应声倒地。

"项羽哪里走?还不下马受死!"项羽正杀得兴起,身后忽然传来一声断喝。他收回兵器,转身看去,见是汉军骑将赤泉侯杨喜向自己疾驰而来。小小一个赤泉侯也敢直呼自己的名字,项羽像是受到了奇耻大辱,双眼一瞪,怒吼道:"杨喜小儿,速来送死!"声震如雷,地动山摇。

杨喜正向前冲,被项羽这一声吼吓得身子一激灵,不敢再战,掉转马头便跑。他的手下见状也纷纷跟着逃跑,一连跑出几里才慢慢地停下来。

因为杨喜畏战,项羽等人得以突围下山,并成功会合。汉军在韩信的指挥下急忙调整军队,分三路再次包围上来。项羽看着黑压压围拢上来的汉军,嘴角露出轻蔑的笑,对部将说道:"纵有敌军千千万，又能奈我何！"说完再次向着汉军冲杀过去。

经过一阵厮杀，汉军损失数百人，项羽又一次成功突围。他勒住马，清点了一下人数，还有二十六骑。

经过短暂的休整，项羽等人继续向东行走，很快来到乌江岸边。他跳下马来，看着滚滚的乌江水，心中思潮翻涌。当初他率领八千江东子弟渡过乌江，征战天下，将队伍发展到数十万之多，推翻了秦朝的统治，本想着一统天下，却不料败在被他轻视的刘邦、韩信手中，落得如此结局。回到江东后，父老乡亲们问他要自己的儿子，他该如何回答？

正当项羽陷入深深的自责之中时，一只小船从乌江对岸驶了过来，很快到了岸边，从船上跳下一个人来。此人到了岸上，冲项羽磕头下拜，说道："臣乃乌江亭亭长，在此恭候我王多时，请我王登船。"

项羽用冷峻的目光看了小船一眼，摇摇头道："江东之地，已非项羽去处。"

乌江亭亭长见项羽不愿上船，不由得焦急起来，催促道："江东虽小，但也有地方千里，民众数十万，大王暂且退去，东山再起指日可待，希望大王尽快渡江。现在尚有一线生机，若等汉军到来，就没法渡过去了。"

项羽闻言，纵声笑道："既然上天要灭亡我，我还渡乌江干什么！况且我和江东子弟八千人渡江西征，如今却无人生还，就算江东父老怜爱我而让我做王，我又有什么脸面去见他们？即使他们不说什么，我又怎能原谅自己呢？"他顿了顿，又说，"我知道您是位忠厚长者，这匹马跟着我征战多年，所向无敌，曾经日行千里，我不忍心杀它，将它托付于您，望好生待之。"

随后，项羽将乌骓马托付给亭长，扔掉虎头盘龙戟，从腰里拔出宝剑，迈着从容的步伐，向追来的汉军迎去。其余部将见状也纷纷跳下坐骑，扔掉长兵器，拔出宝剑，跟在项羽的后面迎着汉军冲去。

项羽冲入汉军队伍中，挥舞着宝剑，剑光如一条银龙，上下翻飞，一连杀死数百名汉军。同时，他身上也有十多处伤口。血水沾湿了项羽的衣襟，乌金战甲在夕阳下反照出凄厉的红色，他闭上眼睛，回想起自己征伐的一生，又想到了离自己而去的东西：战马、虞姬、范增，近在咫尺的天下，当然还有那个执戟郎中——韩信。

项羽抬起了头，看着包围着他的汉军，忽然，他发现了一张熟悉的面孔——自己的故友吕马童。多年不见，没想到再会已是自己的末路之时。项羽从吕马童的眼中看到了恐惧，他惨然一笑，心想：也罢，就为这朋友做最后一个人情吧。

项羽神情自若，说道："我听说汉王以千金、封邑万户悬赏我的脑袋，既是故人，我就成全你吧！"说完将宝剑挥向自己，鲜血从他脖颈处喷射而出，他身子晃了几晃，一头栽倒在地。至此，长达五年的楚汉战争宣告结束。

第八章 鸟尽良弓藏

第一节 被架空的楚王

汉五年（前202年）正月，刘邦帐下文武群臣联名劝进："大王举兵，替天行道，推翻暴虐之君秦之胡亥，又先入关中，得秦王子婴，平定三秦，拯救黎民于水火，统一四海，功高盖世，为旷世之奇才。为彰显功德，有别于诸侯，故请求大王称皇帝尊号。"

刘邦接到群臣递来的联名奏折，不由得心花怒放，但表面上仍推辞道："只有圣贤才有资格当皇帝，而我不过一个凡人，哪里配得上皇帝的称号？"

群臣再次劝进:"陛下出身布衣,却能推翻秦朝,威望已达四海;又自偏僻的汉中起兵,消灭不义的项王,最终平定天下、安邦定国,功德无量,理当称帝,以顺应民意、造福黎民。"在进行了三次劝进之后,刘邦看到火候已到,便不再推辞,坦然地接下了众人的联名奏折。于是,大臣们开始挑选良辰吉日,拥戴刘邦登基称帝。

这年二月,刘邦在氾水之阳(今山东菏泽定陶)即皇帝位,定国号为"汉",定都洛阳,册封吕雉为皇后,嫡长子刘盈为皇太子。不久,又迁都长安。

楚汉战争的胜利使韩信的威望更上一层楼,权力也达到了空前的巅峰,这让一向多疑的刘邦警觉。他想到,现在韩信掌握着一多半的军队,有朝一日若韩信率部反叛,自己将性命难保。刘邦苦思冥想,终于想出了一个好办法,于是便带着樊哙、张良以及一队护卫,前往韩信的军营。

很快,一行人来到韩信的军营外,正要往里走,却被守门的卫士挡住了。张良跳下马来,冲卫士喝令道:"快让开,我们奉陛下之命来慰劳三军!"

然而,卫士却丝毫没有退让的意思,态度坚决地说:"卑职奉齐王之命守护在此,若无王命,任何人不得私自入内,即便陛下前来也不行!"

就在这时,得知消息的韩信慌慌张张地赶过来,看到果然是刘邦到了,慌忙冲刘邦拱手施礼道:"不知陛下驾到,属下冒犯王驾,皆因我管教不周,请陛下宽恕。"

刘邦一看到韩信出现，脸色立即沉了下来，想要训斥韩信一番。但韩信已经向他施礼赔罪，他只好将怒火往心里压了压，连马也没下，依然寒着脸，冲韩信微微欠了欠身子，半是赞赏半是挪揄地说："齐王果然治军有方啊，连一个守门的士卒都如此尽忠，令我等钦佩啊！"

韩信听出了刘邦话里的话，但也不便针锋相对，只得顺着刘邦的话说："陛下莫再要我难堪了，只是不知有何大事，要劳陛下尊驾？"

刘邦并未回答，而是在军营内巡视了一遍，又向韩信详细地询问了兵力、战马，以及给养的情况，然后走进定陶城内韩信的将军府。这时候，将军府中只有韩信、刘邦、樊哙、张良、周绁等七八个人，其余将士都守在府门外。

大家各自落座，刘邦看着韩信，以商量的口吻道："齐王，寡人这一次来，是想跟你商量一件事，想看看你意下如何？"

韩信急忙回道："陛下有什么话尽管吩咐，韩信愿为陛下肝脑涂地，在所不惜！"

"现在项羽已亡，天下太平，寡人能坐得了这皇位，都是你指挥得当和将士们浴血奋战的结果！"刘邦话锋一转，又说，"多年的战争让老百姓吃了不少苦头，而今仍有众多平民流离失所，田地空置荒芜，这不管是对国家还是对军队都不是一件好事啊。让将士们解甲归田，和家人们团聚，既能让百姓重居定所，又能给我军提供稳定的财粮收入，齐王你说可好？"

韩信听了刘邦的话，并没有往深处想，马上点头道："陛下之言甚妙！我等当日揭竿而起，皆因无可居之所、可种之田。而今天下方定，百废待兴，安民垦田皆为良策，愿听陛下吩咐！"

刘邦见韩信如此通情达理，心中很是高兴，便又说道："你现在既为齐王，又兼三军统帅，积年累月地操劳过度，寡人于心不忍。所以，日后统军之事可不劳你费神，你只管做个清闲齐王，尽享荣华富贵即可。"

韩信仍然没有听出刘邦的话中之意，脸上现出一些为难之色："齐王之位因军功而来，再者，我除了领兵打仗，别的本事也没有呀！"

韩信的话正好给了刘邦发火的理由，他面带愠色，说道："寡人已言明，如今天下已无战事，军队之事，不再劳齐王费心了。"

韩信或许是不甘心就这样交出兵权，又或许是没有完全领会刘邦的意思，仍然坚持说："陛下此言差矣，楚国虽然灭亡了，可北方还有匈奴，虎视我疆土，他日必会来犯，不可不防啊。"

刘邦的表情变得更加严肃了："匈奴之事，寡人自有安排，不必牛刀杀鸡！大将军还是以安民为重啊。"

韩信看到刘邦态度坚决，知道事情已经没有商量的余地，只好违心地答应说："韩信能有今天，完全是陛下的恩赐，韩信愿意听从陛下的一切决定。"

刘邦听了转怒为喜，一脸赞赏的表情："齐王通情达理，以天下为重，寡人重重有赏！"

韩信命人取来大将军印绶等相关器物，一并交给刘邦。刘邦接过兵符印绶，嘴角流露出一丝不易觉察的微笑，冲身边的侍者使了个眼神，侍者心领神会，上前宣读诏书："齐王韩信，多年随驾征战，功勋卓著，今楚地初平，群龙无首，特赐韩信楚王之位，定都下邳，即日起齐王之位暂且搁置，齐王人选留后定夺……"

韩信做梦也没想到刘邦翻脸如此之快，前一秒还让他专心做好齐王，后一秒收回兵权后便罢去他齐王之位，让他去楚地，表面上楚地的地盘比齐国还大，实际上这是故意架空他。他在齐国已经当了一年多的齐王，齐国在他的治理下渐趋稳定，百姓安居乐业，朝野上下都很拥护他，他在齐王的宝座上可以说是坐得四平八稳。可楚地就不一样了，那里虽然是他的故乡，但毕竟刚刚经历一场战争，百业凋敝，社会秩序混乱，盗贼横行。还有一批项羽的支持者随时会威胁自己。到这样一个环境里去发展，他还能有什么作为呢？他开始后悔自己没有听从蒯通的劝告，但后悔又有什么用呢？现在没有了兵权，就如同被捆绑好的猎物，只能任人宰杀。早知今日，何必当初！无奈之下，他只好答应说："谢陛下。"

几天后，韩信离开刘邦，前往楚地上任。

刘邦改封韩信为楚王，是经过深思熟虑的结果。首先，从地理位置上讲，齐国比楚国更加重要。自战国年间以来，军事家们便将关中和齐国看作东西两个重心。齐国盛产盐、铁，这两样东西是当时非常重要的生活和战略物资，齐国因此经济富裕、国力强盛，雄踞一方。韩信任齐王之后，曾有人劝说刘邦道："齐国方圆两千里，雄兵百万，远离朝廷千里有余，可凭借泰山、黄河、渤海等地理优势，独霸一方。所以，非嫡亲子弟，不得封王。"从这番话不难看出齐国地理位置的重要性。

其次，齐国的江山是韩信一手打下来的，当地军民对韩信有着深厚的崇拜和敬仰之情，一旦韩信图谋不轨，可以在很短的时间内聚集一股力量，对朝廷造成很大的威胁。而楚地虽然是韩信的故乡，但他在当地几乎没有号召力，想要造反几乎是不可能的。

基于这两点考虑，刘邦才不惜失信于韩信，将他从齐地调到楚地。

韩信改封楚国后，原来追随他的曹参、傅宽以及几十万部队，自然而然地便和他脱离了关系，成为新齐王、刘邦长子刘肥的部属，曹参、傅宽还当了齐国的相国。从这一事件足见刘邦手段之高明。

第二节　风光归故里

韩信辞别刘邦，带着家眷、仆人、侍卫共五百人，离开齐国，浩浩荡荡地前往楚国就藩。楚王在韩信心中虽不如齐王，但同样是王，所以出行规模也甚为壮观，旌旗招展，锣鼓喧天，一路风光无限。所到之处，人们皆想一观韩信之风采，无不感慨赞叹。在路上，韩信做出了一个决定，他要回乡省亲。

韩信回乡的消息很快传到了他的故乡淮阴，乡亲们奔走相告，都为家乡出了一个大人物而骄傲自豪。淮阴县令急忙召集全县乡绅名流，由他亲自带领着，出城三十里迎接。城里城外的百姓也从四面八方云集而来,都想一睹曾受胯下之辱,而今闻名天下的韩信。

中午时分,一支队伍渐渐出现在人们的视线中,县令、富绅名流们慌忙迎上去,在众人的前呼后拥下,韩信骑马向着淮阴城而来。乡亲们发出一阵阵欢呼声。在看热闹的人群中,有不少人认得韩信,他们看到此时的韩信峨冠博带、威仪庄重,再也不是当年那个行走在街头的衣衫褴褛的流浪少年,皆感叹唏嘘。

韩信一边骑马慢慢往前走,一边听着人们议论的声音,心中充满了无上的荣耀之感,由齐王改封楚王而引起的不快也随之烟消云散了。

回到淮阴后,韩信所做的第一件事是给母亲和先人扫墓。他在大队人马的护卫下,来到已经被当地官府修葺一新的母亲的坟墓前,恭恭敬敬地磕头祭拜。修整后的坟墓高大巍峨、庄严肃穆,再想想以前自己埋葬母亲时的寒酸和简陋,他心中感慨万分。

祭祖完毕,回到城里,韩信立即命人四处寻找当年那个给他食物让他不用忍饥挨饿的漂母。很快,有一个士兵将一位弓腰驼背、老态龙钟的老太太领到韩信面前。韩信一眼便认出了她,亲切地问道:"老人家,您还认得我吗?"

老太太已经老眼昏花,对着韩信仔细瞧了又瞧,终于认出韩信来了,说道:"老妇认出来了,当今的楚王正是当年淮阴城外钓鱼的韩家公子。"

"老人家,您对我的大恩大德,我从来不敢忘记。现在我富贵了，我要报答您！"韩信说完，命人取来一千两黄金送给老太太，并安排婢女照顾她，为她养老送终。

自此以后，漂母和韩信二人的事迹便成了一段佳话，被广为流传。后人为了纪念漂母济人之德和韩信知恩报恩的美德，特意修建了漂母祠和"韩侯钓台"。其中，漂母祠位于今江苏淮安市淮阴区码头镇泰山村，"韩侯钓台"位于当年韩信钓过鱼的运河堤岸旁的松柏林中，至今仍然保存完整，供游人欣赏和凭吊。

韩信回乡报恩的消息同样传到了当年的南昌亭亭长的耳朵里，他想起自己也曾对韩信伸出援手，认为升官发财的机会来了。但他的妻子很有自知之明地说："千万不可，我们当初那样冷落他，现在他已贵为楚王，手里掌管着生杀大权，如若记恨我二人，恐怕你我的命都保不住。"亭长认为妻子说得很有道理，便打消了去找韩信的心思。为了保命，他整日躲在家中，大门也不敢出一步。

韩信听说亭长的事情后，对左右说："亭长是个好人，他的妻子本质也不坏，只不过当时家里穷，我饭量又大，人家养不起罢了。"他命人将亭长夫妇找来，说道："过去的事情就过去了，我们都不必追究，无论怎样，我也曾到你家吃过饭，今天给你一百个铜钱，就算是当年的饭钱吧。"说完命人取出一百个铜钱送给亭长。

打发走了亭长，韩信又命人寻找当年那个让他遭受胯下之辱的无赖牛二。很快，几个军士押着已吓得面如土色、魂不附体的牛二来到韩信的面前。牛二连惊带吓,早已不能站立,军士的手一松,他"扑通"一声便瘫倒在地上,磕头如捣蒜,口中一个劲地求饶说:"我王饶命,我王饶命,小人有眼不识泰山,我给您当牛做马……"看着面前这个欺软怕硬的地痞无赖,两旁的军士气恼至极,一个个撸袖子挥拳头,想杀之而后快,韩信却非常大度地摆手阻止了他们,并对牛二说:"牛二,你起来吧,我不但不怪你,还特别感谢你。"

众人听了这话,都感到非常不解。牛二更是被说得丈二和尚摸不着头脑,一双惊恐的眼睛直愣愣地看着韩信。

韩信见大家都一脸疑惑,解释道:"这些年来,我时刻将胯下之辱牢记在心,用它来鞭策自己、激励自己,并发誓一定要用功名来洗刷这曾经的屈辱。所以,正是这胯下之辱成就了我今天的功名,成就了今日的韩信。"说到这里,他又面向牛二道:"牛二,为了表示对你的感谢,现在我任命你为中尉!"

众人听了,无不为韩信的宽宏大量而感到深深的佩服。牛二更是感动得涕泗横流,对着韩信磕头谢恩不止。

对于韩信赦免牛二并提拔他为中尉这件事,有人猜想韩信其实是想借此事向刘邦传达一个信息:他可以不计较个人得失,对于当年侮辱他的人都能做到以德报怨,而对于有恩于他的皇帝,更不会有背叛之心,所以希望刘邦不要再猜忌他。另外还有一层含义,他身为楚王都能做到宽宏大量,既往不咎,而刘邦已经成为天下霸主,更应该胸怀宽广,抛开个人恩怨,以天下为重,重新起用自己。

第三节　祸起钟离眜

刘邦当了皇帝之后并不安心，很快就发现那些跨州连郡而又拥有重兵的异姓王对他这个皇帝的威胁实在太大了，让他有种寝食难安的恐惧感，无论哪个王起兵叛乱，都可能颠覆自己的王朝。他开始思考如何才能将这种威胁降到最低，想来想去也只有一个办法，那就是收回他们的兵权。而在诸多异姓王中，实力最强、威胁最大的是韩信。

其实，刘邦对韩信的忌惮并不是当了皇帝才有，而是从他拜韩信为大将军的那一刻便产生了。将韩信由齐王改封楚王，是刘邦精心设计的清除韩信的计划中的第一步，他所实施的第二步便是将自己的心腹安插在韩信身边，密切关注韩信的一举一动，并随时向他汇报，以寻找清除韩信的借口。

汉六年（前201年），有人上书刘邦："楚王正在暗中招兵买马，蓄谋造反。"

刘邦听了暗自高兴，终于找到铲除韩信的理由了。他表面上装出不相信的样子，当着文武群臣的面对此人大加训斥："一派胡言，楚王对寡人忠心耿耿，又是大汉第一功臣、开国元勋，作为诸侯王，有享不尽的荣华富贵，为什么要反？肯定是你造谣中伤，诬陷好人！来人，将这小人拉出去斩了！"

此人跟随刘邦多年，当然知道刘邦是在演戏给群臣看，所以他一点都不害怕，反而大声叫屈："陛下，臣冤枉啊！臣绝无半句虚言，楚王他确确实实要造反。"

刘邦仍然坚持说："你说谁谋反寡人都相信，唯独说楚王谋反，寡人不相信。既然你说冤枉，寡人就让你死个明白，当着文武群臣的面，你可有什么证据能证明楚王谋反？敢有半句假话，定让你受尽暴秦之刑！"

告密者说道："陛下可还记得伊庐（今湖北南漳县一带）人钟离昧？他现在就藏在楚王府里。"

钟离昧曾经是项羽属下的一名部将，能征善战，当初多次率领大军和刘邦对阵，在荥阳大战时，刘邦就吃了钟离昧的大亏，因此对他恨之入骨。不久之前，刘邦得到消息说钟离昧逃回故乡楚地，于是诏令韩信对其进行缉捕。可是，钟离昧和韩信既是同乡，又是故交，关系十分要好，所以韩信就没有执行刘邦的命令。后来，钟离昧索性找到韩信，请求避难，韩信重情重义，不忍好友就这样死掉，便冒着生命危险收留了他。

刘邦正愁抓不到韩信的把柄，当即决定利用此事对韩信下手。这个时候，张良已经看透刘邦取得天下以后，会对开国功臣痛下毒手的做派，已经称病不入朝多时，陈平还陪伴在刘邦身边。刘邦找来陈平商议对付韩信的办法。他对陈平说道："韩信竟然私藏朝廷要犯，这是明摆着要跟朝廷作对，目无君上，蓄意谋反。寡人准备派大军前去讨伐，你说应该让谁领兵才好？"

陈平沉思片刻，答非所问道："陛下现在拥有的军队若与韩信交战可有必胜之算？"

刘邦摇头说:"并无必胜之势。"

陈平又问:"朝中的武将,有人比韩信更加会用兵吗?"

刘邦回答道:"没有。"

陈平这才说道:"我们的军队不如楚国,领兵的大将又比不上韩信,现在派兵前去讨伐,那不是逼着韩信谋反吗?韩信一旦谋反,陛下您能如何保全自己?"

刘邦一时哑口无言。过了一阵子,他又问道:"依丞相之见,我们该如何应对呢?"

陈平胸有成竹地说:"陛下想要对付韩信,其实并不难,只要您效仿古代的君王,南下巡游,并召集各路诸侯在陈县集合。陈县是楚国西部的边界,韩信一定会前往拜谒陛下。到那时,陛下只需用几个强壮有力的武士,就能拘捕韩信,又何必兴师动众呢?"

刘邦听了十分高兴,连连点头说:"好,依丞相之计!"他立即派人通知各路诸侯:"天子要南游云梦泽,各诸侯务必会聚陈县。"

随后,刘邦从长安启程,率领陈平、樊哙、夏侯婴、灌婴、靳歙等文武大臣,更有浩浩荡荡的皇宫卫队,一路向云梦泽方向而去。

云梦泽,又称云梦大泽,为湖北江汉平原上古代湖泊的总称。先秦时期,这一带湖泊群的范围很大,南边边界直到长江。后来,因为长江和汉水带来的泥沙不断沉积,使云梦泽的面积大大缩小。

这次跟随刘邦巡游的文武大臣都是他的心腹。其中,陈平跟随刘邦多年,是开国时期著名的谋士,和张良并称刘邦的左膀右臂,为刘邦出过六次"奇计",计擒韩信便是其中之一。樊哙是吕后的妹夫,和刘邦既有亲属关系,又是最早跟随刘邦起义的人之一,更加得到刘邦的信任。樊哙力大无穷,所以便充当"壮士"的角色。夏侯婴是韩信的恩人,当初韩信投奔刘邦的时候,差点魂断刑场,多亏夏侯婴留他一命,并将他推荐给刘邦,因此深得韩信的尊敬和信任。这一次,夏侯婴的任务就是诱捕韩信。灌婴为韩信的老部下,同样得到韩信的信任,他充当的是夏侯婴的帮手。

刘邦利用夏侯婴、灌婴二人和韩信的关系,骗取韩信的信任,诱使韩信到陈县来。

韩信接到刘邦要到陈县来的通知,立即产生了一种不祥的预感:刘邦在都城清平日久,怎么忽然想起到陈县来了?还特别通知自己前去朝拜,莫不是为了自己而来?他将自己到楚国以后所做的事情挨个回想了一遍,除了收留钟离眛之外,没想到有什么让刘邦不高兴的事情。难道是钟离眛的事情被发现了?韩信紧皱双眉,又摇摇头,自言自语道:"不可能啊,知道这件事的人,除了自己的几个心腹,再没有别人了。那究竟是怎么回事呢?"

韩信百思不得其解,便问身边的一个谋士:"汉王即帝位时日不长,天下大事纷乱如麻,此时应于都城处理政事,可他却不顾朝政游历云梦泽,还要在陈县大会诸侯。这其中定有蹊跷!"

谋士点头道:"只怕朝中有人诬陷主上啊!"

"我对汉王从来没有二心,这点汉王应该知道的,怎么会轻易听信逸言呢？"韩信十分不解。

谋士意味深长地笑了笑："主上难道忘了古人说的'狡兔死，走狗烹；飞鸟尽，良弓藏；敌国破，谋臣亡'的话吗？现在天下一统，四方稳定，汉王已经不需要像主上这样用兵如神的统帅了，因为您会对他造成威胁，所以，无论您有没有过错，他都会想办法置您于死地的。"

韩信忽然想起了蒯通对自己的劝告，他们二人的话如出一辙，难道刘邦真的如此无情吗？他摇摇头说："我不相信，当今皇帝英明，怎么会轻易诛杀功臣呢？"

谋士见韩信不相信自己的判断，就开始帮韩信分析起来："主上您仔细想想，现在皇帝最担心的是谁，还不是你们这些异姓诸侯王吗？之前燕王臧荼起兵造反，臧荼手下并无多少兵力，他的能力也有限，皇帝却用了几个月的时间才平定燕地。而主上无论是谋略还是兵力，都强于臧荼数倍，一旦主上决定起兵，恐怕当今皇帝只能将江山拱手相让了。主上，您说皇帝害怕不害怕您呢？"

韩信听了似有所悟："依先生之见，我该如何应对？"

谋士沉思片刻，建议道："与其被动隐忍，不如主动出击。主上可率领大军起兵，推翻当今天子，您自己登基称帝，这样就永远不会受制于人。"

韩信一听面色大变，慌忙摇头说："不可不可，万万不可，背叛朝廷乃大逆不道之罪，当诛灭九族，我韩信怎么能干这种留下千古骂名的事情呢？"

谋士看到韩信不听自己的劝说，焦急地说道："主上，皇帝多次针对您作出谋划，您现在的情势已经十分危急了，当断不断，反受其乱。如果您还是犹豫的话，性命就难保了！"

韩信冲谋士摆摆手道："先生不必多说了，常言道受人滴水之恩，当以涌泉相报，何况皇帝待我恩重如山，要我背叛他是万万不可能的。同样，我也相信他不会轻易听信谗言，要我的性命。皇帝这次出行还有夏侯婴、灌婴二位将军随同，别的人我可以不信，对这两位将军我还是十分相信的。他们一个对我有救命之恩，一个是我的老部下，若有什么对我不利的地方，他们一定会派人提前告知我的。"

谋士见韩信是个死脑筋，怎么劝都劝不动他，便又退一步说："主上若执意不肯起兵，臣还有一计，或许可保主上性命。"

韩信眼前一亮，迫不及待地问道："先生有何妙计，快快说给我听。"

谋士道："皇帝此番前来，或许是知道了您收留钟离眛的事情，所以保有戒心。现在您只有把钟离眛杀了，将他的首级献给皇帝，这样才能展示忠心，谋得生路啊。"

"这个……"韩信顿时又是一脸的难色，"钟离眛是相信我才投奔我的，要我对他下手，我怎么能忍心啊！不可不可！"

谋士见状更加焦急，继续劝道："主上的军事能力天下无敌，可若论阴谋算计，您却远远不及当今皇上。皇上欲治主上的罪，肯定已经有了充足的理由。而主上既不造反，又不想办法为自己开脱，岂不是坐以待毙吗？"

然而，任凭谋士怎样劝说，韩信始终低着头，一言不发，陷入深深的思索之中。

尽管不忍心对兄弟下手，但韩信还是在当天晚上走进钟离昧的房间。他在钟离昧对面坐下，心中万分难过，止不住一阵长吁短叹。钟离昧听着韩信的叹息声，又看着他愁眉不展的样子，心中已经明白了几分，便主动说道："韩兄不用多说，大丈夫当战死沙场，我本该随项王而去。不过，临死之前，我有一句话想要对韩兄说，刘邦没有攻打楚国是因为我还在，你如果想用我来讨好他，今天我钟离昧的下场，便是韩兄明天的结局。如果韩兄肯听我一句劝，当立即起兵造反，推翻汉王朝，我钟离昧必定舍命相保！"

　　听了这话，韩信心中无比悲伤，身为一方诸侯，不但不能放自己的好兄弟一条生路，而且还要亲手杀死他，于心何忍？他有心放钟离昧离开，又想到那样做刘邦必定不会放过自己，多年的奋斗就成了一场空。

　　正在韩信左右为难的时候，钟离昧又开口说道："韩信啊韩信，我总算看透你了，为了高官厚禄，竟然不顾兄弟的死活，既然如此，我就把我的性命给你吧！"说完，他转过身去，伸手取下挂在墙壁上的一把宝剑，"唰"地一下抽出来，朝自己的脖子上抹去。

　　在云梦泽临时设置的行宫里，刘邦正接受各路诸侯的朝拜，他坐在高高的龙椅上，目视下方，文武群臣跪倒一片，齐呼万岁，场面十分壮观。他脸上布满笑容，心中却充满了忧虑。按说韩信所在的楚国都城下邳距离陈县不过几百里地，要比长安到这里近多了，相比齐、燕、赵等诸侯国距离也近。现在所有诸侯王已全部到齐，唯韩信还没有音讯，难道他真的存有二心，要和自己对抗吗？

忽然，一个侍从快步走进来，到了刘邦的面前，禀报说："陛下，楚王韩信来了。"

刘邦听了士兵的汇报，心里的一块石头总算落了地，急忙吩咐道："快请楚王进来。"

士兵答应一声，转身离开，片刻之后便带着韩信来了。刘邦看到韩信，忙从龙椅上站起来，走下台阶，亲自迎到韩信的面前。他亲切地挽住韩信的一只胳膊，说道："楚王啊楚王，多日不见，寡人特意安排行宫在楚地之内，就是为了见楚王一面。楚王还是那么威武啊！"

韩信"扑通"一下双膝跪地，磕头请罪道："臣韩信接驾来迟，还望陛下赐罪。"接着，他从腰间解下一只包裹，双手颤抖着递到刘邦的面前，说道："陛下，项羽手下大将钟离眛被臣杀死，这是他的首级，特意献给陛下。"

刘邦冷冷地看了钟离眛的人头一眼，突然面色一寒，厉声喝道："大胆韩信，竟敢私藏朝廷要犯，蓄意谋反。如今事情败露，才不得已杀掉钟离眛，来向朕邀功请赏，真是厚颜无耻！朕已闻听，你在楚地跋扈欺民，还以天子礼制出入，实乃欺君罔上，罪不容赦。来人，给我绑了！"

直到这时，韩信才相信了谋士和钟离眛的话，后悔没有听从他们二人的劝告，但现在说什么都晚了。尽管他对刘邦忠心不二，交出了兵权，让出了齐王之位，刘邦还是不肯放过他，要结果他的性命。想到死，韩信突然镇定下来，神色从容地站起身，微笑着说："陛下，古人说'狡兔死，走狗烹；飞鸟尽，良弓藏；敌国破，谋臣亡'，以前韩信不信，现在却信了。天下太平，韩信对陛下已经没有用处，所以到了要烹杀的时候了。"

刘邦只想尽快处置韩信，也懒得跟韩信理论，当即下令樊哙将他五花大绑着装进笼车里，一路押解着回洛阳去了。

第四节　伴君如伴虎

韩信被抓捕的消息很快便传遍了全国，朝野上下无不震惊，私下里纷纷猜测韩信被抓的原因。有的说是因为韩信蓄意谋反；有的说是因为私藏钟离眛，犯了欺君之罪；有的说韩信是被冤枉的，有的说他罪有应得，众说纷纭，但有一个人坚信韩信无罪。这个人就是灌婴。

灌婴是韩信的老部将，自从韩信东渡黄河，他便追随在其左右，目睹了汉军在韩信的指挥下取得一个个辉煌的胜利，对韩信崇拜至极。他虽然也参加了刘邦抓捕韩信的行动，但对韩信谋反一事始终持怀疑态度。因此，在韩信被押解到洛阳之后，他第一时间找到刘邦，说道："陛下，楚王对朝廷忠心耿耿，功劳卓著，这是有目共睹的事情。现在您突然说他谋反，要杀了他，缺少真凭实据，恐怕天下不服啊！"

灌婴同样是开国重臣，说出的话也有点分量。所以，刘邦听后并没有生气，反而问道："韩信现在是阶下囚，你替他求情，就不怕受到牵连吗？"

"陛下，古人说过，明君攻心，昏君杀人。我知道陛下是明君，所以不怕。"灌婴不慌不忙地说。

刘邦被灌婴恭维了一句，心中高兴，便又问道："你跟随韩信多年，对他一定非常了解，你有什么把握说他不会造反？"

灌婴略一沉思，回答说："当初我追随楚王的时候，他每每提起陛下，总是说要报答陛下的知遇之恩，从来没听他说过对陛下的不满。陛下您想想啊，如果楚王有心要反，他当齐王时，手握重兵，为何不反，现在当了楚王，已经没有兵权了，为什么要造反呢？又指望什么造反呢？"

刘邦被灌婴问得无话可答，脸上露出尴尬之色。他沉思片刻，开口道："即便是韩信造反的罪名不成立，但还有两条罪是铁定的。第一抗旨不遵，第二私养军队。这两条无论哪一条都能要他的命。不过，既然灌将军为他求情，看在你的面子上，也看在他曾经为国家立下大功的分上，我可以饶他一命。"

数日后，刘邦下诏："韩信居功自傲，图谋不轨，罪当斩首，但念其功劳卓著，有悔改之心，圣上开恩，死罪可饶，活罪难免，撤去楚王封号，贬为淮阴侯。"

自此，韩信由诸侯王降为侯爵，完全丧失了兵权，被刘邦软禁在都城长安，不得随意走动，过着囚徒般的生活。

韩信降为淮阴侯之后，一直被幽禁在一个单独的院子里。他每天都在院子里转悠，对于朝政不闻不问，偶尔上一次朝，也是一副漠不关心的样子，一切饭食车马都由朝廷供应，日子倒也过得潇洒自在。美中不足的是，他想找一个老部下说说话都不容易，因为有些他的老部下和同僚害怕被戴上谋反的罪名，对他避之唯恐不及。

第八章 鸟尽良弓藏

这天，韩信坐在后花园中间的一棵大槐树下，百无聊赖地看着地上的小虫忙碌着、争夺着。看得久了，他心生厌烦，忽然想到街上去走走。于是，他带上两个随身仆从，出了家门，顺着大街漫无目的地随意走着，不知不觉来到了樊哙的府门前。他想到自己很久没见到樊哙了，二人同朝为官，关系还算不错，既然路过这里，不如进去叙叙旧。于是，他命人进去通报，自己在门外静静地等候。

片刻之后，进去通报的人回来了，身后还跟着樊哙。樊哙看到韩信，加快速度走过来，到了韩信面前，叩首拜见说："大王竟肯光临！"

樊哙身为皇亲国戚、朝中重臣，在刘邦称帝后加封舞阳侯，和韩信平级，二人相见应该相互施礼，这一跪拜之礼实在让韩信承受不起。韩信惊慌失措，急忙上前将樊哙搀扶住，说道："韩信现在不过一个罪臣，早已不是什么大王了，怎么能承受舞阳侯如此大礼？快快请起！"

樊哙站起身来，非常诚恳地挽住韩信的胳膊，说道："无论韩公现在怎么样，无论韩公在别人眼里是什么，在樊哙心里，韩公永远是大王！"

其实，樊哙之所以对韩信如此尊重，毫不避嫌，是有他自己的打算的。当时韩信的处境十分微妙，被刘邦视为谋逆之臣，他和谁关系密切，谁便会受到刘邦的猜忌。樊哙正是想到了这一点，与其偷偷摸摸，不如把动静搞得大一些，给别人一个他和韩信关系生疏，很少往来的感觉。另外，韩信和刘邦的矛盾虽然已经到了剑拔弩张、无法调和的地步，但韩信身为足智多谋的"战神"，以后说不定还会受到重用。此时韩信正处于落魄之时，而他毫不避嫌，对韩信一如既往地尊重，也让饱尝人情冷暖的韩信有了好感，认为他不是那种势利小人，可以放心大胆地交往。这样一来，韩信以后万一得势，他也不会受到亏待。樊哙虽然是一员武将，却粗中有细，精通处世之道。

二人寒暄了一番，樊哙请韩信进入府中详谈。他们来到上房，各自落座，仆人送上茶水，樊哙说道："不瞒韩公，您今天不来，我还要去府中打扰。"

韩信呷了一口茶，将茶盅放下，冲樊哙摆摆手说："韩信现在有罪在身，为了避嫌，舞阳侯还是少去为好。"

"韩公，实在对不住，当初我也是受了皇上的诏令，犯下了对韩公无礼的事情。不过，在韩公回京之后，我特意去楚地调查了，并没有韩公谋反的证据，这些我都奏明皇帝了。"樊哙有些尴尬地说。

听樊哙这么一说，韩信心中突然释然了不少，诚恳地说："过去的事情就不要再提了，舞阳侯刚才说要光临寒舍，不知有什么指教？"

樊哙见韩信如此宽宏大量，心中一阵感激，说道："韩公襟怀宽广，令人钦佩。我有一事已思虑多日，想韩公赐教，韩公曾多次提到匈奴和我大汉必有一战，樊哙深以为是。只是当今之计，当如何防备才算妥当？"

韩信盯着樊哙看了好一会儿，发现他脸上没有半点虚伪的表情，这才打消顾虑，回答说："说起匈奴之事，我本来不该多言，以免陛下再次怀疑我以匈奴为借口讨要兵权。但今天舞阳侯既然提到了这事,我仍然忍不住要说几句。匈奴也是一个古老的民族,在秦朝时就已经很强盛了。当初嬴政花费那么大的精力修筑长城,足见他对匈奴的重视。后来冒顿单于夺取匈奴的王位,政治军事都向我大汉学习,发展更快。反观我大汉,刚刚经历了几年的战乱,非但没有向前发展,相比于秦反而倒退了不少。所以,匈奴才敢肆无忌惮地南下入侵,凭借我们现在的力量,还真奈何他们不得。其实,这一点陛下也看得非常明白,只是口中不说罢了。"

韩信对形势分析得如此透彻,使樊哙对他更是佩服得五体投地,他再次问道:"依韩公之见,我们该如何应对?"

韩信似乎早有计策,不慌不忙地说:"当下我们最应该做的有两点:第一,对内自强;第二,对外联盟。所谓对内自强,就是休养生息,让老百姓多种地多打粮,这样国家才能增加收入,从而实现富国强兵,然后扩军备战,加强边防建设。所谓对外联盟,就是要与周边邻国结盟修好,万一和匈奴开战,不至于四面受敌,分散我们的军力。对外联盟也是在有实力的基础上进行的,没有实力的外交,不足以让对方信服,是不可靠的。而单纯依靠军事力量则会消耗大量的财力物力,搞不好还会将国家拖入战争的泥沼,无法自拔。所以啊,强己和外交是相辅相成的,缺一不可。舞阳侯,你认为我说的对吗?"

樊哙想不到韩信已经把问题考虑得如此详细周到,再一次为韩信的军事才能所折服。他们二人促膝长谈,从应对匈奴谈到治国方针,不知不觉竟然日落西山,樊哙命人掌灯,韩信这才发现天色已晚,遂起身告辞。樊哙也赶忙相送,到了府门外,他再次冲韩信下跪叩拜。韩信急忙将他拉起,并紧紧地拉住他的手,一再叮嘱说:"我韩信的生死荣辱无所谓,舞阳侯明日上了朝,一定要将今日你我的谈话告诉陛下,让他早做准备,不要等匈奴的铁蹄踏破长安城的大门,那时再说什么都晚了。"

樊哙受了韩信的嘱托,次日上朝便将韩信的担忧和建议转达刘邦,刘邦听了,却不以为然,这让樊哙十分失望。

忽然有一天,刘邦十分难得地想起了韩信,想到他为大汉立下的汗马功劳,想到他从齐王到楚王再到淮阴侯所遭遇的不公,想到他被幽禁后空虚寂寞的生活,不禁产生了怜悯之心,想要见见韩信。于是,在散朝后,他命人将韩信接入宫内,单独召见。君臣二人对面而坐,促膝长谈,韩信神色从容,没有丝毫的拘谨。他们对朝中将领一一点评,说到精彩处都不禁抚掌大笑,气氛非常融洽,仿佛又回到了过去。

点评完朝中大将,话题开始回到他们二人身上。刘邦半开玩笑半认真地问:"淮阴侯,朕听你对每一位将领的见解都很精准,那你就来点评一下朕,说说朕能够指挥多少军马?"

韩信随口回答说:"陛下能统率的,最多不超过十万军马。"

刘邦听了心里很不高兴,想道:我大汉现在拥有几十万精兵强将,哪一个不得听我的调遣和指挥?而韩信却说我最多不过统率十万军马,这不是在故意贬低我吗?但是,他没有将心里的不快表现出来,而是不动声色地问道:"那么淮阴侯能指挥多少?"

韩信又十分自信地说:"韩信点兵,多多益善。"

刘邦更加不悦,但他也知道韩信所言不虚。这让刘邦深感不安。此前,刘邦一时冲动,还准备放过韩信,但这次谈话之后,他不但改变了自己的想法,而且除掉韩信的欲望更加强烈。刘邦认为自己竟被韩信轻视，便又冲韩信嘲笑道："韩信呀韩信，你虽然用兵如神，还自称统兵多多益善，不也受制于朕这个只能指挥十万军队的皇帝吗？"

韩信听出刘邦话里有话，这才意识到自己的失言，他急中生智，又恭维刘邦说："陛下您是天子，您的才能哪能用来指挥普通士兵呢？您只能指挥将军，所以啊，我这个领兵将军才会受制于您！"

刘邦被韩信这么一说，自尊心立即得到了满足，脸上的表情也变得自然了，他用手指着韩信，哈哈一笑，二人之间尴尬的气氛随之得到化解。

经过这一事件，韩信更加感觉到刘邦的反复无常和狡黠多疑，也深深地体会到了"伴君如伴虎"，他暗暗地警告自己，以后无论何时何地都不可张扬，一定要万分谨慎低调，才能保证性命无忧。不过，自从发生这件事以后，刘邦再也没有单独召见过韩信，而是开始谋划除掉韩信的具体计划。

第五节　迟来的反抗

汉七年（前200年）十二月的一天，韩信吃过早饭，来到后花园的那棵老槐树下，坐在一块平整光洁的青石上，双眼直直地盯着在风中轻轻摇晃的树枝，突然联想到了自己的命运：从小尝尽人间冷暖，成年后有幸追随项羽，本来想着可以一展宏图了，谁知道根本不被项羽看好，仍然是英雄无用武之地。无奈之下，他只好离开项羽,来到汉营,又险些丢了性命,多亏夏侯婴搭救,并将自己推荐给刘邦,被刘邦拜为大将军,这才有了大展身手、出人头地的机会。在以后的日子里,他指挥千军万马,驰骋疆场,凭借卓越的军事指挥才能,平定赵国、收服燕国、踏平魏国,还当上了齐王。可是,事业蒸蒸日上的他,却引来了刘邦的猜忌,之后的命运开始急转直下,从齐王到楚王,再到如今的淮阴侯,甚至被囚禁起来。他想,人生就像这风中的树叶,摇摆不定,今天是王,明天是侯,后天就有可能成为平民百姓,甚至阶下囚,乃至刀下亡魂。

随之,他又想起了蒯通当初对自己的劝告,说刘邦反复无常,不如趁机造反,即便当不成皇帝,也可以独霸一方,不再受制于人,自然也不会落到现在这个地步。"唉,悔之晚矣,悔之晚矣!"韩信深深地叹了口气,自言自语地嘟哝着。

这时,一个侍从走过来,到了韩信面前,恭恭敬敬地说:"启禀大人,陈豨将军前来拜见。"

韩信微微一愣,接着双眼为之一亮,急忙对侍从说:"快请将军进来说话!"

陈豨是宛朐(今山东菏泽)人,早年便投靠在刘邦麾下,韩信被拜为大将军后,便拜入韩信帐下。陈豨能征善战,以勇武著称,与张良、萧何、樊哙、周勃等并为开国元勋,封阳夏侯。之前,韩王信在代国举兵造反,被刘邦率领大军平定。之后,刘邦封二哥刘仲为代王。可前不久匈奴又发兵攻打代国,代王刘仲惊恐万分,急忙逃回洛阳。刘邦一气之下,贬刘仲为合阳侯,改封自己的另一个儿子刘如意为新的代王。因为代国和匈奴相邻,战事吃紧，必须派一个作战经验丰富的大将去辅助刘如意。刘邦想到了陈豨，遂封其为巨鹿守、代相国，统帅赵国、代国的部队，兼管北部边防部队。陈豨这次来找韩信，正是前来辞行的。

陈豨来到后花园，二人一边在花园中漫步，一边谈话，其间，韩信一直愁眉紧锁，长吁短叹。陈豨想到韩信这段时间的遭遇，同情之心油然而生，说道："韩公心里有什么话，不妨说出来，比闷在心里更为好些。"

韩信示意左右退下，然后拉起陈豨的手，来到一间密室，这才说道："你能被封为代相国，辅助皇子，说明陛下对你十分信任。但是，你千万别忘了，陛下生性多疑，反复无常，我便是最好的例子，所以你一定要小心啊！"

陈豨听了不由得一愣，皱了皱眉头："韩公是不是想说什么？"

韩信没有马上回答，而是快步走到门口，打开门向外看了看，确信没有人偷听，遂又将门关上，回到陈豨身边，低声说道："今天我确有一些话想跟你说，关系你我二人性命，你务必要严守秘密！"

陈豨见韩信如此小心而且严肃，知道一定是大事，于是用力点点头说："请韩公放心，我定会守口如瓶。"

韩信也点点头，接着说道："你看我，对陛下忠心耿耿，却不料落了个反叛的罪名，由楚王贬为淮阴侯。当初蒯通就警告过我，但我不相信陛下会如此刻薄寡恩，现在我相信了。所以啊，我也想到了你，你同样是大汉的开国功臣，假如你的功劳越来越大，官位越升越高，早晚有一天，你也会引起陛下的猜忌，步我的后尘。"

陈豨显然也深有同感:"不瞒韩公说,从你被贬为淮阴侯的那一天,我就想到了自己。可是,我既没有韩公的智谋,又没有韩公的魄力,更不及韩公当年拥兵数十万的实力,即便现在做了代国丞相,一个小小的代地,又能怎样呢?"

"其实不然,"韩信摇头说,"代国集中了天下所有的精兵,而现在你最受陛下信任,这对你是十分有利的条件。你如果想改变自己的命运,不做他人刀下鱼肉,就要抓住这次机遇,起兵反汉,到时候我们联手,一定能推翻汉朝,建立属于我们的王朝。不过,"他话锋一转,又说,"你可记住了,在你起事之前,有可能会有小人嫉妒你的位置,在陛下面前搬弄是非。一个人诬陷你,陛下当然不信;如果这个诬陷你的人联合多人,或者一而再再而三地诬陷,陛下就有可能相信了,然后就会派人调查你。一旦他掌握了证据,必定会派兵清剿,到那时你就危险了。所以啊,你要利用被人发现之前的这一段时间,抓紧扩充势力,广占地盘,以便将来有足够的实力和他周旋。等他亲自率兵征讨你的时候,京城就会空虚,我趁机行动,让他首尾不能兼顾,则事成矣!"

陈豨被韩信的一番话说得动了心,他沉思良久,点头说道:"请韩公放心,我一定按照您的吩咐去做。"之后他辞别韩信,走马上任去了。

从此以后,韩信为了不暴露自己,将自己隐藏得更深,他几乎足不出户,偶尔外出一趟,见了熟人也只进行必要的寒暄,从来不谈政事。同时,他又暗中派人到代国去,和陈豨商议具体的起事事宜。

由于长期被软禁,手中无权,无法直接调动军队,究竟该如何响应陈豨呢？韩信最后决定，等刘邦出京平叛的时候，假造皇帝圣旨，赦免在官府服役的罪犯和奴隶，将他们组织起来，先杀掉留守京城的吕后和皇太子刘盈，然后夺取京城，断绝刘邦的退路。

汉十年（前197年）的一天，陈豨带着由一千多辆车子组成的随行宾客队伍，浩浩荡荡地从巨鹿出发，一路上旌旗招展，威风凛凛，不日来到赵国的都城邯郸。赵国丞相周昌出城迎接，看到这么一支规模庞大的队伍，禁不住发出一声惊叹："好大的气派，堪比天子！"他在惊叹之余，忙派人安排陈豨的食宿，结果将邯郸城内所有官舍都用完了依然不够，又临时征用了几家客栈，才算勉强住下。

当晚，周昌又到陈豨下榻的官舍拜访，客气地对陈豨说："邯郸城小，不如大人的巨鹿，有招待不周之处，还请多多包涵！"

陈豨呵呵一笑，说："周丞相客气了，陈某路过此地，多有打扰！丞相招待如此周全，陈某感激不尽！"

二人客套了一番，周昌试探着问道："不知道大人到此处来，有何训示？"

"周丞相多虑了，陈某不过是在巨鹿待得烦闷，随意走走，顺便察看一下民情，哪里有什么训示。"陈豨很随意地说。

周昌又恭维说："有大人驻守巨鹿，使我大汉免遭匈奴侵犯，乃天下苍生之幸啊！"

"周丞相过奖了，你我受皇帝厚恩，自当竭尽全力，替皇帝分忧才对。"

两人谈了一些无关紧要的场面话，周昌向左右看了看，见屋里屋外只有他们二人，突然放低了声音："大人现在拥兵数十万，统领赵、代之地，位高权重，不知以后有何打算？"

陈豨闻言心中一惊，用警惕的目光看了看周昌，又沉思片刻，回答道："当初我追随陛下时，陛下尚无立足之地，我等不求荣华富贵，只为黎民百姓不再遭受战争之苦，而今天下一统，四海无战事，我的目的已达到。若不是为了防止匈奴入侵，我又怎么会来到千里之外的巨鹿？至于以后嘛，只想早点找一个接替我的人，也好让我尽快告老还乡，做一个普普通通的人，从此告别这鞍马劳顿之苦。"

周昌早就听说陈豨对朝廷有二心，所以多次试探，但陈豨回答得滴水不漏，由始至终都是一副谦虚恭敬的样子，周昌找不到他的把柄，便又说了一些无关紧要的话，然后起身告辞了。

几天后，陈豨离开邯郸，周昌也马上赶到长安向刘邦报告说，陈豨门客众多，拥兵自重，出行阵仗豪华，堪比皇帝，有谋反的嫌疑。刘邦本就多疑，听了周昌的回报大吃一惊，急忙派人去调查陈豨的门客，结果查到陈豨勾连门客收受贿赂、强取豪夺等违法行为。陈豨得知刘邦在调查自己，惊慌失措，决定提前动手，推翻大汉王朝。于是，他派门客联络韩王信的旧属，已经投靠匈奴的王黄、曼丘臣等，商议反叛的具体事宜。

这年七月，刘邦的父亲刘太公去世，刘邦派人通知陈豨入京吊唁，陈豨害怕落入刘邦的圈套，便假说身患重病，拒绝回长安。到了九月，陈豨联合王黄，在巨鹿宣布起兵，自立为代王。消息传到长安，刘邦立即召集群臣，在朝堂上，他勃然大怒道："陈豨竟然敢背叛朝廷，实在可恨，朕要御驾亲征，将其碎尸万段！"

于是下令调集全国军队,准备北征代国。

下朝之后,文武百官陆续散去,唯有陈平站在原地不肯离开。刘邦看出陈平有话要说,问道:"爱卿还有什么事情要奏吗?"

陈平上前一步,问道:"陛下,臣斗胆问一句,此次出征是否要韩信同行?"

"韩信战陈豨,必胜之,可是,陈豨曾为韩信部下,而韩信又用兵如神,万一他临阵倒戈,恐大汉危矣。所以,我并不敢用他!"刘邦一脸忧虑地说。

陈平劝说道:"陛下,陈豨的本领您是知道的,如今朝中能降伏此人的唯有韩信一人。而韩信对陛下忠贞不贰,陛下却说他有谋反之心,其实是毫无道理的。陛下您仔细想想,如果韩信要反,早在您和项羽对阵的时候就起兵造反了,还有您游历云梦的时候,也是良机,他都没有造反,现在他成了淮阴侯,手无兵权,他还拿什么造反啊?"

刘邦仍然不放心,摇头道:"爱卿啊,你还是不了解韩信,我知之甚多。此一时彼一时,陈豨是我最宠爱的大将,现在造反,有谁能料到呢?陈豨曾经是韩信的部将,二人关系极为密切,你敢肯定他不会帮助陈豨吗?你可别忘了,韩信现在虽然只是个侯,可他的威望仍在,只要他出来号令,那些受他恩惠的百姓马上就会去投靠他。"

陈平见刘邦执意不肯用韩信,便又问道:"陛下,除了韩信之外,您认为还有谁能平定陈豨呢?"

刘邦支支吾吾,一时回答不上来,过了一阵子,他非常失望地摇摇头说:"非韩信,他人不可破陈豨。"

此时，韩信也已经得知陈豨起兵的消息，并派人去代国联络，但一直都没有回音，这让他感到十分担忧。

陈豨实力强大，又计谋高超，朝中无人能比。韩信知道想要平定陈豨，刘邦必须依靠自己。但自己已对陈豨有所指示，若在战场上与他刀兵相向，那就是同时得罪了刘邦和陈豨双方。而且刘邦仍然对自己疑心不减，如果再这样下去，等消灭了陈豨，他下一个对付的必将是自己。与其坐以待毙，不如主动出击，事情或许会有转机。想到这里，韩信终于下定了决心，在刘邦招他领军出征时，他称病不出，要在洛阳策应陈豨起兵，并趁刘邦御驾亲征的时机，发动政变，杀掉吕后和太子，然后登基称帝。

主意既定，韩信立即招来自己的心腹家臣，商议具体的起兵计划。他对大家说："想我韩信对朝廷忠心耿耿，功高盖世，到头来却落了个反叛罪名，从一代诸侯王降为区区淮阴侯。即便是这样，我也不曾想到过背叛皇帝。奈何刘邦生性多疑，直到现在还在时刻防备我、算计我，功名利禄韩信已不敢奢求，如今已有性命之忧，有朝一日，你等皆难逃一死。为了求生路，为了众将士不受这无妄之灾，韩信只能破釜沉舟，趁刘邦御驾亲征陈豨之际，在洛阳起兵举事，杀掉吕后和太子，夺汉之帝位。大家若肯相信我，事成之后，你等皆是开国功臣，我韩信绝不吝惜王侯之位，与诸位共享江山！"

在场的人都被韩信这一番话鼓舞了，似乎看到了自己被封王封侯的那一天，所以一个个摩拳擦掌，等待着韩信的指令。

第六节　吕后与萧何的暗算

下定决心之后,韩信终于与陈豨联系上了,然后一一安排了其他人的任务,便开始在家中一边悄悄地做造反的准备工作,一边等候陈豨的消息。然而,他不知道的是,一场危机正在降临。

当时,韩信府中有一个小臣名叫栾说,此人生性贪婪、见利忘义,所以一直得不到韩信的重用。他看到韩信不受朝廷信任,想到自己一直跟随韩信也不会有出头之日,便假借韩信的名义,跑到韩信的旧部那里骗取了许多钱财私藏起来。韩信知道这件事后十分愤怒,下令将栾说关进大牢,准备将他问斩。栾说有个弟弟,和栾说如出一辙,他想起栾说跟他说过曾经偷听到韩信和陈豨联手造反的事情,认为自己升官发财的机会到了,于是来到皇宫,向吕后告密。

吕后和刘邦一样视韩信为眼中钉肉中刺,而且她比刘邦更加心狠手辣,她正愁找不到合适的借口杀韩信,这下终于找到了治韩信死罪的把柄。陈平已经随同刘邦出征,朝中最受吕后信任的只有老臣萧何。于是,她命人将萧何召入宫中,商议抓捕韩信的具体事宜。

萧何来到后宫,吕后开门见山地说:"本宫刚刚接到密报,韩信和陈豨联合,一个在巨鹿,一个在京城,共同谋反。而且,韩信要等到皇帝出兵平叛之后,杀掉本宫和太子,自己登基称帝。萧相国,此事非同小可,你要尽快拿个主意。"

萧何听了吕后的话,极为震惊,不知道吕后说的是真是假。

依照他对韩信的了解，此人性格敦厚、为人真诚、知恩图报，从来没有出现过背叛朝廷的行为，即便身处逆境，也没有对皇上发过半句牢骚，怎么会说造反就造反呢，除非韩信已经被逼上了绝路。他用怀疑的目光看着吕后，问道："韩信一向对大汉忠心耿耿，怎么可能造反？皇后，您可千万不要听信小人谗言啊！"

吕后气急败坏地说："消息千真万确，韩信居功自傲，当楚王时便有了造反的打算，后贬为淮阴侯，他心里更加不满，所以才造反。"

萧何依然不相信："皇后，就算韩信要造反，他手里没有一兵一卒，拿什么造反啊？"

吕后看到萧何庇护韩信，更加气恼，又将矛头对准萧何，斥责道："你难道忘记了吗？韩信胸中有雄兵百万，他的这些兵将隐藏在朝廷的每一个角落，时刻都有可能向我们发动攻击。你还犹豫什么，速去调兵遣将，将韩信缉拿归案！"

萧何看到吕后发火了，想到自己和韩信私交甚好，而且自己又是韩信的推荐人，再这样替韩信辩解下去，说不定也会被当成韩信的同伙，若韩信真要造反，他会受到株连，于是只得答应道："请皇后放心，萧何这就去办！"

吕后脸上现出笑容："萧相国尽管放心，只要你这次帮皇帝平定了叛乱，将韩信正法，就是为大汉江山又立了一件大功，皇帝不会忘记你的。"

吕后见萧何已经动摇，便要他拿出具体计划立刻执行，省得夜长梦多。

此时的萧何在经过一番激烈的思想斗争之后，最终决定放弃韩信,保全自己。因为自己毕竟被刘邦封为建汉首功之人,而且吕后的意思,很可能就是刘邦的意思,这极有可能是刘邦在考验自己。虽然韩信与自己共事多年,但是没有必要因此押上毕生心血乃至身家性命。

萧何想明白一切后,对吕后回道:"回皇后,韩信乃经我举荐得侍陛下,如今他想谋反,还需我去周旋一番。我去告诉他,就说陛下已经派人送信回来,陈豨的叛乱已被平定,现在宫中正大摆筵席庆祝这件事呢,文武百官都在,他也应当到场。只要能将韩信骗入宫中,其他的事情便听凭皇后裁断。"

吕后对萧何的计谋十分满意,她知道萧何是韩信最信任的人,于是让萧何速速去办。

萧何领旨来到韩信府上。见到韩信的那一刻,萧何心中产生了强烈的愧疚和自责。他有心将事情的真相告诉韩信,让他远走高飞,但他又想到吕后的心狠手辣,今日放过韩信,明日人头落地的必然是自己,说不定还会被诛灭九族。也罢,谁让韩信功高盖主又锋芒毕露呢?

他将话传达给韩信,并说:"皇后有旨,要你即刻进宫,一同庆贺胜利!"

韩信对萧何的话心存怀疑:陈豨拥有代、赵两地的军队,实力强大,况且他本人又身经百战、智谋超群,怎么会如此快就失败呢?这里面会不会有什么阴谋?是不是自己的计划泄露,让吕后察觉了,让萧何来骗他入宫?在这紧要关头,一定要小心为妙。想到这里,他假装剧烈地咳嗽了一阵,然后对萧何说:"请相国代为转奏皇后,我正生病,无法出门,所以只能缺席了。"

萧何也看出了韩信的疑心，只得继续劝说道："既然是皇后懿旨，不去总不合适，皇后的脾气你是知道的，万一怪罪下来，你我都吃罪不起。所以你还是到宫中去一趟吧，皇后看到你身体虚弱，肯定会让你尽快回来的。"

韩信虽觉得有诈，但他转念一想，是萧丞相亲自前来，而不是卫兵执兵刃前来，看来自己的事情并没有暴露。何况萧何对自己有知遇之恩，怎会谋害自己呢？而且皇后的旨意不得不从，若执意不去，反而落人口实。既然如此，龙潭虎穴也不妨一闯。于是，韩信镇定地对萧何说："请相国先行一步，信随后就到。"萧何终于松了一口气，说会在皇宫相迎。

送走萧何后，韩信换了一身朝服，吩咐下人备好车马，然后向着皇宫走去。

车子在大街上缓慢前行，正是早春季节，乍暖还寒，大街上行人络绎不绝，显得十分热闹。韩信抬起头来，看到天上布满了乌云，像是大雪降临的前兆。天地间迷迷茫茫一片，一阵阵凉风吹过，使得他不由自主地打起了哆嗦。

车子终于来到皇宫门前，这里和平时没有什么两样，只有几个卫兵把守宫门。韩信下了车，迈着从容的步伐走入宫中，不出意料地发现，宫中的气氛格外紧张，士兵们全都手执兵器，严阵以待在人群中，却独不见萧何。韩信心中已经猜出个大概：自己的伯乐萧何最终还是选择了刘邦、吕后，此行怕是凶多吉少了。

韩信在一位太监的引领下走进后宫，来到长乐宫的大门前。太监躬身道："韩公请进！"韩信刚刚走进去，宫门随即被关上了。这一刻,韩信知道自己已经迈进了鬼门关,再无逃生之路。他抬头看去,透过昏暗的光线,只见吕后端坐在大殿中央的一把椅子上,满面怒气。在她的左右,侍立着七八个身材高大、面目狰狞的武士,全部都是兵器在手,表情冷若冰霜。除此之外再无旁人,就连萧何也不见踪影。韩信知道等待自己的将是什么,心中反倒坦然了,大大方方地走上前去,施礼拜见道:"臣韩信拜见皇后!"

吕后心中一阵得意,厉声喝道:"韩信,你可知罪?!"

韩信此时已自知必死,他虽愤怒、后悔,但一切已晚。他平静地说:"臣不知罪在何处?"

吕后猛拍了一下椅子的扶手,说道:"韩信,你受皇恩浩荡,不思报效大汉,反而与叛贼陈豨勾结,阴谋造反,如今证据确凿,还不承认!"说到这里,她提高了声音,命令道:"来人,给我拿下!"

那几个武士得到命令,立马冲上前去,将韩信按倒在地上,五花大绑起来。

韩信挣扎着从地上站起来,冲吕后冷笑一声:"韩信一生最后悔的就是当初没有听蒯通的话,以至于今日落入妇人之手。欲加之罪,何患无辞?"

吕后用凶狠的目光看着韩信,厉声说道:"韩信,你死到临头还敢狡辩!今日本宫便替大汉除去你这狼子野心之人!"说完,便令左右之人将韩信斩杀。这位曾为建立汉王朝立下汗马功劳的一代兵仙,生命就此终结,只留下千古叹息。

韩信死后,吕后还要斩草除根,下令夷灭韩信三族。刘邦从巨鹿回军后，闻听韩信已死，心中又喜又悲，他问吕后："韩信可有遗言？"吕后道："只言不用蒯通之计。"刘邦不禁捏了把冷汗，若韩信在坐拥重兵时谋反，当时天下又会是什么格局呢？

第七节　是非功过任评说

作为汉朝开国三大功臣之一，韩信凭借卓越的军事才能，赢得了包括陈仓之战、井陉之战、潍水之战在内的诸多经典战役的胜利，不得不说，他是一个军事天才。正是因为他的屡战屡胜，刘邦才最终打败项羽，取得了楚汉战争的完全胜利，进而登基称帝。

韩信虽熟读兵书，但从不拘泥于既定的兵法，对于好的建议也照用不误。比如攻取燕国时，他就采用了李左车"先声而后实"的计谋，传檄而定燕地，不战而屈人之兵。在与楚将龙且的战斗中，面对楚二十万大军，他认真分析敌我状态，充分利用天时、地利等优越的天然条件，以河水为兵，完胜楚军。在与项羽直接对阵时，他更是利用攻心战术，首先"十面埋伏，垓下会兵"，然后让将士们"四面楚歌"，彻底瓦解楚军的军心，最终逼迫项羽乌江自刎。这些具体的战例，足以说明韩信军事指挥才能的高超，他不仅熟读兵书，而且能够灵活运用，做到知己知彼，百战不殆。

然而，就是这么一个立有盖世奇功的军事人才，却好景不长，在汉朝建立之初便被刘邦和吕后残忍杀害。

对于韩信的悲剧,史学界历来有着不同的看法:有说韩信图谋造反,死得其所;有说韩信忠贞不渝,死得冤枉。对于这两种不同的声音,大家又各有不同的解释。

坚持第一种观点的学者认为,韩信因为受到儿时生活的影响,对荣华富贵和权力有着热切的渴望。他被夺去兵权后,心生不满,记恨刘邦也是必然的。在这种情况下,他自然而然地就产生了反叛之心。因为手里无兵可用,他想起了自己的好友陈豨。二人一个谋略超群、一个手握重兵,一旦联手,刘邦很难抵挡得住。刘邦和吕后正是看到了这一点,才决计铲除韩信,维护统治稳定,避免战火重燃,让天下百姓不至于再次受到战争的伤害。因此说韩信被杀是刘邦和吕后英明的表现,韩信死得其所,一点也不冤。

坚持第二种观点的学者则认为这是一场彻头彻尾的阴谋。首先,告发韩信谋反的是奸佞小人,与韩信有仇。如此重大的机密之事,韩信怎么可能让一个与自己有仇的人知道?其次,韩信如果有心造反,根本不用等到他被贬为淮阴侯的时候。他被封为齐王时,拥兵几十万,城池七十余座,实力无人可比,完全具备称霸一方的条件。在那么好的条件下他并未生出异心,却在被剥夺兵权后再造反,极不符合常理。《史记》中说,刘邦平定陈豨叛乱后回到都城,听说韩信被杀,"且喜且怜之"。从刘邦的态度不难看出,他是希望韩信死的。

刘邦当初征战天下时,需要大量的文臣武将,尤其是优秀的军事统帅。一旦他江山坐稳,天下太平,这些军事统帅在他眼里非但毫无用处,反而成为累赘,时刻都在威胁他的地位,因此被他视为眼中钉肉中刺。而且,以韩信为首的军事统帅都是战功赫赫、威信极高之人，对刘氏江山有着不言而喻的威胁，所以一定要将他们置于死地。在这些人中，又以韩信为最。所以，战争刚一结束，刘邦便寻找借口，首先解除了韩信的兵权，而后又将其杀死，算是解除了一大威胁。因此说，韩信完全有可能是被冤杀的。

至于韩信究竟有没有谋反，因为没有确凿的证据，所以无人敢断定，只能凭借主观的分析得出模糊的结论。

楚汉战争期间，刘邦离不开韩信，与他亲如兄弟。那时韩信也知恩图报，没有谋反的念头。刘邦称帝后，韩信便失去了利用的价值，成为刘邦的隐形威胁，无论他造不造反，刘邦都是要除掉他的。或许韩信看透了这一事实，认为造不造反都要死，所以产生了谋反的想法。可是，根据当时的实际情况，韩信已经失去了兵权，即便他要造反，也无兵可用，只能成为刘邦刀下的鱼肉，任其宰割。假如韩信与陈豨联手造反是真的话，也是受刘邦逼迫，性命堪忧，不得已而为之。

所以说，韩信的死，是由当时的形势决定的，也是注定之事。无论他是否造反，都无法改变他悲惨的结局。

司马迁在《史记》中曾这样说："假令韩信学道谦让，不伐己功，不矜其能，则庶几哉。"意思是说，如果韩信懂得谦虚，做人低调，不居功自傲，便可以世代承袭王侯。

司马迁这句话大概指的是韩信自请封齐王一事。不过，仔细想来，那个年代从军打仗就是为了出人头地，尤其是军中的高级将领，更是希望利用军功来光宗耀祖、恩泽后世。所以，韩信凭借军功向刘邦讨要齐王之位，并不算太过分。秦朝时，大将王翦曾经在出兵时两次为子孙向秦始皇请求田地、城池，都被秦始皇接受。这样一对比，更显出刘邦的心胸狭隘。

韩信被杀，表面上是刘邦为了巩固刘氏王朝而采取的手段，更深远的意义则是维护了封建国家的统一，对加强专制主义中央集权制度起到了非常重要的作用。因为异姓王的消失，彻底结束了天下四分五裂的局面，或者说消灭了有可能出现这种局面的危机，使强大的西汉从此以相对统一的姿态登上历史的舞台。

潮涨潮落，世事沧桑，转眼两千多年已过，英雄已随风逝去，而对于韩信是否造反，为何而造反，人们至今仍在争论不休。其实，这已经不重要了，重要的是韩信不凡的事迹给我们后人的启迪，应该如何在逆境中生存并积蓄力量，如何在失意之时矢志不移，保持上进心；又如何在得势之时保持一颗平常心，谦虚谨慎，更好地为国家谋发展、为百姓谋福利，这些都非常值得我们思考。

纵观韩信一生，他出身卑微，死时也不壮烈，他的人生经历却是荡气回肠的。他忍受胯下之辱，从为人所不齿的懦夫到被所有人认可的兵仙，从功高盖主的齐王到蒙受冤屈的淮阴侯，再到最后"一死成君名，不必怨吕雉"，可以说他无愧于"国士无双"之名，在那个群雄并起的时代留下了浓墨重彩的一笔，也为今日之人留下了可为传颂、又值得借鉴的不朽传奇！